岩　波　現　代　文　庫

愛について

アイデンティティと欲望の政治学

竹村和子

Kazuko Takemura

学術 441

岩波書店

本書を、あい子さんと春枝さんに捧げる

目次

序　「愛」について「語る」ということ

わたしたちは何らかの「物語」なしに、自分の感情を感じることも、自分を把握することも、行動することも、何かを理解することも、他の人々との同意を得ることも、あるいは誤解、決裂することもできない。そして現代の発話理論が語っているように、個別的な物語は、それを認識可能にさせる参照の枠組み、いわば集合的な物語を必要とする。逆に言えば、わたしたちは集合的な物語――《言語》と呼ばれたり《法》と呼ばれるもの――と、まったくかけ離れた個別的な物語を語ることはできない。わたしたちはつねにすでに既存の言語のなかに、ハイデガーの言う意味で「投企」されている。けれども逆説的なことに、集合的な物語は、それ自体で存在しつづけることはできない。集合的な物語は、個別的な物語をとおして――個別的な物語として――のみ存在する。

物語は、いつも「比喩」である。もっと正確に言えば、「事実」と価値づけられた比喩である。わたしたちはそれと気づかぬまま、比喩である物語を事実と思い込み、あるいはいわゆる事実と同じ機能をもつ物語を、比喩と錯覚する。

たとえばわたしたちが「女」や「男」というとき、それはいったい何を意味しているのだろうか。いわゆる女らしさや男らしさ、また女特有の仕事、男特有の仕事といったカテゴリーがもはや虚構であることは、おそらく過去数十年のフェミニズムの貢献によって認知されてきた。だがそれでもなお、女の性欲望、男の性欲望というカテゴリーはいまだに健全に流通しているのではないだろうか。しかし女の性欲望、男の性欲望とは、いったいどのようなものなのか。そこに何か普遍的な事実性があるのだろうか。個々の実践においてはかならずしも生殖に結びつかないさまざまな行為や感情を、生殖を中心にして「比喩化」したものが、女の性欲望であり、男の性欲望ではないだろうか。そしてその比喩を生産し、流通させているのが、通常は事実とみなされない、巷にあふれるさまざまな物語である。しかしそれらの物語は単なる比喩ではなく、それを受け入れるわたしたちに、遡及的な事実性を生産していく。わたしたちは知らず知らずのうちに、そういった物語にのっとって自分自身の経験を解釈し、それによってわたしたちのなかに、本質的な事実性——身体性——というものを形成してしまう。そしてその事実性からすべては始まったのだと、錯覚していく。

　しかし立ち止まって自分の感情や行為を眺めてみれば、具体的な感情や行為は、規範的で「本質的な」事実性とはいつもどこかでずれていることに気づくことになる。それは普遍的なものを個別的に実践するときに生じる「自然な」ずれなのか。それではそのずれは、どこまでが許容できるもので、どこまでが許容できないものなのか。わたしたちはその境界を、時代によって文化によって、恣意的に決定する。そして許容範囲のものは、いつのまにか普遍と同義になり、許容不可能なものには、法律や科学や社会通念といった「正当さ」の言説によって、「不当」というレッテルが貼られることになる。

だがそもそも普遍的なものを普遍的だとみなすこと、それ自体が、すでに個別的な実践のなかでなされている事柄である。集合的な物語は、個別的な物語を介して、どこにもないが、どこにでもある物語として立ち上がる。だから集合的な物語を反復しているはずの個別的な物語のなかで経験される「ずれ」は、事実性を保証する集合的な物語がつねにすでに比喩でしかないことを、わたしたちに気づかせてくれる。わたしたちは、女や男として感じ、行動していたことが、女や男のように感じ、行動していたにすぎないことを知る。この体験は、自分が事実だと信じていたものをバラバラに解体していくものであるがゆえに、戦慄的で衝撃的な体験である。しかしこの体験は、一回で終わらない。事実を比喩だと認識することは、なぜこれまでそれを事実として認知していたのか、それを事実として認知することを支えていたものは何なのかという問いに、不可避的に連動していく。一つの事実性の解体《リゾルーション》は、そこで終止符が打たれて解決《リゾルヴ》するものではなく、べつの事実性の解体へとわたしたちを押し進めていく。だからわたしたちは、集合的な物語の重層性と、集合的な物語を支えている「正当さ」のイデオロギーの執拗さのまえに、ときとして圧倒され、立ちすくむ。

本書はセクシュアリティを中心に、「語りえぬもの」として秘匿されてきた事柄の政治性について、ひとつの纏まった論考になるように、あらかじめ計画して書き進めてきたものである。わたしは性対象による差別、すなわち異性愛を規範とみなす異性愛主義（ヘテロセクシズム）は、男女の性差別（セクシズム）と不可分な関係にある抑圧構造だと捉えて、それを〔ヘテロ〕セクシズムと呼ぶことにした。現代のわたしたちの性に関する言説は、古代から連続的に続いているものではなく、前近代の言説を領有しつつ、近代社会に特有の〔ヘテロ〕セクシストな社会を形成していると考えて、考察の対象は、近代以降に限定した。

第一章「〔ヘテロ〕セクシズムの系譜――近代社会とセクシュアリティ」では、〔ヘテロ〕セクシズムがいかに近代の資本主義社会のなかで要請され、強化されていったかを考察した。〔ヘテロ〕セクシズムが異性愛主義と性差別を両輪とした「正しいセクシュアリティ」を標榜する制度だとすれば、その双方によって負の意味づけを与えられてきた女の同性愛こそ、この体制によって幾重にも沈黙させられてきたものである。また性の制度は、それのみで成立しているのではない。近代の性の制度が、中産階級の階級的正統性を捏造するための身体解釈や性規範に基づくものならば、性の制度は階級の問題と切り離して考えることはできず、また近代が未曽有の地理的、政治的、文化的な折衝の時代であり、人種や民族等においてさまざまな〈他者〉を生産し、搾取していった時代だとすれば、個人と個人の折衝は、人種や民族の問題を抜きに語ることはできない。その意味で、異性愛主義によっても性差別によっても性的他者とされてきた女の同性愛は、階級、人種、民族等々に関連して、巧妙に抑圧され、また都合よく利用されてきたものである。この章では、女の同性愛に焦点を当て、それにまつわる言説を歴史的に考察した。

わたしの専門分野はアメリカ文学なので、資料はおもにアメリカ合衆国のものを使った。しかし普遍化の陥穽におちいることには用心しつつも、ここで述べるような〈ヘテロ〉セクシズムの偏向が、資本主義形態をとる社会の性言説に広く見られることも確かである。文化的な局所性を勘案しつつ、本書がわたしたちの社会の性言説を振り返るための一助となってくれればと願っている。

また近代の性言説の推移は、歴史的に要請され、歴史的に条件づけられたものではあるが、それは、ひとつの種類の性言説からべつの種類の性言説に「移行」したという意味ではない。むしろ各時代の性言説は折り重なって存在し、そうして書き足され、修正され、蓄積された性言説の複層的な集合体が、現代のわたしたちのセクシュアリティ解釈を構成していると同時に、セクシュアリティにまつわる抑圧からの単純な解放を阻んでいる。たとえば資本主義社会の黎明期に「あだ花」のように登場して半ば容認されていた女同士の結びつき(「ロマンティックな友情」)は、その後も、一方では、その結びつきの脱性化を強調して女の同性愛の不可視性を強化する異性愛主義の抑圧的な言説に利用され、また他方では、「政治的レズビアン」という名のもとに性差別撤廃を求めるフェミニズムの解放言説に寄与するものともなった。性言説は、通時的に登場すると同時に、共時的に堆積しているものでもある。この章の執筆の目的は、現在の性言説のなかで流通している「本質性」や「普遍性」が、じつはそのように堆積してきた社会的、政治的な慣習――すなわち文化決定、時代決定された虚構――であることを明らかにしたいというものである。したがって本章は現代を考察するための系譜学的な研究であって、過去に対する歴史的な記述ではない。

もうひとつここで強調しておきたいことは、男女に明確に割り振られたセクシュアリティ――とくに次代再生産を中心におく性器的セクシュアリティ――を基盤に、個人の身体的・心的生活を説明する近代の個の神話は、各人の性的な自己説明を無意識に偏向させると同時に、人間関係に潜在する広範なエロスの拡がりを、あらかじめ切り詰めてしまうことになるということである。たとえば、異性愛を成り立たせている性器的セクシュアリティの連想から、同性愛に対しても、そこには「疑似」性器的な関係があるとみなされる。なぜなら、もしも同性愛が「単に精神的なもの」である場合を認めてしまえば、異性愛者と自認している者同士の「友情」と区別がつかなくなり、その結果、異性愛者は自分たちの「友情」が、同性愛なのか異性愛なのか、つねに検分していなければならなくなるからである。

しかしこれは奇妙な逆説だ。なぜなら異性愛者は、生涯をつうじて異性と性交渉をもたなくても、またもとうと思わなくても、同性愛者でないかぎり、異性愛者でいることができる。つまり、異性愛者かどうかを弁別する要素は、異性愛を実践しているかどうかではなく、同性愛を実践していないかどうかとなる。ひるがえって同性愛者の方は、そもそもが性器的セクシュアリティが完全に実践できない（つまり生殖に導くことができない）ということで差別されているにもかかわらず、かならず性器的セクシュアリティをもつと期待されている。もしもそうでなければ、それは同性愛ではなく、単なる友情ということになるからだ。したがってここに出現するのは、同性同士の友情や連帯感と同性愛とのあいだの厳格な峻別であり、その結果として、友情や連帯感から性愛的なニュアンスを強迫観念的にことごとく排除しようとする（自称）異性愛者の克己的とも言える姿勢である。またさらに言えば、生殖に導く合法的な性器的セクシュアリティが、政治的・経済的・社会的なパートナーシップを保証しているがゆえに、それ以外のエロスの関係は、性愛の有無にかかわらず、パートナーシップとは認められないということになる。これは、同性愛者にのみ不利にはたらく制度ではない。異性愛者と自認している者たちが、みずからのエロスの多様性だけでなく、みずからの多様な親族関係や人間関係の可能性を、あらかじめ喪失することになる。そしてこのことはとりもなおさず、社会的に生存可能な個人の資格が男女に二分されたセクシュアリティによって——もっと言えば、セクシュアリティ(性愛)を中心におくエロスの解釈によって——説明されているからにほかならない。したがって皮肉なことに、男と女のセクシュアリティの交換を絶対化する異性愛者は、同性愛者を必要としているということになり、そしてそのことによって、自らを安全にしているだけでなく、みずからを自己限定してもいるのである。

第二章と第三章では、社会的言説の考察からいったん離れて、そのような(一見して外的な)社会的事象が発生するうらに、(内的と思われている)わたしたちの心的構造や自己形成についてどのような理解が前提とされているのかを論考した。そのために考察の対象は、心的メカニズムの分析に絞った。したがってこれらの章では精神分析的な視野を持ち込んだが、精神分析に依存したのではない。むしろ精神分析がどのような物語を捏造してきたのかを、歴史の文脈のなかにおいて論じようとしたものである。

とくにフロイトの精神分析は、日本人であるわたしたちには応用不可能だと言われることがあるが、わたしたちは近代的な個の概念とまったく無縁に生きているわけではない。むしろ核家族化が進行した現在、わたしたちの心的様態を説明している抑圧的な言説は、フロイトやラカンの理論のあるものと共振している。逆に言えば、フロイトもラカンも、近代的な個人の心のメカニズムの研究から照射して、近代社会を――しかし〔ヘテロ〕セクシズムを傍証し、温存するかたちで――分節化しようとした理論家だと言える。したがって彼らの理論の細部に分け入って、その矛盾や自家撞着の軌跡を読み解いていくことは、精神分析を批判的に、かつ生産的に歴史化する作業になるだろう。これらの章では、わたしたちの社会のなかに潜む男女の二分法の執拗さがどこに由来しているのかを、心的様態に対する〔ヘテロ〕セクシストな解釈の偏向として論じていった。

まず第二章「愛について――エロスの不可能性」では、他者との関係の理解のなかに、いかに生物学的な本質主義が跋扈しているかを明らかにしようとした。わたしたちがどのように自己を自己として認知するかという問題――つまり自己同一化《アイデンティフィケーション》の問題――を、他者との関係で捉えようとしたことは、精神分析の大きな貢献である。わたしたちは、自分を世話してくれるものとの区別がつかない混沌とした状態から自己を引き離して、何らかの外的虚像のなかに、自己を形象化していく。言葉を換えれば、自己の外延を与えることによって、自己についての内的物語を形成していく。だがその物語は、自分一人で語りうるものではない。自己以外のもの、自己から分離した対象、自己として参入する言語との関係のなかで、自己は構築される。

フロイトは、自己形成に大きくかかわる自己と対象との関係において、それを促すものをリビドーと呼び、リビドーは解剖学的な「本能」を指し示すものではないと幾度も断った。しかし彼の理論は、結局は「生殖機能への寄与」に導く「性器の優位性」――とくにペニスの優位性――を前提とするものだった。あくまでペニスを中心としたフロイトのこの性自認の定義を、「言語」の問題に移し替えようとしたラカンの功績は大きい。しかしラカンもまた、言語体系は指示対象をもたないと述べつつも、それを象徴的にあらわす「特権的なシニフィアン」として「ファルス(男根)」を持ち出し、その理由は、ファルスが「その勃起性において、世代をわたる生命の流れのイメージ」として適切であるからだと説明した。

　だがわたしたちは言語の網目のなかに投企された存在であり、わたしたちにとって言語の外側の「ありのままの性」とか、「十全なエロス」とか、「自然のリズムによって規定された動物の交尾」のようなものはありえない。それらは言語によって作りだされた比喩であり、またかりに「動物の交尾」が「自然のリズムによって規定された」ものだとしても、人間の「自然な性」は、それを比喩とした借りてきたものにすぎない。逆に言えば、もしもわたしたちのセクシュアリティがすべて「本能」によって説明されるならば、セクシュアリティにまつわる問題はこれほど錯綜したものにはならず、わたしたちの悩みもこれほど深くはなく、おそらくもっと容易に解決《リゾルヴ》／解消されるはずである。わたしたちにとってセクシュアリティがなぜ問題になるかといえば、そのような

「動物の交尾」から切断されたところに、人間のセクシュアリティが存在しているからである。

したがって比喩にすぎないものを事実と詐称するために、さまざまな「可能なエロス」の物語が捏造され流布され、「可能なエロス」(正常な愛)と「不可能なエロス」(倒錯的な愛)という序列化がおこなわれることになる。しかしわたしたちが経験しているものは、じつはすべて「不可能なエロス」のさまざまな文化的、歴史的様態にすぎないのではないか。そして学問研究や社会通念のなかで偏執的《パラノイア》に語られている「病理」や「逸脱」や「許されぬ愛」の言説は、そもそも「不可能なエロス」を「可能なもの」と読み替え規範化するために抑圧されてきた事柄が、「失錯行為」として登場したものではないだろうか。だからこそ「正常なエロス」は、巷に充満する物語のなかでも、その内実――すなわち愛の獲得以降の予定調和的な物語――をほとんど語られずに、どこにでもあるはずだが、それを具体的に取り出すことはできない「幻」として、わたしたちを呪縛しているのではないだろうか。言い換えれば、合法的性愛へと導くさまざまな社会装置や慣習や神話は、エロスの不可能性という「耐えがたき快楽」から何とか身を引き離しつつ、「耐えがたき快楽」を求める離れ業を見せようとして、つねにその離れ業の成就のまえにカーテンを降ろしているのではないだろうか。この章では、自己把握という「愛」の物語にどのように〔ヘテロ〕セクシストな偏向が加えられているのかを考察した。

つぎの第三章「あなたを忘れない——性の制度の脱‐再生産」では、自己形成と言語の関係の考察をさらに深めるために、とくに母と娘の関係に焦点を当てた。異性愛主義と性差別の積集合によって負の意味づけを与えられている女の同性愛の歴史的変遷のなかに、〔ヘテロ〕セクシズムの抑圧体制が如実に示されるように、これまで語られることが少なく、むしろ隠蔽されてきた母娘の関係のなかに、次代再生産の公的物語の罠が潜んでいると考えたからである。

父を中心とするエディプス構造を自己形成の核に据えたフロイトの理論を離れて、前エディプス期に着目した対象関係理論は、母との対象関係を焦点化することによって、性器的セクシュアリティ中心主義から脱しているように見える。だが対象関係理論も、またそれをさらに押し進めて「想像界」という概念に着目したクリステヴァの理論も、前エディプス期や想像界を経由したのちの象徴界の《父》の審級の自明性を疑うものではない。その結果、母娘の一次的関係は、結局、象徴界では現実化しえない否定的意味をもつものとみなされる。バトラーは母娘の一次的関係を解決する「メランコリー」が、女児を「女」として同一化するメカニズムになっていると考えたが、わたしはこれを、女児を「母」として同一化するメカニズムだと捉え、幾重にも沈黙させられている母娘の関係性は、〔ヘテロ〕セクシストな性の制度を(再)生産する装置として機能してきたと解釈した。

乳幼児の世話をする者を「母」と想定している核家族のイデオロギーのなかでは、自他癒着の一次的関係から言語体系に参入して自己形成を果たしていくプロセスが、女児と男児では別様に解釈されている。女児は男児と異なって、支配言語に従属するという「精神的去勢」だけでなく、ペニスを持たない身体として名づけられるという「身体的去勢」をも経験するとみなされる。なぜなら愛の可能性は、第二章で述べたように、つねにペニス／ファルス(男根)を特権化する異性愛の形態であるべきだという理解が前提とされているがゆえに、対象選択は異性において決定されているからである。しかし人は自分があらかじめ何者かで、対象があらかじめ何者かであるから、愛するのではない。愛は自我形成と対象形成の同時進行性につけられた名称である。

にもかかわらず近親姦の禁止と同性愛の禁止という二つのタブーを経験せざるをえない女児は、母との一次的関係の忘却をおこなわなければ、つまり「母を愛したことなどなかった」と思わなければ、言語への参入はありえない。そしてこの忘却は、忘却したものを自分自身の身体に「体内化する」ことによって──「自分の身体は母と同じものだから、母を愛することなどありえない」と思うことによって──かろうじて解決される。だが喪失した対象の忘却に起因するメランコリーのなかで「女」に付与されていく相矛盾する「母」の二つの意味──生殖をおこなう性器的存在でありながら、娘にとっては非性器的存在であること――は、女のセクシュアリティの分裂と不安定化と矮小化、すなわち、「異性」である「男」には性器的存在として、「同性」である「女」には非性器的存在として生きることを、「女」に強いていく。

他方で、現代の「母」はもはや社会的な性役割を所与のものと信じていないのではないか、そのような「解放された」母は、娘とのあいだに、性役割を強制しない「友人的な関係」を構築して、娘に自立と自由を与えるのではないかという議論もあるだろう。しかしそのときにイメージされている自由はどの程度の自由なのだろうか、娘の自立は何からの自立なのだろうか。もしも母が娘のセクシュアリティのラディカルな多様性までは認めないとしたら、母は娘というもっとも身近な手段をつかって、しかも娘への心配り(非＝性器的な対象関係)という隠れ蓑をつかって、制度が強制した女性蔑視――自分自身による自己の身体の矮小化――を、あたかも制度への抵抗であるかのように反復していることになる。

あるいは「解放された」娘が、「解放されていない」母や、そのような母との葛藤を、ある種の諦観とともに(しかしときに心配りに溢れて)我が身から引き離したとき、それは母との一次的な愛の物語を葬り去ったことになる。母とのあいだにあったかもしれない性的な愛の含意(女児には、タブーとしてさえも言語化されない愛の物語)は、「解放された」娘によって――過去の身体の可能性としてだけではなく、未来の身体の可能性としても気づかれずに――その存在は跡形もなく消し去られていく。そのあとに残るものは、みずからの多様な愛のかたちを拒否して引かれた異性愛という、ただひとつの軌道だけである。

母と娘は、娘から母へと移行する二つの通時的なカテゴリーではなく、一人の「女」のなかにつねに存在する共時的な双面のカテゴリーである。むしろ母と娘という二つの別個のカテゴリーをつくり、両者を通時的に切り離して、女を娘から母に不可逆的に移行させることこそ、規範的な次代再生産を求める〔ヘテロ〕セクシズムを稼働させているものである。「あなたを忘れない」娘は母でもあり、「あなたを忘れない」母は娘でもある。それは娘＝母に、「母」や「娘」といった名づけによってもたらされる規範的な異性愛の身体には収斂しないオルタナティブな物語の可能性を、まさに「母」「娘」と別々に位置づけられているその場所を攪乱することによって、生み出しえるものとなるかもしれない。

この二つの章では、自己同一化《アイデンティフィケーション》が開始される言語獲得の場面から始めて、個人の心的様態に対してどのように〔ヘテロ〕セクシストな解釈がなされてきたかを考察してきたが、つぎの第四章では、社会における自己同一性《アイデンティティ》の問題を論じた。抑圧的な異性愛主義に異議を申し立てるために、とくに九〇年代以降、これまで社会的生を否定されていたレズビアン、ゲイ男性、トランスセクシュアル等がみずからの「アイデンティティ」を主張する「アイデンティティの政治」が徐々に叫ばれている。普遍の名のもとになされる女の抑圧や、女の男性化、また非異性愛者の抹消や、異性愛化に抗して、女や非異性愛者が「差異」を主張することは、他方で、女や非異性愛者の本質化、また〔ヘテロ〕セクシズムに都合がいいゲットー化を生み出す危険性をもたらすものでもある。それは、差異のあいだの平等を構築することが、ともすれば特権的な差異のもとの平等にすりかわってしまうという、差異と平等の政治的ジレンマを物語るものである。けれども、もしも「アイデンティティの政治」が、被抑圧者のアイデンティティの主張の次元だけでなく、特権を得ているように見える人々の問題でもあると理解されはじめれば、「政治」は「倫理」へとシフトしていき、政治的ジレンマの閉塞性は、未来に向けての新しい舞台のなかに位置づけなおされるのではないだろうか。

第四章「アイデンティティの倫理——差異と平等の政治的パラドックスのなかで」は、その題名が示すように、「アイデンティティの政治」がもたらす差異と平等の政治的パラドックスに自縄自縛されている現在、そのもつれた政治状況をどのように捉えて、そこから脱する可能性をどのように見いだすことができるかを思考したものである。「政治」を人と人のあいだの応答＝責任《リスポンシビリティ》(間主体的なもの)とみなせば、ここで言う「倫理」とは、自己のなかの応答＝責任(内主体的なもの)である。

フーコーの主体化《サブジェクション》＝隷属化の理論以降、権力の言説性を主張する議論は、抑圧体制の元凶を言語に設定することにより、抑圧体制から離脱する契機としての主体性(責任や自由の問題)を看過しているのではないかという批判があがった。本章は、自由と他者性をめぐるチャールズ・テイラーとウィリアム・コノリーによるフーコー読解についての応酬から始めて、フーコーが最晩年に問いかけた「現在性《アクチュアリティ》」がどのように政治化できるかを、右に述べた意味での「政治」と「倫理」の連動性のなかに考察した。

アイデンティティは自己承認(わたしは〜である)だけでなく、自己否認(わたしは〜でない)によっても成り立っている。「わたし」のなかに「取り入れ《イントロジェクション》」られるものと、「わたし」のそとに放出されて否定的カテゴリーとして「投影《プロジェクション》」されるものが、アイデンティティの階層秩序を作り出す。けれども社会的生を与えられずに棄却されるもの、自己の内部で説明できず納得できない〈おぞましきもの〉は、そもそも既存の言語によってすくいとられないがゆえに、たとえ否定的なカテゴリーとしても、現在は存在しない/できないものである。逆に言えば、否定的カテゴリーは、(否定されながらも)名称を与えられることによって存在可能になった不気味なもの、いわば構造的な外部であって、内部を安定化するために、言語のなかで「外部」として周縁化されているにすぎない。言葉を換えれば、言語のなかの否定的なカテゴリー(女性性や同性愛や有色性)は、その言語のなかにいる人間にはよく熟知したもの、それが何であるかをわかっているものである。

だから女性蔑視の性差別者や、同性愛嫌悪を口に出す異性愛主義者や、有色人を排斥する人種差別者は、女性性やホモエロティシズムや有色性とまったく無縁な人々ではなく、それらを知っている人々である。つまり、それらが自己を構築している言語の内部にあることを、したがって自己の内部にもあることを知っていて、だからこそそれを他者に投影することによって、みずからを「安全」にしている人々である。たとえば同性愛をもっとも強く嫌う者は、もっとも強く同性愛に反応する。ほとんど強迫観念のようなその反応は、他者を退けようとしているというよりも、自己のなかの他者性を振り捨て、そこから逃れようとしているようである。したがってもしもアイデンティティの政治が、名づけをそのままにして、その社会的な生存可能性を求めるのであれば、言語によって排斥された〈おぞましきもの〉、語りえないものは、既存の言語のなかで都合良く定義されたままにとどまり、もっと悪いことには、その否定的な名称を一部の人々にカテゴリーとして割りふることによって、名称の意味の境界をますます横断不可能にしていく。その結果、既存の言語によって語られないものは、さらに遠くに放逐されてしまい、既存の法の皮肉な再生産と、名称のこちら側と向こう側の両面で、さらなる「自己－誤認」が発生していくことになる。

けれどもわたしたちは、わたしは何かという問いと無縁に生きることはできない。言語のなかに生存するかぎり、何者でもない〈わたし〉は存在せず、〈わたし〉は何かの名称を背負って生きている。しかしそうでありながらも、名称は何かを切り分ける(分節化する)作用をおこなうものであるために、わたしは何かと言ったとたん、その〈わたし〉は、そのときに何かと語らなかったもの、語りえなかったものに対峙し、逆説的にではあるが、それに近づくことになる。だからアイデンティティ(わたしは何かと言うこと)は、そのアイデンティティ(名づけ)を成立させている決定性のロジックの限界に、意識、無意識にかかわらず気づくことになる。決定(名づけ)は、不決定性(名づけの不可能性)に晒され、それを引き寄せることである。それは〈わたし〉をおそろしい恐怖の場所に、言語が無限に集積しているけれども、何も語りえていない孤独の場所に連れていく。しかし名づけによって名づけえぬものと邂逅すること、アイデンティティの分節化によって、アイデンティティの脱分節化に向き合うことは、〈わたし〉が、〈わたし〉と他者を分け隔てていた境界をすりぬけて、他者にはたらきかけることができる方法でもある。

これはアイデンティティをその現在性において中断させること、つまり〈わたし〉を安定させるはずのその場所で、〈わたし〉のなかに見知らぬものを迎え入れ、〈わたし〉を不安定化させることである。集団的アイデンティティの場合には、その集団のなかに他者を発見し、集団のなかに困惑や疑惑や敵意や、そして集団の離散さえも引き起こすものである。これは、横断不可能な差異として外延を限った者同士の「対話」や(しかし他者を他者とみなすかぎり、そもそも対話は不可能ではなかったか)、あるいはアイデンティティを拒否して高踏的な非‐アイデンティティを標榜することに比べて、苦悩や痛みや混乱を伴うものである。しかしアイデンティティを分節化するという「アイデンティティの政治」——間主体的な応答＝責任——が、そのアイデンティティの脱分節化に向き合う「アイデンティティの倫理」として——内主体的な応答＝責任として——機能するときに、差異と平等という政治的ジレンマはその姿を変えていくのではないだろうか。

これまでの章はすべて一続きのものとして発表するように、当初から構想されていた。その意味では、第四章「アイデンティティの倫理」を書き始めたときには、これをもって連載はとりあえず終了するつもりでいた。しかしその論文を書き終えようとしていたとき、まだもうひとつ、論文を書かなければならないことに気づいた。もっと正確に言えば、いま書いている論文の最後の節に割りふっていたテーマは、ひとつの節ではなく、ひとつの論文として、あらたに論考しなければならない事柄だと思った。そういうわけで、「〈普遍〉ではなく〈正義〉を——翻訳の残余が求めるもの」が、本書の終章として加わった。

アイデンティティの倫理は、倫理という内主体的な行為であるがゆえに、それが実際の政治とどのように結びつくのかを聞きたい、あるいはそのような倫理をもちえるのは一部の人々に限られたことで、ちょうどモダニズムのハイカルチャーと同じように、日常性を看過した概念なのではないかという疑問が生まれるかもしれない。後者の疑問に対しては、齋藤純一さんとの対談「親密圏と公共圏の〈あいだ〉――孤独と正義をめぐって」(『思想』九二五号)でも述べたように、アイデンティティの中断は特権的な人々に起こるのではなく、アイデンティティの分節化がなされるときには、つまり名づけが意味をもつ状況においては、つねに発生している事柄であると考えている。むしろ問題は、その中断をどのように生きるか、あるいはどのようにその中断を生きられうる領域のなかに留めおけるかであって、この問いに答えていくことこそ、開かれた政治――つまりは開かれた生――に繋がるものではないだろうか。しかし日常的に発生しているはずのアイデンティティの中断を、つまり語りえぬものとの邂逅を、どのように生きられうる領域のなかに留めおけるかという問題は、そうたやすいものではない。それは第一の質問、間主体的な政治が内主体的な倫理に連動するとして、今度はその内主体的な倫理をどのように間主体的な政治に返していくかという問題に関係する事柄である。わたしが「アイデンティティの倫理」の終節に予定していて、そこで書ききれなかった事柄がそれである。

わたしたちが間主体的な政治に関与するのも、内主体的な倫理に関与するのも、広義の意味において言語のなかで、言語をつうじてである。精神分析を扱った章で述べたように、わたしたちは――主体であれ、構造的他者であれ――言語体系に入ることによって、すなわち社会システムに参与することによって、〈わたし〉なるものを獲得する。その意味で、終章「〈普遍〉ではなく〈正義〉を――翻訳の残余が求めるもの」では、内主体的な倫理をどのように言語化できるかという問題を考えた。今述べたように、言語が社会システムを構成しているものであるかぎり、倫理の言語化は、すなわち倫理の政治化であり、倫理の政治的翻訳である。したがってここで言う「翻訳《トランスレーション》」とは、個人のなかで、あるいはひとつの集団のなかでなされる内主体的な応答＝責任を、個人と個人のあいだの、あるいは集団と集団のあいだの外主体的な応答＝責任に「変移させる《トランスレート》」ことでもある。だから翻訳は、個人や集団のあいだの差異を単に架橋する機能、一種の予定調和的な機能を帯びるものではない。だがそうでないならば、翻訳はいったい何をわたしたちにもたらすのかというのが、本章の課題である。

　二つの言語が文法を異にしており、しかも一方の言語が支配的であるとき、もう一方の言語は、どのようにそれ自身を表出すればよいのだろう。何重にも声を抑圧され、発話がつねに他の言語体系によって翻訳され、そしてその言語の構造的他者としての位置をよぎなくされているときには。このアポーリアを鋭く指摘したのは、ガヤトリ・チャクラヴォーティ・スピヴァックの「サバルタンは語ることができるか」という論文だった。彼女はこののち「サバルタン・トーク」のインタヴューで、この一見して袋小路と見える状況を、発話の双方向性のなかに位置づけ、発話行為は語ることと聞くことによって成り立っており、根源的な被抑圧者であるサバルタンは語ることができないのではなく、必死に語ろうとしているのに、その声を聞き取られないのだと述べて、「語りえぬもの」の問題のなかに「聞きえぬもの」の問題を包含させた。

だがことはそう簡単ではない。というのも、そもそも言語の階層秩序は、語ることと聞くことの力学のなかに埋め込まれているからだ。声の圧倒的な抹消の残酷さは、人間主義《ヒューマニズム》にのっとった理解可能性や、普遍や共約性を前提とした対話によって、解決／解消されるものではない。しかし他方で、語る者と聞く者の横断不可能性を強調して、発話のアポーリアに立ち止まっていることも、サバルタンをどのような支配言説にも「汚染」されない純粋な他者として再配置してしまうことである。

しかし純粋な他者は存在しているのだろうか。「語ることの正当性／語る内容の正当性」(チョウ、本橋訳)を奪われ、間違って聞かれる／聞かれない客体もまた、その非対称的な発話行為に関与している。なぜなら、サバルタンという位置(副次的な位置)は、主たる位置を前提としてはじめて成り立つものであり、サバルタンは言語の力学と無縁に生きているわけではないからだ。「サバルタン」が「サバルタン」であるのは、あるいは「女」が「女」であるのは、また「同性愛者」が「同性愛者」であるのは、すでにその人たちを「サバルタン」や「女」や「同性愛者」に位置づける言語の力学のなかに、その人たちが存在しているからである。だから語る者は同時に聞く者であり、聞く者は同時に語る者である。むしろわたしたちが問題にしなければならないことは、語る者と聞く者のこの入れ子構造のなかにこそ支配言語のヘゲモニーが介入していることであり、したがってヘゲモニーをあらたに組み替えなおす可能性は、この入れ子構造の再考にあるということだ。言葉を換えれば、問題は、文法を異にする二つの言語のあいだに翻訳をおこなおうとすることではなく、あるいは明確に分断された二つの言語のあいだの不連続性に対峙するものとして翻訳を捉えることでもなく、相互に混淆する言語のなかの不連続性——語る者と聞く者がひとつの声のなかに存在するときの〈同時的な時差〉——に対峙するものとして翻訳を捉えて、支配言語の正当性《ジャスティス》をずらしていくことである。聞きえない声を語る、語りえない声を聞くという〈正義《ジャスティス》への訴えかけ〉は、聞くことをつうじて語る、語ることをつうじて聞くという翻訳のパフォーマティヴィティによってのみ可能になるように思われる。

　けれども語りえぬものを聞こうとし、聞きえぬものを語ろうとする発話は、当然のことながら表象作用の失敗とみなされる。それは言語の《法》によって正当性を与えられていない「うつろいゆく気配」(スピヴァック)や「寓話による構築」(チョウ)や「亡霊のような残滓」(バトラー)や「比喩的形象」(ラクラウ)となり、通常の言語使用のなかからたやすく放逐される。しかしそれは、言語行為にあらざるものではない。言語の普遍性(あらゆるものを表象できるという神話)は、その言語の正当性(言語として機能しうる資格)を裏づけるものであるゆえに、言語システムは普遍性を標榜する。しかしだからこそ、逆説的に言語システムは、表象不可能性をそのなかに隠匿し、そしてその表象不可能性までもを表象する必要に迫られることになる。だから一見して表象の失敗と見えるものは、表象不可能なものを表象可能性のなかに縫い込もうとする言語行為そのものであり、逆に言えば、発話行為はそもそもが、行為の過剰性をつねに胚胎しており、にもかかわらずわたしたちは、その過剰さをやりすごして、「合理的」で「正当な」発話という神話をつくっているにすぎない。だから気配や寓話や亡霊や比喩として聞かれるものは、普遍性を標榜する言語が必然的に内包している制御不能な過剰さをあらわにする。だからこそ皮肉なことに、既存の言語の偏向を露呈させる〈正義《ジャスティス》への訴えかけ〉は、まさに、その言語が仮想的につくりあげている「正当性《ジャスティス》」からはみだしてしまう「非正当性《インジャスティス》」として表出されるのだ。

　したがって〈正義への訴えかけ〉は、二つの「合理的な」言語のあいだの「合理的な」折衝としてではなく、混淆する言語のなかの不整合が、語る者にさえ制御できないかたちをとって溢れでるものである。それは、語る者にも聞く者にも、何を語っているのか、何が語られているのかわからず、双方に存在の不安と不確かさを否応なくもたらす苦悶の言葉、狂気の声となって現れる。だから、その苦悶の言葉や狂気の声が事後的に普遍の再編へとつながるものであるとしても——また普遍の再編へとつながらなければならないものであるとしても――新しい政治の課題は、〈正義への訴えかけ〉が吐き出す苦悶や怒りをくみ取って、前よりは少なくとも抑圧的でない何かに収束させることだけではなく、狂気を政治の言語になんとか翻訳しようとするときにさえも、なおも経験するその挫折――「翻訳の残余」――から目をそむけないでいることではないだろうか。新たな言語の普遍性を志向するだけでなく、言語の狂気に着目しつづけること、すなわち、苦悶や怒りをもってしても十全には語り尽くせない不正義の複層的な現実に応答すること、その不正義の言語がいまだに語りえていない場所で自分自身をも構築している言語であるという、その責任を引き受けることが、結果的に目的論に限定されてしまわない、未定形《オープン・エンディッド》の動的な政治を切り拓くための第一歩だと思われる。

間主体的な政治のみならず、内主体的な倫理も、統合的なものではなく、相克と葛藤によって生まれ、存在している。内主体的な倫理のアゴーンによって吐き出される〈正義への訴えかけ〉は、間主体的な政治の場をゆるがすが、それが可能になるのは、〈正義への訴えかけ〉がふたたび内主体的な倫理に引き戻され、それを再度、不安定にさせるときである。おそらくその相互交差的《キアズマ》な未定形の応答／責任においてこそ、主体の内と外を画然と区別していた言語は、べつの言語へと姿を変えていくだろう。

ところで、資本主義社会におけるセクシュアリティの系譜的な分析からはじまった本書が、章を追うごとにセクシュアリティと直接関わりのないようにみえる言語の問題にまで踏み込んできたことに、とまどう読者もいるかもしれない。あるいは「愛について」という本書の表題の意味はどこにあるのかと、問う読者がいるかもしれない。本書に収められているそれぞれの論文の主題と議論は、第一論文を書く以前に構想されていた。けれどもわたし自身、現在のセクシュアリティにまつわる問題が、これほどまでにそれを成り立たせている〈言語〉に深く関与しているとは思っていなかった。しかしひとつの問題に取り組むことは、その現象的な課題（たとえそれがどんなに複雑であるとしても）を分析するだけではすまされず、分析それ自体に土台を与えている認識構造を組上に載せることのように思われる。それはわたしにとって、人間の関係性をどう捉えるかということだった。

セクシュアリティという、もっとも個人的な事柄だと思われてきた人間関係は、第二波フェミニズムのスローガンが示しているように、きわめて公的で政治的な事柄である。と同時に、個人的な事柄は、単に個人と個人のあいだの私的な関係というだけでなく、その個人自身の心的世界がどのように形成され、どのように保持され、どのように説明されているかということである。わたしたちが感情と呼んでいる事柄、あるいは身体性の帰結と思っている事柄、また衝動や本能とみなしている事柄は、所与の言語がそれらに与えている名称や意味であり、そして〈わたし〉がその言語を内面化、身体化している様態である。他方、世界の出来事も、政治のアリーナも、それらを構成し、それらに関与する行為体《エイジェンシー》がなければ存在しない。それらは、〈わたし〉から遠く隔たったどこかべつの場所で、あるいは〈わたし〉にときたま到来するべつの機会に、起こるものではない。それらはつねにいま、ここで、〈わたし〉と〈あなた(たち)〉のあいだで、つまりはその「あいだ」を再生産し、「あいだ」によって再生産されている〈わたし〉の「なかで」起こっていることである。

心理の深奥にある不可侵の領域とか、自然な摂理にほかならない身体と思われてきた事柄の政治性を問うという意味で、表題は「愛について」とした。「愛」は恋愛や友情や連帯感や近親感情だけでなく、その裏に失望や侮辱や怒りや敵意や恐怖、そしてそれらゆえの肯定的・否定的な無関心や無理解までも含みもつものである。またそのような愛の関係を生みだし、裏書きしているのは、一見して「愛」とは思われない制度であり、慣行であり、社会通念である。さらに言えば、本書では愛という事柄を精神的愛と身体的愛に分けて、とくに前者を指すわけでもない。それらを分けるイデオロギーそのものを考えてみたいと思ったからである。

副題は「アイデンティティと欲望の政治学」としたが、「アイデンティティ」は自己を対象化する在り方なので、どちらかと言えば対自的なもの、公共的なもので、「欲望」はどちらかと言えば親密性に牽引されたもの、いわば即自性の強いものと解釈されがちだ。しかしこの両者は対立関係、あるいは後者から前者への因果関係や表出関係をなしているのではなく、またヘーゲルの言う発展的な止揚関係を構成しているのでもない。両者は、愛の舞台で相互交差的に行為され、互いが互いを条件づけ、構築し、また変容させあっているものでもある。そして、まさにそのことによって――そのことによってのみ――制度の面においても認識の面においても、従来の性実践や家族形態や親族関係を脱構築する新しい「親密圏」の概念や、それに呼応する「公共圏」の新たな組成を模索することができるのではないかと考えている。

このように本書は、過去四年ほどのあいだに間欠的に『思想』誌(岩波書店)に掲載された五つの論文より成る。先に述べたように、あらかじめ立てた計画に基づいて書き進めてきたが、書くという行為――それはとりもなおさず物語を語る行為――は、わたし自身を解体していく道のりだった。第一回目から、愛についてまとまったものを書くことが、いかに自分と向き合い、自分をある意味で危機に陥れるものか、また自分自身がいかに既存の言語のなかに幾重にも取り込まれている存在なのかに気づいて、愕然とした。そのことは回を重ねるにしたがって、さらに強く体験するものとなった。おそらく論文であれ小説であれ詩であれ、文章を書くということはそういうものだろう。自分が粉々に砕けるような気がして、恐ろしくて身がすくむ思いがしたこともあった。

しかしともかくも計画したプロジェクトにしたがって書きつづけ、考えつづけようと思ったが、書き終えてみると、まだまだ書き尽くせないものがあることに気づく。さきほど終章は、当初の予定が拡大したかたちで付け加わったと述べたが、じつはその終章を書き終えようとしていたときにも、次の論考――狂気の位置と、その力、そして逆説的な狂気の生存可能性についての思考――を、さらに進めたいと痛切に感じた。たぶんどのようなテーマにも言えることだろうが、「愛」について、そして「語りえぬもの」をめぐる政治について語ろうとする試みもまた、語りの時間の未定性《オープン・エンディッドネス》を、その限界とも強みともするものだろう。語りの時間の未定性は、そのまま、わたしたちを取り巻き、わたしたち自身であるヘゲモニーの未定性であり、狂気をそのなかに生みだし、また狂気から挑戦を受けるヘゲモニーの、戻換《れいかん》的な動態でもある。こうして序文を書いているあいだにも、次の思考へ、次の戻換性へと駆り立てられる思いがする。

けれどもこのようにわたしを急《せ》かせながらも、他方でわたしに書くことを躊躇わせているものは、昨年九月におこった同時多発テロ事件である。狂気が語りえぬものの界域に存在する以上、狂気はつねに、「正気」の人には恐怖(テラー)の暴力として到来するはずである。狂気が、本来は聞き取られない声をなんとか届けようとする絶望的な試みであるならば、それを聞く者は、その声を不条理の暴力として――自分自身を成り立たせている生存領域を脅かすものとして――まず聞くのではないだろうか。そして声を抹消されていた人々に向けられていた抑圧と暴力が、社会的なものであると同時に、身体的なものであり、その生存を否定していたものならば、そこから発せられる声の力は、生存可能な領域に住まう人々には、社会システムの亀裂や崩壊の予兆であると同時に、みずからの身体的で生存上の安全を——字義的な意味でも、比喩的な意味でも——脅かすはずである。

さらに言えば、声を持たぬ者と範疇化されていた人々が、声を発して聞き届けられようとするとき、その声の絶望的な力は、声を届ける相手に向けられると同時に、自分自身へも向け返す、両刃の剣となるだろう。他者に耳を傾け、他者に応答する／責任をとることが、自己への応答／責任である以上、告発の声は、その結果として、自己への告発、また自己への意図的・無意図的な損傷ともなる。このことは、抑圧構造の複雑さと、抑圧されている人々のなかの矛盾をあらわにするとともに、そういった人々自身をも、実際に傷つけ、ときに死に至らしめる。狂気の力は、声を発する者と聞く者の双方に、社会的生存の危機を、そして身体上の生存の危機さえももたらすものである。

では狂気を、どのように考えればよいのだろうか。それは不可避的で必然的な現れなのか、あるいは一過性の契機なのか、それともその悲嘆と残酷さによってわたしたちをつねに恐怖の暴力《テロリズム》に晒す亡霊なのだろうか。スピヴァックは語りえぬものの表出を「天候《ウェザー》」——わたしたちのなかに現れたかと思うと消えていく「うつろいゆく気配《ウェザー》」——

と表現した。しかしもしもそれが「突風」であれば、〈わたし〉はその突風にどのように身を晒し、そしてどのようにその後を生きればよいのだろう――もしもその後を生きることができたとして。もはや人間主義《ヒューマニズム》では解決／解消しようもない、生存可能性ぎりぎりの状況がすべての人の条件となっているときに、〈わたし〉は、声の応答／責任と、それに伴う狂気の力をどう考えていけばよいのだろう。

この課題は「アイデンティティの倫理」を書き始めた頃より、わたしのなかでわだかまりつづけ、それをなんとか解きほぐそうと試みるなかで、ますます困難な問題に出会っていった。そして、それをどのように考えればよいか踏み迷っているままに、昨年九月の事件が起きた。この課題は、たぶんわたしを急かせながらも、しばらくのあいだはまだわたしの心のなかにうずくまっているだろう。しばらくというのがどのくらいなのかも、今のわたしにはわからない。だから思考を区切って、ともかくも本のかたちにするということは、一種の暴力を思考にはたらかせることなのかもしれない。掲載論文はできるだけもとの形で採録したが、一部、加筆修正した箇所がある。章のタイトルも、全体とのバランスのなかで一部改変した(初出情報は巻末に記載)。

連載の過程で直接、間接にさまざまな読者にめぐりあい、勇気づけられた。彼／女たちの言葉は無意識のうちにわたしのなかに沈殿し、わたしの励みになっていたと思う。

そのなかでもとくに連載の当初から終始一貫してわたしを勇気づけ、支えてくれた友人、青野暭子さんに、心からの感謝の気持ちをこの場を借りて表したい。また勤務校の図書をすばやく見せてくれた頼もしい友人たちや、大学間の図書借り出しや複写サービスを正確に迅速におこなってくださったお茶の水女子大学附属図書館の司書の方々、そして他大学・他機関の図書館の司書の方々にも、感謝の気持ちを捧げたい。領域を横断するテーマのときには、手持ちの図書だけでは不十分で、必要な本や論文が必要なときに即座に読めたことは、執筆していくうえで本当に心強いことだった。その意味で図書や論文の整理を引き受けてくれ、既出論文を整えるおりには参考文献や註の再編成を丹念におこなってくれた花岡ナホミさんにも、ここで感謝の意を捧げたい。そしてまた勤務校のお茶の水女子大学にジェンダー研究センターが設置されており、活発に活動していること、そしてジェンダー関連の研究や教育が学部、大学院をつうじて大学のなかで支援をえて、ごく普通に進められていることも、有形無形にわたしの研究を支えてくれていると思う。研究は一人の人間の思索だけではなく、それを支持してくれるさまざまなサポートなしには生まれえないものだと、あらためて実感した。その意味でも、新しい分野であるセクシュアリティの研究に文部省(当時)から平成一〇年度より一三年度までの四年間、科学研究費(一般研究(c)一九六一〇四六三号)をいただいたことは、わたしにとっても、これからの研究者にとっても、力強い支援である。記して感謝したい。最後に、そして心からの感謝の気持ちを、岩波書店『思想』編集部の清水愛理さんに捧げたい。わたしがセクシュアリティについてまだそれほど長いものを書いていないときに、この企画を提案してくれ、さまざまな方面でつねに全面的に支援してくださり、的確な助言を与えてくださったことは、大きな励みであり、刺激だった。この作業をつうじて、清水愛理さんという得難い友人をえたことは、わたしには望外の幸せである。

ここに収められている論文を書き進める過程で、書いているのは自分ではない、母や祖母や、さらにその向こうの世代の人々が、わたしをとおして、今この時代に、このようなかたちでこの文章を書いているという印象を、幾度も経験した。本に纏まればどんな感想を述べるだろうかと、恐ろしくも期待に満ちて想像していた。しかしその人たちも、いまは、すべていない。個別的な物語は集合的な物語からずれていくのみならず、個別的な物語を支えていた文脈からもずれていって、それまで言語化できなかった意味やさらなる省察を紡ぎだしていくことを、そしてまた、意味を過去のなかに引き戻しつつ未来へと繰り延べていく時間性――可能性と危険性が表裏一体となって混在している時間性――のなかにわたしたちの生があることを、驚きと痛みと、また諦観と希望がないまぜになった気持ちで経験した事柄だった。

書いているときにはわたしのすぐそばにあって、わたし自身でもあるように思えた文章は、発表したとたんに書き手のもとを離れ、四方八方に散種される。本書が、今後さらにさまざまな分野で「愛」について、「語りえぬもの」について、論議される契機となってくれればと願っている。

二〇〇二年初夏

第一章　〔ヘテロ〕セクシズムの系譜

――近代社会とセクシュアリティ

同性愛の表われはたくさんある。だが同性愛というのは何ものでもない。それは単なる言葉にすぎない。だからこの言葉をじっくり吟味し、この言葉に最後までつきあい、それが意味しているものをすべて明るみにしていこうじゃないか。

――ジル・ドゥルーズ

なぜセクシュアリティなのか

まず、なぜセクシュアリティを問題にするのかを語りたい。

上野千鶴子は岩波書店刊行の『講座 現代社会学』の編集にあたって、ジェンダーとセクシュアリティを切り離して、「それぞれ独立の巻を編むよう、つよく主張した」（上野 e 八八）と語っている。その理由は、両者は「べつのもの」であるにもかかわらず、

「あまりにもわかちがたくからまりあって」おり、「セクシュアリティをジェンダーが定義しているかに見える事態を何とかときほぐしたい」(e 八八―八九)からだと説明する。ではべつものである両者をどのように定義するかという点に関しては、『講座』の巻頭論文においても、それについて言及した最近のエッセイのなかでも、上野千鶴子は明快な定義を下しておらず、[1]セクシュアリティは「「無定義概念」」であり、「セクシュアリティ研究とは、人々が「セクシュアリティ」と呼び、表象するもの、そしてその名のもとで行為するしかたについて研究する領域」であると言うにとどめている(上野b 六)。たしかにセクシュアリティを定義することは困難な作業ではある。フロイトが意味したセクシュアリティ(「性慾」)ではなく、現在使われているセクシュアリティの概念が流通するようになったのは、ミシェル・フーコーの *Histoire de la Sexualité* によってであるが、邦訳のタイトルは『性の歴史』であり、本のなかではおもに「性的欲望」、ときに「性現象」「性行動」と訳しかえたということである。セクシュアリティとは何だろうか。

わたしがこれから議論していきたい事柄は、セクシュアリティとジェンダーとセックス(解剖学的な性差)が同延上に重ね合わされて理解され、近代市民社会を支えるある種の異性愛を強制する〔ヘテロ〕セクシズムがつくられていったということである。わたしが近代の性抑圧を性差別(セクシズム)と呼ばず、〔ヘテロ〕セクシズムと呼ぶ理由は、女/男の社会的な性役割(ジェンダー)の不均衡に焦点をあてるマルクス主義フェミニズム、あるいは表象不可能として周縁化されてきた女のセクシュアリティを回復しようとするエクリチュール・フェミニン系のフェミニズムでは、近代の性差別の根拠と広がりを明らかにすることができず、それればかりでなくジェンダーやセクシュアリティを女／男の二元論にもとづいて説明する存在論に回帰してしまうおそれがあると考えるからである。

また近代の抑圧的な異性愛主義(2)をヘテロセクシズムと呼ばず、括弧をつけて〔ヘテロ〕セクシズムと呼ぶ理由は、一九世紀末のセクソロジーの誕生とともに始まったと理解されている同性愛差別は、近代市民社会の性差別（セクシズム）を前提にして、さらに言えば性差別を促進する装置として、編成されたものだと考えるからである。男のホモソーシャリティの基盤をなすものが同性愛嫌悪《ホモフォビア》と女性蔑視《ミソジニー》であることからも明らかなように、異性愛主義と性差別は別個に存在しているのではなく、近代の性力学を推進する言説の両輪をなすものである。事実、男のホモソーシャリティについての卓越な洞察をおこなったのは、リュス・イリガライ、イヴ・K・セジウィックというフェミニストであった。では性差別と異性愛主義という二つの言語をもつ抑圧形態――〔ヘテロ〕セクシズム――によって分節化されてきたセクシュアリティとは、いったい何だろうか。

現在のレズビアン／ゲイ研究やクィア理論は、近代の抑圧的な異性愛主義を解体しようとする。つまり「正しい」異性愛／「まちがった」同性愛という階層秩序に対して、異議申し立てをおこなおうとする傾向がある。しかし規範／逸脱の二項対立の基盤をなすものは、はたして異性愛／同性愛であろうか。もしも異性愛主義が性差別と不可分に結びついて近代の〔ヘテロ〕セクシズムを押し進めているならば、規範として近代社会が再生産しつづけているのは、異性愛一般というよりも、ただ一つの「正しいセクシュアリティ」の規範ではないだろうか。それを異性愛一般と捉えて、同性愛をそれと対立させることは、同性愛に対する抑圧構造をかえって見えなくさせることにならないか。

「正しいセクシュアリティ」とは、終身的な単婚《モノガミー》を前提として、社会でヘゲモニーを得ている階級を再生産する家庭内のセクシュアリティである。「正しいセクシュアリティ」は「次代再生産」を目標とするがゆえに、男の精子と女の卵子・子宮を必須の条件とする性器中心の生殖セクシュアリティを特権化する。したがって「正しい」性行為には、理念的には、かならず膣へのペニスの挿入と射精が伴わなければならず、それ以外の性行為は前戯であり、後戯であり、要するに、付け足しとみなされ、次代再生産をおこなわない・おこなえないカップルは——たとえ合法化された夫婦であっても——不完全な形態だとみなされる。子供のない夫婦、セックスレスの夫婦が、そのことによって「特殊」としるしづけられているのは、その証左である。したがって当然のことながら、ペニスと膣のどちらかを欠く同性同士のセクシュアリティは、異端として排除される。アナルセックス、フェラチオ、クンニリングス、相互マスタベーション等々しかおこなわない性行為は、「正しい」性のあり方ではないということになる。またたとえ異性間のものではあっても、生殖セクシュアリティを否定する余剰としてのセクシュアリティ――家庭外の性行為――も異端とみなされる。しかし逆説的なことに、「正しくない」異性愛の性行為は、まさに「正しくない」という位置ゆえに、性器＝生殖中心のセクシュアリティの拘束から免れることにもなる。男による搾取という形態をとりながら、身体の性感帯の再配分が、家庭外の性行為ではおこなわれた。たとえば昭和初期のポルノグラフィのなかに、家庭内では「想像もされなかった」フェラチオを娼婦相手におこなって快感を得たというプロットは枚挙にいとまがない。つまり、家庭内のセクシュアリティと家庭外のセクシュアリティを分けることによって、性について二重基準をもつ男と、ひとつの基準で判断される女とのあいだに差別を生みだし、加えて家庭内の女の身体と、家庭外の女の身体に分断を生じさせた。したがって一九八〇年代後半以降アメリカにおこってきたフェミニズムが内包する同性愛嫌悪に対する異議申し立てと、それに伴うレズビアン・エロスの再評価は、レズビアンの性愛が否定されたことへの問題提起というだけではなく、女自身のなかに深く隠匿されて内面化されてきた「正しいセクシュアリティ」の桎梏――女自身による女性蔑視――への問題提起とも考えるべきである。

「正しいセクシュアリティ」のもうひとつの要素である「終身的な単婚」は、合法的な異性愛を特権化し、婚外子の差別や、離婚・再婚の制限をもたらした。近代以前は、傷害・疾病による成人の死亡率も高かったので、死別による再婚のタブー視は比較的少ない。だが近代では——中産階級の成立以降は——終身的な単婚という理念は、とくに女においてつよく作用し、夫の死によって生涯喪にふくする妻の美談が語られることになる。

そして終身的な単婚の言説は、異性愛のみならず、同性愛にも反映し、男の同性愛と女の同性愛の分断に貢献することになる。男の同性愛と女の同性愛の非対称性の基盤に性差別が存在していることは言うまでもない。男の同性愛者の方がより可視的で、より強力に弾圧されるのは、女の場合——異性愛であろうと、同性愛であろうと——「正しいセクシュアリティ」から得られる特権が比較的限られているのに反し、男の同性愛者の場合は、「正しいセクシュアリティ」を拒否することによって、彼らに与えられるはずの多大な特権を捨て去り、それによって、「正しいセクシュアリティ」へ疑義をつきつける価値転覆力をより強力にもつからである。そのため、たとえば異性愛の男にとって特権であった性の二重基準は、同性愛の男に対しては彼らを批判する道具として用いられ、彼らは不道徳な乱交に耽る者というレッテルを貼られることとなる。エイズと男の同性愛を極端に結びつける言説がその一例である。他方、女の同性愛は、そもそも女の性欲望が不可視であるために単婚的と推量され、ときに女の同性愛者自身がそれを無意識に内面化する傾向ももつ。「正しいセクシュアリティ」の陥穽に、女だけでなく、女の同性愛者もおちてしまうことがある。

このように近代の市民社会の性力学を構成しているのは、一方に性差別、他方に異性愛主義という別個の抑圧装置ではなく、性差別と異性愛主義を両輪とした〔ヘテロ〕セクシズムであり、ただ一つの「正しいセクシュアリティ」を再生産するメカニズムである。ではそのときのセクシュアリティとはどういう意味をもつのか。

現在のフェミニズムやレズビアン／ゲイ研究の文脈では、「セックス」は解剖学的な性差であり、女／男の身体的な区別（と考えられているもの）にもとづくが、「ジェンダー」は女／男の社会的・文化的区別で、女／男を社会的に分離するために必要とされる〈女らしさ〉や〈男らしさ〉の社会形成であると考えられている。一方セクシュアリティは、この二つのカテゴリーよりも広範囲の意味を包摂し、快楽、性実践、性アイデンティティをふくむエロスの意味づけ――性にまつわる心的反応、肉体的反応、アイデンティティ形成――をさすと捉えられている（Jackson/Scott、斎藤）。現象としてのカテゴリー区分としては、この定義は妥当である。

しかし近代社会が認知するセクシュアリティが、終身的な単婚を前提とした、社会でヘゲモニーを得ている階級を再生産する家庭内のセクシュアリティであることを考えれば、セクシュアリティは普遍的な分類法のなかで、セックスやジェンダーと並列的にならぶ独立した一項目ではなく、片方に生殖＝次代再生産という目標をもち、もう片方に家庭を基盤とする男女の非対称性を戴く相互連関的なカテゴリーと捉えるべきだろう。

言葉を換えれば、セクシュアリティは、歴史的に決定されたカテゴリーであるジェンダー区分の「偶発性」を隠蔽しようとして、「本源的な」男女の身体区分を捏造しようとするときに語られる、エロスにまつわる〈フィクション〉なのである。したがってセクシュアリティは、ジェンダーやセックスにおける男女の二元論の正当性を強力に傍証・捏造するものとなり、同時に、ジェンダーやセックスの二元論の正当性を批判するときに再定義されるものでもある(たとえばレズビアン／ゲイ研究やクィア理論)。また逆に、従来のようにジェンダーやセックスを根拠にセクシュアリティを説明する場合もあるが、そのさいも、それによって所与のセクシュアリティが再生産される場合と、二元論の破綻によって所与のセクシュアリティを皮肉にも結果的に攪乱しうる場合がある。あるいはジェンダーやセックスにおける男女の二元論をはずしてセクシュアリティを説明しなおそうとして、逆に、さらに隠微な男女の二元論の罠におちいってしまうこともある(たとえばバイセクシュアリティの概念(3))。どちらにせよセクシュアリティは、ジェンダーやセックスと相補的な関係をとりながら、〔ヘテロ〕セクシズムの文法制度の不可視の部分を充塡し、それを支えてきた「黒子」のようなものだと言うことができる。

一九六〇年代以降のフェミニズムの努力によってジェンダー差別の不可視性は徐々にあばかれ、また近年のテクノロジーの成果と後期資本主義社会の身体表象は、セックスの二元論を一方で強化しながら、もう一方でその虚構性をあかるみにしつつある。だがセクシュアリティは「私的空間」の深奥に隠匿されてきたがゆえに(これこそ〔ヘテロ〕セクシズムのもっとも巧妙な策略であり、その意味で精神分析の非は大きい)、そのイデオロギー性を問われることはほとんどなかった。しかしわたしたちの私的領域とされている快楽や性実践や性幻想(つまり性的にどんな対象に、どう反応し、どう行動し、どう自己説明していくか)は、社会の構成物であるジェンダーによって生産され、またそれに規制され(現在までの資本主義社会にあっては、ジェンダーによってまったく汚染されないセクシュアリティはありえない)、同時に、身体を「自然」として(女の身体であれ、男の身体であれ、異性愛者の身体であれ、同性愛者の身体であれ)、また強制的にであれ、解放言説のなかであれ、構成していくプロセスでもある。繰り返すと、セクシュアリティこそ、〔ヘテロ〕セクシズムのパラダイムのなかで、それを傍証し、あるいはそれに異を唱える言説を構成するものということになる。

むろん、過去一〇〇年あまり続いてきた同性愛差別に対して異議申し立てをおこない、不可視のものとされてきた同性愛を可視化する試みは早急になされなければならない。だが同性愛者というカテゴリーの主張は、けっして解放言説の最終的な目標とすべきではないと思われる。なぜならそうした場合、セクシュアリティをイデオロギーの消失点としてわたしたちの社会的役割と解剖学的な性を構造化していく〔ヘテロ〕セクシズムの、幾重にも守られた「個」の階層秩序を、結果的に追認することになると考えるからである。むしろ同性愛の解放を求める試みのなかでわたしたちがイメージすべきものは、セクシュアリティを中心とするエロスの言説がもはや存在しなくなる地平なのではあるまいか。おそらくそのとき、セックスとジェンダーから完全に切り離されたセクシュアリティ、近代の家族尊重主義《ファミリー・ヴァリューズ》とは無縁に次代の再生産システムを構築しなおしたセクシュアリティ、セクシュアリティという言葉がもはや適切ではない〈エロス〉が問題になっていくだろう。

そのまえに――そのために――〔ヘテロ〕セクシズムを構成している大きな因子である資本主義とセクシュアリティの関係をまず論じることにしよう。そのさい、〔ヘテロ〕セクシズムを異性愛主義と性差別を包含する抑圧構造と捉えるため、ここで論じる中心トピックは、その両者の接点にもっとも近接している女性(同性愛)のセクシュアリティとする。扱う文化コンテクストは、おもに資本主義成立以降のアメリカ合衆国である。

性差別と女の友情

それは異性同士との愛と、まったく同じ法則で動いている。ただそれは、純粋に知的で精神的なもの。下劣な本能に汚されないし、世俗の利害を斟酌して煩わされることもない。……わたしは最大の情熱をささげて〔彼女を〕愛し、自分がとても強くなったような気がした。

――マーガレット・フラー

ジョン・デミリオは「資本主義とゲイ・アイデンティティ」という論文で、「ゲイ男性とレズビアンは……歴史の産物であって、ある特定の歴史的時代に存在しはじめた」(D'Emilio 102)と述べ、その転換期をアメリカ合衆国では一九世紀末から二〇世紀初頭においている。たしかに同性愛者というカテゴリー(ホモセクシュアル、レズビアン等)は、その命名の由来をたどればわかるように、(4)歴史的なものであって普遍的なものではない。またゲイ・アイデンティティが構築できるようなゲイ・コミュニティが誕生したのも、資本主義下の自由労働システムの推進によって都市部への人口の移動が加速しはじめて以降のことである。だがそれ以前、一九世紀中葉のアメリカ合衆国において、女同士の愛は非常に微妙な位置におかれていた。女同士の愛が脱性化され、「ロマンティックな友情」や「姉妹の絆《シスターフッド・キンシップ》」と呼びかえられ、社会的に容認されたばかりでなく、推奨される場面すらあった。なぜそのようなセクシュアリティの配置が歴史的に可能だったのか。これははたして歴史的に特殊な配置なのか。〔ヘテロ〕セクシズムと「ロマンティックな友情」はどう結びつくのか。これらの問いに答えるためには、産業資本主義が浸透する二〇世紀初頭ではなく、その黎明期、一九世紀のアメリカから考察していく必要がある。

産業資本主義の勃興は、事務所や工場という公的な職場と、居住空間である私的な家庭の分離、および公的な職場で働く男と、家庭にいて男の世話をする女という中産市民階級のジェンダー区分をうみだすことになった(ドメスティック・イデオロギー)。男女の領域を分離し、各領域に別種の社会機能を振りわけることによって、その社会機能が要請する資質——各領域が解剖学的な性によって分離されているために、性資質といわれるもの——が作りあげられていった(Berg; Cott, a, b; Welter)。そしてこの男女の領域の分離と、性資質の分離(男らしさ/女らしさの二分法)は、性欲望や性実践や性幻想における男女の区分をも捏造することになった。非対称的なジェンダー配置だけでなく、非対称的なセクシュアリティの配置が誕生したのである。つまり男は性的にタフで能動的であり、明確な性衝動、性欲望をもつが、女は性に受動的で——むしろ「氷のように清らか」で(Nichols 287)——性衝動や性欲望はもともと希薄であり、それらは夫によって開発され——しかし開発されすぎるということはなく——生涯、夫に貞淑であるという、性の幻想がつくられた。このため家庭内でおこなう性行為は極度に禁欲的なものとなった。

むろんこのような性の幻想は、自給自足的な村落共同体の性意識とまったく無縁のものではない。だが両者はなだらかに連続しているというよりも、旧制度の局所的な倫理が取り込まれ、普遍化されて、資本主義の性倫理を形成していったと言える。アメリカ合衆国でいえば、ピューリタン的な節約や禁欲の倫理や家族尊重の考え方[5]が資本主義の理念に美化されて、富の蓄積とともに、その富を継承する健全な嫡子の育成に寄与した(Cott, a)。ピューリタン社会にも存在していた聖母マリアの肯定的イメージも、セクシュアリティではなく母性を女に付与するのに一役かった。また一九世紀中葉にアメリカ合衆国を席巻した宗教上の第二次覚醒運動と、それに呼応した「純潔思想」は、とくに東部において、抑圧的な性倫理を伝播させるのに寄与した。避妊法の無知や不備、出産時の死亡率の高さが、嫡子の育児と教育をになう役目を課せられた中産階級の女をセクシュアリティから遠ざけ、それを正当化する性幻想をつくるために、旧体制の倫理が取り込まれたのだ。産業資本主義の勃興期に(アメリカの場合は一九世紀前半から中葉にかけて)おびただしく流通しはじめた(疑似)医学書、宗教書物、作法書、女性小説によって、この性幻想は喧伝された。たしかにデグラーらが指摘するように、理念としての性幻想と実際の具体的な性実践はかならずしも相同形をなしてはいない。だがこのことは理念としての性幻想を否定することではなく、逆に、理念であるがゆえに、自他を判断する規範として執拗な影響を与えることになる。そしてこの性幻想は、先に述べた「正しいセクシュアリティ」の規範に連動するのである。

「正しいセクシュアリティ」は次代の再生産を目標とするので、「産む」性である女の身体は子宮に収斂され、女の快楽もまた、挿入行為を中心に構造化される。家庭内で夫の帰りを待つという女の社会的役割と、そのような女の資質(「女らしさ」)と、受動的な女のセクシュアリティという性倫理と、精子を受け止める器という女の身体イメージが同延上に重ね合わされて、性の社会的役割(ジェンダー)と解剖学的性差(セックス)という二つのフィクションを往環しながら女のセクシュアリティが捏造されていくのである。いわば〈エロスのジェンダー化〉、〈エロスのセックス化〉がおこなわれたのだ。そしてこの歴史的過程で、皮肉にも、女の同性愛と女の友情の境界の曖昧さが発生する。

一九世紀前半から中葉にかけての男女の領域の分離は、姉妹や従姉妹やおば、めい、友人などによって構成される女のコミュニティをつくった。それは、当時ジェンダー化しつつあった女の家庭内の仕事(刺繡や編み物)の技術や女の礼儀作法を伝授するという、社会規範にのっとったネットワークであり、構成員も親族が主だった。だが急速に余暇時間と余暇行為が増大するにつれて、女同士のネットワークは友人や近隣人に拡大し、その活動も楽しみだけのための訪問や、お茶の会、買い物旅行などに発展し、期間もときに数週間、数カ月におよぶ場合があった。夫よりも長い時間を女の友人とすごす機会が増えたのである。また「本物の女」を育成する目的の女学校では、教師が疑似母親の役目を果たし、「マザー」と呼ばれる場合もあった(Smith-Rosenberg)。これら私的・公的な女の集まりは、女の規範を再生産する制度として認知されていたために、当時の性倫理に抵触することはなかった。しかも「正しいセクシュアリティ」の言説では、女の「性欲は希薄《パッションレス》」(Cott, b)であり、性行為の規範はペニスの挿入とみなされていたので、女同士がどのように熱烈な手紙を交換しようと(その記録は数多く残っている)、そこに性的なものは邪推されず、女同士の絆は社会的に容認され、新婚旅行に女の友人を伴ったり、結婚後に同居することすらあった(6)。

むろん一九世紀中葉のアメリカ合衆国にはホモセクシュアルという単語も、レズビアンという単語もなく、異性愛と同性愛を区別するセクソロジー自体が存在していなかった。しかしおそらく彼女たちのあいだには、緊密な精神的結びつきだけではなく、身体的な居心地の良さがあったと思われる。だがそのことを根拠に、セクソロジー前夜には女同士の強い愛情が存在しえたと述べるのは、「ロマンティックな友情」の片面だけを見ることになるだろう。むしろどのように強い絆であっても、女同士の関係には性的含意はなく、あくまで「ロマンティックな友情」であり、したがって当時すでに存在しつつあった異性愛制度を侵犯しないとみなされていたという、女同士の愛の不可視性と、それを成り立たせている女のセクシュアリティの無視の方を問題にすべきだろう。

日本の場合は、吉屋信子などの少女小説が読まれ、女学生の「ロマンティックな友情」が流行した昭和初期にはすでにフロイトが紹介され、同性愛差別がはじまっていた。にもかかわらず、一九世紀中葉のアメリカ合衆国と同様に、女同士の愛は結婚制度と抵触せず、むしろそれを補完する制度とみなされた。その理由は、女同士の愛も、結婚制度のなかの異性愛と同様に、女にとっては同じ位相で(性に受動的というファンタジーで)、「正しいセクシュアリティ」の規範に合致していたためである。たしかにジェンダー区分が強力に稼働しはじめる産業資本主義の勃興期は、〔ヘテロ〕セクシズムの形成期として、「ロマンティックな友情」が社会的に受容されやすい状況であった。だがこれは一九世紀のアメリカ合衆国や昭和初期の日本というように、けっして歴史的に局所的なものではない。女/男のセクシュアリティを非対称的に捉え、女を脱性化するセクシュアリティの配置が続くかぎり、つねに浮上してくる女のセクシュアリティおよび女の同性愛の無化と不可視性であり、現在でも依然としてそれは続いている。

そして同時にこれは、女を〈他者〉として観察する男の視点というだけでなく、性倫理を内面化している女自身の視点であることも留意しなければならない。一八五七年にロンドンで出版され、翌年ニューヨークで再版され、当時広く読まれた作法書『女についての女の考え』には、女の絆から性的ニュアンスをなんとか排除しようとする涙ぐましい軌跡が読み取れる。

異性への初恋と同じぐらい甘美で、ほとんど情熱的《パッショネイト》な同性への友情を経験しない女はほとんどいないだろう。長く続かないかもしれない——実際、長く続くことはほとんどない。だがこれは、人の心が経験しうるかぎりもっとも純粋で、もっとも献身的で、もっとも無私な情愛なのである。たいていの人にとって、これは愛と呼ぶ感情にきわめて近い。つまり、もっとも高尚なかたちの愛で、利己心や官能とは無縁なのである。……

だがこれは本物ではない――じつは友情でもなくて、愛の一種の先触れなのだ。これは、少女がいずれ経験する情熱と同じくらいに嫉妬深く、つらく、理性とは無縁で、同じくらいに強烈な幸福感と比類ない惨めさに満ち、第三者には滑稽にみえても、当事者たちにとっては同じような躍動感にあふれ、同じように真面目なものなのだ。しばらくのあいだ、いやそのあとも長く、この愛は女の世界を彩ってくれる。だがやはりこれは夢でしかない。愛が訪れると、それは夢のように消えていく。

(Craik 136-37 強調クレイク)

友情／友情でない、情熱的／高尚、永続的／一過性というように、前文を打ち消す逆接と留保にみちたクレイクの記述は、女同士の「情愛」と異性間の「愛」とのあいだに質的および時間的な不連続があることを強調しようとしつつ、両者の連続性をいつのまにか説明してしまう。事実、女同士の情愛を少女期に限定しようとしたこの段落は、「女たちは――老いも若きも――人生の終わりまで、互いに誠実に愛し合っていくのである」と結ばれている。ちなみに「誠実さ《フェイスフルネス》」は、「正しいセクシュアリティ」の規範が女に求めたもっとも大きな性的属性（「貞節さ《フェイスフルネス》」）である。

一九世紀末になるにつれ、女同士の愛は病理化されていく。だがセクソロジー前夜にみられる女同士の愛についての二枚舌――「ロマンティックな友情」の名で脱性化して骨抜きにしながら容認するという二重操作――は、きたるべき同性愛抑圧（異性愛主義）の前触れとして捉えられがちである。だがこの二重操作は、性器＝生殖中心的なセクシュアリティによって女の快楽や性実践や性幻想を構造化する「正しいセクシュアリティ」の規範（性差別）の、きわめて当然の帰結と考えるべきである。むしろこののち猛烈な勢いで社会を席巻する異性愛主義の言説は、「正しいセクシュアリティ」の理念の強化のために――言葉をかえれば、男女のセクシュアリティを非対称形に固定する性差別的な性配置の虚構性を糊塗するために――でっちあげられた、性対象の性別をめぐる階層秩序である。いわく、生殖を目的としない性行為や欲望は「倒錯」である。いわく、性欲望は男のものなので、性倒錯はソドミー（男性同性愛）である。いわく、欲望をもたない女はたとえ同性愛に耽っていても、いずれ「正しい男《ライトマン》」に出会うことで何の問題もなく「正常」へと「成長」する。したがって、いわく、女の同性愛は男の同性愛よりも無害である。現在でも同性愛嫌悪による暴力は、ゲイ男性に対しては殺傷事件となる場合が多いが、レズビアンに対してはレイプによって彼女たちの「目を覚まさせる」とい

うかたちをとる傾向がある。(7)

「正しいセクシュアリティ」についてもう一つ強調しておかなければならないことは、これが社会でヘゲモニーを得ている／得ようとしている階級の次代再生産を目的とするイデオロギーであることだ。したがって一九世紀中葉のアメリカ合衆国では、資本主義社会の中核勢力をになうことになる白人中産階級の女に「正しいセクシュアリティ」の規範を遵守することが求められ、また逆に、そのような性倫理を遵守し内面化することによって、「白人中産階級の女」が形成されていった。つまり所与のものとして中産階級が安定的に存在していたのではなく、自由競争の資本主義社会のなかで、中産階級はおのれの階級倫理を形成し、また常時、それを再生産していかねばならず、それにもっとも寄与したのが性倫理であり、それを具象化したのが中産階級の女のセクシュアリティであったと言える。まさにこの文脈で、白人中産階級の女同士の愛は容認されたのみならず、(消極的にではあるが)推奨もされた。南北戦争直後に男女の人口比が不均衡になったこと、一九世紀後半に女の大学進学がはじまったことなどから、おもに北東部において「ボストン・マリッジ」と呼ばれる女同士の同居が存在した(Faderman, a)。その背景には、資本主義社会の核家族では、未婚の女を扶養できる所得を得られる家庭が限られたために、非婚の女を核家族の外に出しつつ、中産階級の性倫理をまもるという矛盾した社会的要請があった。

また女同士の同居の形態がおもに東部にみられたとはいえ、ピューリタンの厳格な性倫理を連想させる「ボストン」という地名と、「結婚(マリッジ)」を結びつけた「ボストン・マリッジ」は、この撞着語法によって女同士の同居から性的含意を抜きさり、女同士の同居をイデオロギー上、可能にしたと言える。だからこそ、このあとしばらくは、同居する者が女の権利に芽生えた「新しい女《ニューウーマン》」になろうとも、性差別の根幹にあるセクシュアリティが曖昧にされていたために社会的にさほど問題にならず、さらには、そもそも強制された性役割に異議を申し立てているはずであった「新しい女」の「自主独立」や「進歩的姿勢」がアメリカ・イデオロギーに吸収されて、中産階級の白人の女だけの同居が、優生学的にみて「純粋さ」を標榜する国家理念に重ね合わされることとすらある。ニューイングランド(ボストン)の自主独立のピューリタン精神、独立戦争の大義、民主主義の国家アイデンティティというイデオロギー的系譜のなかに、ボストン・マリッジが組み込まれていくのである(McCullough)。したがってこの社会制度は、一九世紀末から二〇世紀初頭にかけて、すでに同性愛の抑圧が開始されたのちも、白人中産階級というお墨付きのおかげでしばらく延命することができた。例をあげれば、当時出版界に絶大な影響をもっていたジェイムズ・T・フィールズ(若き日のナサニエル・ホーソーンの原稿を何度も書き直させた編集者)の妻アニーは、夫が死亡したのち二七年間も、女性作家サラ・オーン・ジュエットと同居していた。ジュエットは「マーサのレイディ」(一八九七年)という女同士の情愛をテーマにした作品を書いているが、レズビアン研究がおこなわれる最近まで、文学史上では単にニューイングランドの「地方色」の作家として扱われるのみだった。ジュエットは、一世代のちのウィラ・キャザー(最近のレズビアン研究ではレズビアンだったと推察されている)が師とあおいだ作家である。(8)

このような精神風土のなかで女同士の絆をえがく当時の文学表象は、女の作家と男の作家のあいだに興味深い対照をみせている。たとえばナサニエル・ホーソーンの『ブライズデイル・ロマンス』(一八五二年)やオリヴァー・ウェンデル・ホームズの『エルシー・ヴェナー』(一八六一年)や『道徳的嫌悪』(一八八五年)では、女の絆は、結局、異性愛に回収され、そこにはほとんど何の留保もない。だが女の作家の場合――とくに現代でいうレズビアン的要素を濃厚にもっていたと推察される作家の場合――には、かなり直截に女の絆が描出されたり(メアリー・ウィルキンス・フリーマン「友だち二人」(一八八七年))、またプロットが異性愛に回収される場合も、奇妙な捩じれをみせている。その意味で、ルイーザ・メイ・オルコットの小説『職業――経験の物語』(一八七三年)は、家事/職業、中産階級/労働者階級、女の従属/女の自立、女の友情/女同士の情愛、結婚/ボストン・マリッジをたくみに交差させて、「正しいセクシュアリティ」の表象とその攪乱の両方の機能を有するテクストとなりおおせている。

『職業』の主人公クリスティは中産階級出身であるにもかかわらず、題名から連想されるように家庭の外に足を踏み出して、当時の女が従事していた「職業」のほとんどを「経験」する。プロットの前提に存在するこの矛盾を繕うため、クリスティは孤児(核家族の外側にいる人間)で、おば夫婦に扶養されているという設定にされている。事実、小説の冒頭は「ベティーおばさん」で始まり、「もう大人になったのだから、自分の面倒は自分でみるわ。これ以上、おばさんたちの重荷になりたくないの」と語られる(Alcott 65 強調引用者)。こうして自立の道をすすむ合法性を得たクリスティだが、数々の体験ののち伴侶をえて、「幸福な結婚生活」(正真正銘の中産家庭)に参入する。しかしその過程で、彼女は生涯の女の友人レイチェルも獲得するのである。模範的な祝婚歌の様相を呈する夫との交流の描写とくらべ、レイチェルとのあいだに交わされる情愛は、きわめてエロティックである。

「そばにいて、それとも私を連れていって。もうあなたを失うことなどできないわ。あなたがとても必要なの」。クリスティは友にすがった。……レイチェルは唇に情熱をこめて彼女にキスし、心からの笑みをうかべて霧のなかに消えていった。(b 128)

しかもクリスティが結婚を選択した直後、南北戦争が勃発し、従軍した夫は戦死する一方で、離れ離れになっていたレイチェルとは都合よくめぐりあい、最終的に二人は同じ家で生活し(ボストン・マリッジ)、近隣の女たちと女同士の集まりを主催して物語は終わる。この小説は、本来、相同形に重ね合わされるはずの女のジェンダーとセクシュアリティを巧みなプロットで時間的に分離し、かつ全体の構造を教養小説《ビルドゥングスロマン》のジャンルに統合し、それによって女同士のエロスを個別的な場面では濃厚に描写しながら、プロット全体としては「レズビアン連続体」(9)を連想させる脱性化された女の連帯にすりかえるという離れ業をみせている。だからこそこの小説はモラルの検閲をまぬがれ、爆発的に売れて、オルコットは連載と本の出版によって合計八〇〇〇ドルの収入を得、それまでの借金をすべて支払うことができた(10)。

『職業』の最後では、「老いも若きも、黒人も白人も、金持ちも貧しい人も、愛し合う姉妹の仲間が一緒になって」(b 343)というユートピア・ヴィジョンが語られる。しかし一九世紀の作法書には、良家の娘を召使と同じ部屋に寝させてはいけないというくだりがある(Wood)。その理由は、労働者階級の女には同性間の性愛という「悪弊」が宿っているからだと仄めかされる。経済的必要にせまられて工場や店舗(家庭の外)で労働する女は、性的に「堕落」した存在であり、たとえ現在は娼婦ではなくて単なる工場の賃金労働者であっても、いつ娼婦に「転落」するかもしれぬ性的な存在とみなされた(そのイデオロギーを再生産したのが、当時流行したメロドラマ小説である)。しかも家庭の外にいる娼婦には、生殖＝性器中心のセクシュアリティの拘束が課せられない。したがって下層階級の女一般に女同士の性愛の慣習があったかどうかは問題ではなく、「正しいセクシュアリティ」の拘束の外にいる者が有する蓋然性としての女の欲望の可能性に、中産階級は敏感に反応したと言える。それは人種においても同様だった。黒人女は生得的に「淫ら」とされ、女同士の性愛の危険性があるとみなされた。あるいは、女同士の絆は、白人の女主人に対する忠実な黒人のメイドという当時の常套句に吸収されてしまった。前者の場合は、一九二〇年代のハーレム・ルネサンスにおいて、さらに人種偏見を伴って商品化されていくと考えられる。(11)

他方、実際に労働者階級や白人以外の人種(アフリカ系アメリカ人やネイティヴ・アメリカン)のなかに、男装して、男として通《パッシング》した女たちがいたことも事実である。だがその理由は、かならずしも同性への愛情が第一義ではなく、経済的要因が大きかったと報告されている(Faderman, b: D'Emilio/Freedman)。当時女が自活できるだけの給料を得ることはむずかしく、教育の道が閉ざされている労働者階級や非白人の女はなおさらだった。そのような経済的・社会的条件が、彼女たちを男装させる大きな理由となった。もちろん男として「通す」ために、女と結婚する手段をえらんだ女(ルーシー・アン・ロブデル)や、売春宿に通った女(ジーン・ボネット——娼婦と寝ているところをポン引きに殺された)もおり、多くの場合は同性との情愛や性愛の経験があったと思われる。

そして彼女たちの多くは、女のジェンダー役割に批判的であり、このことは、それからほぼ一〇〇年後の一九七〇年代から八〇年代前半にみられた「政治的レズビアン」の選択にきわめて酷似するものである。換言すれば、労働者階級や非白人の男装者には、同性愛者という明確な同性愛アイデンティティが存在したわけではなく(このことは同性愛を否定するものではない)、階級や人種をまきこんだジェンダー区分への異議申し立てとして、同性との情愛や性愛が構築されていったということだろう。

女のセクシュアリティは、女のジェンダー役割と無縁に形成されるものではなく、また女同士の愛は異性愛/同性愛の二項対立でのみ説明されるべきものではない。産業資本主義の勃興期のアメリカ合衆国では、女同士の愛は異性愛主義によってではなく、白人中産階級の性倫理を構成している性差別と階級差別と人種差別の言語でくっきりと分節化されていたと言えるだろう。

消費社会の勃興とレズビアンの性愛化

あなたの指がスパロイ〔ウルフが自分につけたあだ名〕のなか、どんなに深く、熱く燃える火口深く、かき乱したかは驚くほどです。

——ヴァージニア・ウルフ

ゲイ・アイデンティティを形成するためのゲイ・コミュニティの成立には、資本主義の進展がもたらす自由労働システムによって、個人が家族というコミュニティの桎梏から解放されることが必要である。だがこのとき否定される家族形態は――とくに女の同性愛の場合は――デミリオが言うような資本主義以前の自給自足的な家父長的家族ではなく、資本主義体制下の中産市民階級の核家族と捉えなければならない。女の同性愛のセクシュアリティを論じるさいには、前節で述べたように、性差別を基盤とする近代の家族概念――とりわけその逆説――を考慮にいれる必要がある。なぜなら「欲望」を家庭と切り離して、「個のアイデンティティへと結実させる」(D'Emilio 105)ためには、男の場合は、性欲望を有する〈主体〉が構築されているので、家庭の拘束からぬけでるための社会的・経済的条件が整いさえすればよい。だが女の場合は、生殖・性器的なセクシュアリティをおこなうことを期待されつつも、欲望の主体となりえないので、単に家庭の拘束を否定するだけではなく、中産市民階級の性倫理――それによって〈他者〉として表象不可能とされている女の欲望(欲望不在)――も否定するという、二重のプロセスを経過しなければならないからである。つまり、自律した個(男)を再生産する機能をもちながら、内部的には非自律的な共同体であるという、核家族の逆説を身体化しているのが、女であるからだ。デミリオは、論文ではつねにゲイ男性とレズビアンを併記しているにもかかわらず、おもにゲイ男性に焦点を当てて分析しているために、資本主義社会における中産市民階級の性倫理と、それに組み込まれている女性蔑視を無視して論述することになったのだろう。
　では村落共同体的な家族形態から資本主義の核家族への移行期ではなく、核家族イデオロギーが部分的に機能しなくなるほど資本主義が進行して、消費社会が出現しはじめる二〇世紀初頭のアメリカ合衆国において、中産市民階級の性倫理によって説明されていた女の同性愛のエロスはどのような変容をみせるのだろうか。

　異性愛の性行為は、生殖という個体の本能に導かれているので「自然」であるという言説は、現在でも日常的に広く流布している。だが人間の性行為を、ヒトの生殖行動と同義とみなすことはできない。人間は、たとえ異性間の性行為であろうとも、生殖＝交接に直接結びつかないさまざまな行動をとり、それだけでなく、生殖＝交接とはまったく無縁な行動も、またそれを回避する行動も、性行為のプロセスとしておこなうからである。つまりどのような行動(群)を「規範的な」性行為とするか、何をそのような性行為へとみちびく性欲望とするか、何をイメージして性的興奮を構築するかは、社会や文化によって決定されるのであって、文化や歴史や個人を横断する唯一、普遍的なエロスはありえない。むしろ存在しているのは、文化／言語によって構築される人間の性行為のみであり、ヒトの生殖行動は、純粋に思弁的な概念にすぎない。さらに言えば、異性愛の性実践・性欲望・性幻想(異性愛のセクシュアリティ)が文化によって規範として構成されるのと同じように、同性愛の性実践・性欲望・性幻想(同性愛のセクシュアリティ)もまた、同性愛を定義し、説明し、分類し、抑圧する文化/言語によって誕生し、再生産されていく。しかも抑圧操作は、同性愛という現象に対してはたらくのではなく、そのような現象を引き起こす個人(同性愛者)に対してはたらくことによって――つまり同性愛者を病人、犯罪者、性倒錯者として「特殊」化し、科学や法律の言語を使ってその外延を与えることによって――強力に機能する(Foucault, a)。言うなれば、同性愛者というカテゴリーを作りだすことによって同性愛抑圧が可能となり、その結果、異性愛が規範として正当化されるという、前後転倒的なメカニズムが稼働していくのである。この意味で、都市文化の発達と都市の同性愛酒場の隆盛によってレズビアン/ゲイ・アイデンティティが形成されていくことは、むろん同性愛の解放言説では喜ばしい事態ではあるけれども、同性愛(者)抑圧のメカニズムの一翼を結果的に担うことになるのも事実である。換言すれば、同性愛抑圧と同時に同性愛者が誕生しただけでなく、それと時を同じくして、その抑圧を皮肉にも補完するような同性愛者のアイデンティティを構築する経済的・文化的配置が歴史的に出現したのである。

資本主義の進展による労働市場の拡大と人口の都市部への移動で、ニューヨーク、シカゴ、サンフランシスコといった都市が急成長し、一九二〇年代にはこのような都市のなかに、性の自由を謳歌するコミュニティが誕生し、そのなかで同性愛というセクシュアリティはボヘミア的な性スタイルのひとつとして実体が与えられた。このようなコミュニティは、「ロマンティックな友情」の時代に生きているのではなく、すでにセクソロジーによって「ものごころついたときから自分がレズビアンだと自覚し」(記録映画『ナイトレイト・キス』)、それを世間から隠さなければならなかった人々にとって、まさに解放区であった。右記の映画のなかでインタヴューされているレズビアンが、グリニッジ・ヴィレッジで一人の女に出会い、はじめて女と恋人同士になることができたと語っているのは、同性愛嫌悪の社会のなかでゲイ・コミュニティが果たした役割を示すものであり、その意味でゲイ・コミュニティの機能はけっして軽視すべきではない。だが彼女はそのさいに、「ヴィレッジ〔村〕というのは白い垣根と森と草原のある本当の村だと空想していたのです。そして、この美しくすばらしい小さな村にレズビアンが住んでいるのだと思っていました」と語る。「いつも自分をレズビアンと感じ、先生、友人、近所の人……、とにかくいつも女に夢中だったが、行動には出られなかった」彼女に、グリニッジ・ヴィレッジはレズビアン・シーンを提供した。しかしそれは、「森と草原」のレズビアン・シーンではない。彼女が参入したレズビアン・シーンは、一方に資本主義の余剰価値の蓄積によって性の自由を美化し、他方で頻繁な警察の手入れのせいで同性愛嫌悪を内面化し、さらには男装によって同性愛を具現化するという、歴史的に固有なレズビアン・アイデンティティを構築する場所であった(もちろん「森と草原」型のレズビアン・コミュニティがかりに存在するとして、それが普遍的だということではない)。そして都市のレズビアン・シーンにみられた性の奔放さや、男役/女役の役割演技の強調や、同性愛嫌悪の内面化による二律背反的な性自認は、女の同性愛のある種の形態を生みだした。それは女のホモセクシュアリティという形態である。

前に述べたようにホモセクシュアリティという単語が作られたのは非常に新しく、それと同時に同性愛差別が開始された。「ホモセクシュアリティ」は、正確には「同性愛」と訳すべきではないと思われる。なぜならこの単語は、同性同士の緊密な関係を「セクシュアリティ」に還元して解釈する特定の解釈学にのっとった命名であるからだ。「同性愛」に相当する英語の表現は“same-sex love”あるいは“homoeroticism”であり、事実このような表現も使用されている(ただし、近代以降の含意はホモセクシュアリティと同様である)。そしてホモセクシュアリティという語の到来とともに、同性への思慕を表現するさまざまな手段——会話や手紙の交換や、身体の接触や愛撫や、深い信頼関係や、生活を共にすること等々——が、「性行為」を中心に構造化され、その結果、生の領域全般に広がっているはずのエロスがセクシュアリティに収斂することになった。

たしかに「正しいセクシュアリティ」の規範とされている性行為が、男女の生殖中心のセクシュアリティであることを思えば、同性愛における性行為の強調は、それと矛盾するものである。だがホモセクシュアリティという語の成立とともに、同性愛が性愛化され、同性愛は性的実体を皮肉にも獲得した。したがって恋人たちのあいだに性愛の場面がなく、またたとえ性愛の不在がロマンティックに美化されていようと、それは何らかの理由で外的に性愛を阻害されたか、あるいは性愛にいたらぬ未熟さのゆえだと解釈される。しかも生殖＝性器中心の考え方からすれば、同性愛の性愛はそもそもが不十分な性愛、存在してはいけない性愛なので、同性愛に性愛を条件づけることによって同性愛を構造上、否定し、返す刀でさらに確実に「正しいセクシュアリティ」の規範を正当化することができる。この意味で異性愛／同性愛の差別をうみだした精神分析が、同時に、異性愛そのものを性愛によって学問的に定義し、「正しいセクシュアリティ」を理論化して近代市民社会の性倫理を追証したことは、単なる偶然の一致ではない。ちなみにセクシュアリティという語が使われはじめたのは一八〇〇年であるが、広く人口に膾炙するようになったのは、精神分析の浸透以降のことである。また性愛を中心に同性愛を構造化することは、男の「ホモソーシャル」と「ホモエロティシズム」を分離し、「ホモエロティシズム」を同性愛嫌悪の言説によって社会から放逐することにもなった。(12)

レズビアニズムの文脈では、同性愛の性愛化はさらに重要な意味をもつ。近年のクィア理論を最初に提案したテレサ・デ・ラウレティスは、男と人間の両方を意味する男《マン》という語の使用によって「女」が抹消されるように、男の同性愛をおもに意味する「ホモセクシュアル」の使用はレズビアンの抹消になると述べ、新しい用語クィアを提唱した。これと同じ理由で、同性愛を普遍化、男化しないように、レズビアンという語を使う・加えるというのは、社会的権利を主張する解放運動では重要なことである。だが逆に言えば、男女の同性愛者を弁別するために、男のホモセクシュアル／女のホモセクシュアルという言い方ではなく、女についてはレズビアンという語が別個に新しく作られたということは、女の同性愛の性愛が曖昧化されることの証左である。はるか昔、古代ギリシア時代の文人サッフォーが住んだ島(レスボス島)にちなんで女の同性愛の呼称をあえて作ることによって、女の同性愛から現実性を巧妙に奪っていくのである。この執拗な女性蔑視――女の性愛の無化――の風土のなかで、女の同性愛の性愛化は二律背反的な歴史的意味をもつ。

女の同性愛の性愛化の肯定的側面は、それまで不可視であった女の同性愛のエロスを可視化するのに貢献したことである。たしかに可視化の範囲は、大都市の同性愛酒場や、上流階級の排他的なパーティーや、ハーレムのジャズ酒場という制限された場所であり(13)、またそれを担う人々も、前掲の映画で語られているような都市に移動した労働者階級の女や、余剰価値の蓄積を享受できる特殊な人間(資本主義の成長によって誕生した上中流階級の女や、芸術家や女優――イサドラ・ダンカン、マリーネ・ディートリッヒ、グレタ・ガルボ)や、ハーレムの黒人中産階級かジャズ歌手であった(Faderman, b)。あるいはパリやベルリンのレズビアン・サブカルチャーに触れる機会をもてた女(ガートルード・スタイン、デューナ・バーンズ、ナタリー・バーニィ)に限られていた(Weiss, b)。[14] しかし「正しいセクシュアリティ」という性差別の言語に縛られて生殖を中心に構造化されていた女の性実践、性幻想が、女の同性愛の可視化によって――たとえ抑圧を受けるという否定的なかたちであろうと――社会の表面に浮かび上がってきたのも確かである。女の身体が「正しいセクシュアリティ」の桎梏から解放されはじめる例として、イサドラ・ダンカンが恋人のメルセデス・ダ・コスタに宛てた詩を引用しよう。

わたしの歓びに奉仕する
きゃしゃな身体、柔らかで白い手
丸くてきれいな
二つの膨らんだ乳房が
わたしの飢えた唇をまねき
そのかたく薄桃色の乳首が
わたしの渇いた心を誘う……[15]

資本主義の進展による労働市場の拡大と、個人消費の必要と、大衆文化(映画)の勃興が、[16] 女を労働者として、あるいは消費者として、また創造的・専門的職業に従事する者として、「炉辺」から公的空間に押しだし、それによって一九二〇年代の異性愛の「フラッパー」を生みだしたと言われているが、それとともに、一九二〇年代の女のホモセクシュアルをも誕生させたのである。

他方、女の同性愛の性愛化が、のちの女の同性愛文化に与えた否定的な側面は、その性愛至上主義である。一九二〇年代になって、女がはじめて自分の性自認を実行することができた数少ない場所が、都市のサブカルチャーであり、そこでは消費社会の台頭期特有の性の自由が謳歌されていたことは、近代の性倫理を「性欲《セクシュアリティ》」を中心に理論化する精神分析の言説とあいまって、女同士の絆を定義するさいに性愛を特権化することになった。すなわちレズビアンとは、女に対する性的欲望を明確に自覚し、それを実践したいと思っていたり、あるいはすでに実践したことがある者だという定義である(Stimpson)。リリアン・ヘルマンの戯曲『子供の時間』(一九三四年)は、少女の悪意ある作り話のせいで、逆に自分の同性愛を自覚する話だが、戯曲においてもその映画版(一九六一年、邦題『噂の二人』)においても、二人の女教師が同性愛だと断定されて弾劾されるのは、二人の性交渉(これは暗示されているだけである)を少女が「夜、鍵穴から」(Hellman 54) 覗いてみたと主張することによってである。反面、二人が一緒に生活し「とても親しく……友達のように愛していて」(70–71)、仲良く「夜、映画を一緒に見にいったり、ときには夜、一緒に本を読んだり、お茶を飲む」(53–54) 行為は同性愛ではなく、同性愛の前触れですらないとみなされた。表面的にはレズビアニズムと呼びかえられる女の同性愛ではあっても、そこにはかならず性交渉が伴わなければならないという解釈学が、暗黙のうちに流通していたのである。

性愛を基準に同性愛を判断するこの定義は、こののちトラウマのように潜行し、五〇年代前後の大衆的なレズビアン・サブカルチャーの場面でも、七〇年代のレズビアン・フェミニズムの文脈でも、八〇年代後半の男役／女役の再考の機運のなかでも、否定あるいは肯定されながら、「本物の」レズビアンとは何かという議論を生むことになる。すなわち、性愛が存在しないカップルはレズビアンではないのか、それとも「レズビアン連続体」を支持するフェミニストもレズビアンに含まれるのか、レズビアンの性愛は男役《ブッチ》／女役《フェム》の役割演技のなかに実現されるのか、それとも男女のジェンダー役割にはまったく汚染されない女の性感帯の再配置をおこなうべきなのか、しかしそれはかえって膣＝挿入の快楽を軽視することにはならないか、サド＝マゾヒズムは支配／非支配を含意するのでレズビアンの性愛ではないのか、あるいはサド＝マゾヒズムこそ、そのような近代的な意味づけを解体するものなのか……といった議論が繰り返されることになったのである。逆に言えば、このような議論があるからこそ、さきの『子供の時間』に関して、レズビアンの性自認をして自殺したマーサではなく、マーサに愛され、それを告白されたカレンのマーサに対する思慕が同性愛かどうかという問題が発生し、戯曲とその映画化の結末の差をもたらすことになった。またカレンのマーサへの共感をより強く描いた映画においてさえ(Weiss, a)、同性愛かどうかということについては非常に曖昧な描き方しかなされないことになる。異性愛者の場合は、性愛の経験がなくても、異性愛かどうかは問題にならない。逆に言えば、異性愛者は「同性愛者ではない」ということによってしか定義できないカテゴリーであるために、「同性愛とは何か」――とくに「本物のレズビアンとは何か」――という定義によって、異性愛者のカテゴリーの外延が大きく変動する。

「本物の」レズビアンの定義をめぐるこのような議論は、ひとえに性自認と性愛の関係をどう捉えるか、ひいては性自認とは何かという問題に帰着する。「性指向は若年齢で決定される」という通説に反論してデミリオは次のように述べる。

> 資本主義は、同性愛の欲望を個人生活の中心的要素として表出する物質的条件をつくりだしてきたのであり、したがってわたしたちの現在の政治運動は、人々の意識を変え、同性愛者の選択をもっと容易にできるようなイデオロギー上の条件をつく

りだしていくものである。(D'Emilio 109 強調引用者)

彼が言うように、性指向《セクシュアル・オリエンテイション》の具体的な表出は若年齢で決定されるわけではなく、歴史的産物である同性愛者イメージによって方向《オリエンテイッド》づけられる。だがその同性愛者イメージは、いみじくもデミリオが無批判に使用した用語——同性愛の「欲望」——によって可視化されるものである。なぜならそもそも欲望というのは、欲望する主体である〈わたし〉を構築するものであるからだ。だが欲望によって統合され構築される〈わたし〉は、自由競争の資本主義社会を成り立たせる基盤的な要素であり、そのような自律した個人を再生産していくのが、欲望を「正しいセクシュアリティ」によって制御する近代の核家族という装置である。したがって欲望を起爆力とする性実践、性幻想は、たとえ欲望の対象が同性であろうと、資本主義が前提とする〈個〉の文法体制の域を出るものではない。つまり、欲望＝性愛を中心におく同性愛の性自認は、たとえレズビアン／ゲイの解放言説のなかで分節化されようとも、異性愛を欲望によって理論化して「正しいセクシュアリティ」の規範を再生産する〔ヘテロ〕セクシズムの、構造的他者の位置に甘んじるものにすぎない。

さらに言えば、同性愛が問題になるときに浮上してくる性自認(セクシュアル・アイデンティフィケイション)という用語そのものが、セクシュアリティによるエロスの矮小化と、アイデンティフィケイションという近代の〈個〉の信仰《カルト》を合成した歴史的産物であると言える。だがこのことは、同性愛者の性自認だけを言挙げするものではない。性倫理のイデオロギー性を疑わず、異性愛を「自然」「正常」と考えている大多数の異性愛者は、性自認の必要もないことによって、より深くセクシュアリティによるエロスの矮小化と、近代の〈個〉の生産メカニズムの自縄自縛——個人的な欲望を社会的に馴致することによって〈個〉を誕生させるという逆説——の罠に陥っている。「自然」であるはずの異性愛が、じつはある特定の文化によって方向づけられた異性愛の一形態でしかなく、その形態のなかでエロスがいかに制限され規制されているか、またその形態を自然化すべくいかに自己が社会的、経済的に形成されてきたかを、異性愛を自動化する異性愛者は気づく機会を奪われているのである。いわば合理的理性と判断力を備えているはずの近代社会の自律した個人は、その根幹において自己に対して無自覚なのである。そして自己に無自覚の多数派は、普遍／特殊の個の階層秩序を再生産する〈性自認〉を同性愛者に押しつけることで、多数派の位置を再確認することになる[17]。

このような文脈のなかで欲望を否定されている女の同性愛の性自認は、二重にも三重にも屈折したものとなる。なぜなら、非対称的なジェンダー配置にもとづいて設定される非対称的なセクシュアリティの配置において欲望から疎外されている女は、欲望をもつ主体となることによって、〈個人化〉を体験することになるからだ。資本主義社会において自律的な〈個〉であることは、公的場所で活動する個人（ジェンダー区分では男）を意味するので、女の欲望の獲得と個体化は、男化を含意するものである。この意味で、あくまで歴史的過程においてではあるが、二〇年代の女の同性愛のもっとも可視的な部分が、労働者階級であれ、中産階級であれ、男装のレズビアンであったことはむべなることである。たとえ男装のレズビアンを補完する女装のレズビアンが存在してはいても、アリス・トクラスよりもガートルード・スタインが、メアリーよりもスティーヴンが（『孤独の泉』一九二八年）というように、女装のレズビアンは看過され、男装のレズビアンがより可視的な存在として流通していた。『孤独の泉』については一九八〇年代においてすら、作者ラドクリフ・ホールは「レズビアニズムと「男っぽさ」を結びつけてしまった」ために、「（女っぽい）メアリーに対しては一貫した人物造形ができず、たやすく物語から放逐してしまい、その結果小説の力が弱められて、結末の〔エピソードの〕妥当性がなくなった……メアリーの本当の物語はこれから語られなければならない」（Newton 575 強調引用者）と評されるほどである。女役の分析がなされるようになるのは（たとえば Hamer）、わずか一二年前、一九九〇年のことである。[18] 男装のレズビアンは、服装コードや行動コードで規制されている男らしさ／女らしさのジェンダー配置を攪乱する存在であるゆえに、〔ヘテロ〕セクシズムは、異性愛主義ではなく性差別の言語をつかって、女の同性愛を弾劾しようとしてきたのである。

逆に言えば、女性解放運動のなかでレズビアニズムがつねに抹消されるというレズビアン側からの反論は、もちろん次節で触れるようにフェミニストのなかの頑迷な異性愛主義に因るところも大きいが、フェミニストとレズビアンの自己表出の境界が歴史的にきわめて曖昧だったことにも起因する。女に押しつけられているジェンダー役割やセクシュアリティを否定しようとするときの実現の仕方、つまりどのようなかたちのセクシュアリティや自己イメージを自分のもっとも「自然な」形態と感じるかは、その人間が生きている時代や文化によって「社会的に」決定され、制限される。解放思想でさえ、時代と無縁に存在することはありえない。フェミニズムとレズビアニズムは、女を愛の対象とするかどうかという一点を除いて、自己解放を願う動機も目的も方法も歴史的に似かよってくる。しかも女を愛の対象とするという点さえじつは非常に曖昧なもので、これまで見てきたようにエロスをどのように解釈するか、性愛＝欲望を自己の生のなかにどのように位置づけるかは、レズビアンの自発的な定義ではなく、社会によって押しつけられたものである(これは異性愛の女にとっても同様である)。さらにこのように歴史的に曖昧な弁別基準をもつフェミニズムとレズビアニズムを批判するとき、〔ヘテロ〕セクシズムはしばしば二つの言語を交差させて——つまり男装のレズビアンを性差別で、フェミニストをレズビアンだと揶揄する異性愛主義で(次節のケイト・ミレット参照)——弾劾してきた。

他方、女同士の性愛は、異性愛主義の言語によって否定・排除されるだけでなく、性差別の言語によって、色情的に、あるいは美学的に、搾取されもした。すでに一九世紀中葉よりヨーロッパではオリエントやアフリカの女の「エロティシズム」がもてはやされたが、それに加えてレズビアンの「エロティシズム」が、近代の抑圧的な性規範に対する風穴として、西洋＝男中心の言説によって美学的に表象された。ボードレールの「呪われた女たち」、アングルの〈トルコ風呂〉、クールベの〈眠り〉などがそうである。さらに支配言語による女同士の性愛の取り込みは、世紀末の頽廃趣味を経由して同性愛抑圧が強化される二〇世紀になると、抑圧の強度に反比例するかのように露骨になり、即物的で淫蕩的なレズビアン・エロティシズムが、アンダーグラウンドの雑誌の挿絵や酒場の看板に登場するようになった。ポルノグラフィのなかでは、男との「正しい性行為」の前座として、レズビアン・エロティシズムはしきりに使われた。この傾向は今に至っても変わっていない。一方、一九二〇年代は、女同士の愛を女自身が表現しようとした時期でもあった。一九二八年は、近代レズビアン文学の嚆矢ともいえる作品、前述のラドクリフ・ホールの『孤独の泉』、デューナ・バーンズの『女性の暦』、ヴァージニア・ウルフの『オーランドー』が出版された年であった。だが『孤独の泉』はイギリスでは発禁処分、アメリカでは「レズビアニズムの〔負の〕原型としてのみ」取りあげられ(Cook 718)、『女性の暦』は限定自費出版のために巷ではまったく流通せず、『オーランドー』は「あなた〔ウルフの恋人ヴィタ〕の肉体への渇望、あなたの心への誘惑」として書かれたにもかかわらず、描写は間接的にならざるをえず、作品自体が批評界から無視された。女同士の愛は、異性愛主義の言語によって当事者の手から引き離され、男の覗き見的な視線《ヴォワィヤリズム》によって植民化されて、性差別の言語のなかに取り込まれていくのである。

一九世紀末から二〇世紀初頭にかけてのセクソロジーの隆盛とともに、同性愛差別が大規模に開始されたと言われている。だが女の同性愛の場合は、異性愛主義によって一枚岩的に抑圧・禁止されたわけではない。異性愛主義と性差別という二つの言語をもつ〔ヘテロ〕セクシズムのイデオロギーは、数少ない自己表現の場(酒場であれ、上流階級のサークルであれ、文学表象であれ)を模索しはじめていたレズビアンの試みを巧みに取り込み、欲望と個体化、セクシュアリティ配置とジェンダー配置、レズビアン・エロスの禁止と搾取の両方を都合よく行き来しながら、女の同性愛の表出を二重、三重にも封じ込めていったのである。

レズビアンは男女の階級闘争を超えられるか

レズビアンのセクシュアリティは、「セックス」とか「女」とか「自然な身体」というカテゴリーに異を唱えるだけでなく、「レズビアン」というカテゴリーに対しても異を唱えるものだと理解することはできないか。

――ジュディス・バトラー

男女の社会的な非対称性(性差別)は、男女の政治的、社会的、経済的な平等によって解消されるという主張は、一九世紀の参政権運動から二〇世紀後半のフェミニズムにいたるまでの女性解放運動の基底にながれるものである。だが男女の平等という主張は注意深く展開する必要がある。というのもそれが男女のカテゴリー区分の固定化か、あるいは男女の区分を取りはらって〈人間〉という超越カテゴリーを持ち出すかのどちらかになり、その結果、性差別のパラダイムに再取り込みされる危険性があるからだ。性差別は政治的・経済的特権にまつわる公的部分だけでなく、家庭内の権力構造や快楽や性幻想といった私的な部分にまでおよぶものである。そのため、男女のカテゴリー区分を前提とする男女の平等の主張を理念的に突き詰めると、性差別が深く刻まれている既存の言語では分節化されえない女の固有性を強調することになる。しかし本質主義的な議論には、さまざまな問題が発生する。すなわち、そのときの女とはいったい何なのか。女というカテゴリーは誰をどこまで包含するのか。男の他者として外延を与えられていた社会的カテゴリーは、男女の対立図式をはずしたのちに、なお有効な定義をもつのだろうか。そのときの女は、解剖学的に定義されるものなのか。だが解剖学的な女というカテゴリーも、近代医学が追証しようとしているフィクションではないのか。女を判別する基準は、性器をふくむ身体の形態なのか、ホルモンなのか、染色体なのか、出産能力なのか。しかし皮肉なことに、そういった判別基準は近代医学の発達によって逆に曖昧にされているものではないか。判断基準を精密にすればするほど、一個の個体を男女に弁別することの正当性が揺らぐことにはならないか(19)。また女性性器をもっていることと、社会的に〈女〉であることのあいだに、どれだけの直接的な因果関係が見いだされるのか。さらに言えば、男性性器と男性ホルモンとXY染色体をもつ者は、フェミニストであってもこの運動には参画できないのか。というように、〈女〉の十全な自由を希求して本質主義的になればなるほど、そもそもの目的であったフェミニズムの主張と齟齬をきたすことになる。

またこのような悪循環は、男女の平等を達成するために男女の区分をとりはらって〈人間〉という超越カテゴリーを持ち出す場合も、同様である。ここでも、〈人間〉とは何かという定義が問題となる。なぜなら、わたしたちは具体的な歴史的文脈のなかで条件づけられる存在であり、普遍的なカテゴリーの〈人間〉であったことは、過去においても、現在においても、一度としてないからだ。他の生物(犬や馬や蚊など)と区別される場合をのぞいて、わたしたちは普遍的な〈人間〉であるまえに、さまざまの身体的特徴や文化・社会の条件によって自己や他人を説明する。性に関して言えば、わたしたちは生まれた瞬間に外性器の形態によって男か女に分類され、つぎに文化によって男か女の属性が与えられ、たいていの場合、それは死ぬまで続く。したがって解剖学的な性差による弁別を温存したままの普遍的な〈人間〉という概念は、社会を構造化している男中心主義をおおいかくす遮蔽幕となる場合がある。

　このように性差別の解消のために男女の平等を主張する理論は、男女のカテゴリーのさらなる固定化か、普遍的な〈人間〉という男中心のフィクションに頼るかのどちらかに回帰することになる。その意味で、モニク・ウィティッグが性差別に対する異議申し立てとして、女というカテゴリーではなくレズビアンというカテゴリーを持ち出したことは意義深い。マルクス主義フェミニストのウィティッグは、複数形の「女たち(women)」と単数形の「女(woman)」を区別したのち、フェミニズムは前者を問題にしなければならないと言う。なぜなら「〔総称としての〕女は単なる想像上の組成物」(「神話」)にすぎず、「わたしたちにとっては存在しないもの」だが、「〔個々の〕女たちは社会関係の産物」であり(Wittig, b 15)、政治的、経済的なカテゴリーとして機能する「階級」であるからだ。そして私的、主観的なものとみなされている女の問題は、実際は社会関係によって生みだされる社会問題(階級問題)であるので、フェミニズムの仕事は、女たちと男たちのあいだの階級闘争をおこなうことである。しかしこのように「個人的な事柄を階級問題」として捉えたのちにも、なお問題が残る。それは「神話としての(単数形の)女ではなく、一人一人の女の主体をどう考えるかという問い」(b 19)であり、それに解答を与えるのが、女/男という解剖学的な性差をこえた唯一のカテゴリー、レズビアンなのだとウィティッグは続ける。彼女によれば、レズビアンは、経済的にも、政治的にも、イデオロギー的にも、女でもなければ、男でもなく、また自然の産物でもない。それは「女/男の二分法を打ち砕き、二分法の使用をやめ、二分法をいまだに基盤としているあらゆる学問を拒否するときに出現する個人主体」(b 20)だと言うのである。(20)

だがここでもさらに問題が積み残しされる。それはレズビアンとは何かという問いである。ウィティッグは「ストレートな思考」のなかで、レズビアンのことを「女に関わりをもったり、女と寝たり、女と住む者」と定義するのは間違っていると言う。なぜなら「女は、異性愛の思考体系や異性愛の経済体系のなかでのみ意味をもつ言葉だ」(Wittig, a 32 強調ウィティッグ)からだ。しかしジェンダー区分が完全に消滅する可能性としての未来ではなく、現実の社会形態のなかで、レズビアンを、男女の二分法にまったく汚染されない無垢のカテゴリーと考えることはできない。むしろ前節で述べたように、レズビアンは、レズビアンという名が与えられ社会的カテゴリーとなった当初から、その意味づけをめぐっては曖昧さをかかえ、その表出については〔ヘテロ〕セクシズムの支配言語の介入なしに実現されることはなかった。たしかにウィティッグが言うように、レズビアンは男女の二分法を攪乱し、性差別に対して根本的に疑義を突きつける強力な潜在力をもつものである。だがそれが可能になるのは、解放言説が理念としてかかげるレズビアニズムのなかではなく、レズビアンが既存の社会体制のジェンダー区分とどう接触してきたか、一方でそれに取り込まれつつ他方でそれをどのように攪乱させてきたかという歴史的プロセスにおいてなのである。すなわち、「女／男の二分法を打ち砕き、二分法の使用をやめ、二分法をいまだに基盤としているあらゆる学問を拒否し」ようとするときに、執拗に登場する二分法の亡霊とどのように交渉してきたか、そのプロセスの批判的な再考のなかでのみ、レズビアニズムの価値転覆的な試みは実現される。その一例が、男役／女役の役割演技の系譜学的検証である。

レズビアンと男装や男っぽさが過度に結びついてしまう現象は、前節で述べたとおり一九二〇年代に花開いた都市のレズビアン・サブカルチャーにはじまったが、大恐慌と同性愛嫌悪の強化によって、三〇年代には表面的には一旦終息した。だが第二次世界大戦期に女に求められた社会機能(軍への入隊や軍事関連の仕事に就くこと、また男が出兵したあとの工場労働者という役割)は、戦中、戦後をつうじてジェンダー・コードや服装コードに攪乱を生じさせることになり(Barale)、たとえば二〇年代では性倒錯とみられていたズボンが[21]、第二次大戦を経て徐々に社会進出する女の日常的な装いになりはじめた。とくに資本主義が進展して大衆消費社会となる二〇世紀中葉に労働市場に参入した労働者階級のレズビアンのあいだでは、ズボン、断髪の男役の役割演技が流行した。男のようになる、男になることが、同性を愛の対象とする女にとって、性差別を根底にもつ異性愛主義に歯向かう可視的な手段であったのだ。

だがこれは、労働者階級がおもに集まる都市のレズビアン・バーという限定された空間にのみ可能なことだった。同時代、一九五〇年代にアメリカに吹き荒れたマッカーシズムは、共産党シンパとともに同性愛者も弾圧した。そのため密告、逮捕を恐れる中流以上のレズビアンは、目に見えるかたちのジェンダー規範から逸脱することを望まなかった。一九五三年に結成された中産階級のレズビアンの運動体が、その名称を「ビリティスの娘たち」という曖昧なものにして当局の目をくらましたことはその一例である。階級によって、レズビアニズムの表出に差異が生じたのである[22]。また四〇年代末から六〇年代にかけては、大衆消費時代の幕開けであり、車や家電商品を装備した消費社会型の核家族が全国規模で大量に作りだされた時代でもあった。核家族の物語――ポニーテイルの女の子がクルーカットの男の子と出会って恋愛し、結婚し、郊外に家を構えるという物語――が、当時普及しはじめたテレビや黄金時代のハリウッド映画によって大規模に伝播された。郊外の中流階級の異性愛の主婦と、都市にあつまった労働者階級のレズビアンは、服装においても、行動においても、人生の選択においても、まったく対照的だった。それゆえフェダマンが指摘しているように、都市のレズビアン・バーにおいては、各自の服装の嗜好にかかわりなく「ズボンをはくべきだと要求された」(Faderman, b 162) ほどだった。男役／女役の役割演技は、一九九〇年代のクィア理論によって、異性愛主義を相対化し批判する有効な戦略だと再評価されている。だがそれが顕著だった五〇年代、六〇年代においては、この役割演技はむしろ消費社会の核家族神話が内包する階級差別と性差別によって生み出された——あるいは階級差別と性差別の揶揄にさらされた——歴史的産物だったと言えよう。だからこそ、一九六九年のストーンウォール暴動ののちに政治化したレズビアンがフェミニズムと出会うとき、この男役／女役の役割演技は、フェミニストとレズビアン双方によって否定されることになる。

性差別に反旗を翻していたフェミニストの多くは、男役のレズビアンを、男を模倣する女、「男に同一化する女《マン・アイデンティファイド・ウーマン》」と名づけて弾劾した。その背景には、教育を受けた白人中産階級の女を中核とする当時のフェミニストのなかに、異性愛主義だけでなく階級差別、人種差別、年齢差別が内面化されていたことが挙げられるだろう(Case, a)。だがそれだけではなく、レズビアニズムとフェミニズムを分断して、その双方を弱体化しようとする体制側からの力が働いたことも確かである。バイセクシャルのケイト・ミレットがウエンディ・ワンダフルとの会話で、自分が非難されるのは異性愛の女のフェミニストとしてではなく、レズビアンとしてだと語った言葉を『タイム』はひそかに録音し、

「女性運動の成熟や倫理やセクシュアリティはどうなるのか？　自分をバイセクシャルと暴露したことで、ケイト・ミレットは彼女の大義を広めるスポークスウーマンとしての資格を失い、その理論に疑惑を生じさせ、解放運動家はみなレズビアンだと鼻であしらう懐疑派の確信を強めることになった」と報道した[23]。それゆえレズビアン自身も、レズビアン差別の根幹にある性差別をまず打倒するために、みずからを「女《ウーマン・》に同一化する女《アイデンティファイド・ウーマン》」と称してフェミニズムに歩み寄り、レズビアンのエロスを解放運動の表面から隠蔽した。フェミニズムとレズビアニズムが連帯する七〇年代から八〇年代前半は、解放運動とそれに危惧をおぼえる体制側の両方が、〔ヘテロ〕セクシズムの二つの言語(性差別と異性愛主義)を、一方は運動の延命のために、もう一方はそれの阻止のために使い分けたと言えるだろう。

　だが八〇年代後半になると、フェミニズムのなかの異性愛主義、階級差別、人種差別への批判が相次ぎ、また分離主義への反省がなされて、五〇年代、六〇年代の男役／女役の役割演技が再評価されるようになる。役割演技は男女のステレオタイプに追随するのではなく、それを誇張的な「キャンプ」感覚で相対化し、ステレオタイプを解体していくものとみなされるようになった。つまりレズビアニズムは、男女の二項対立のかなたで達成される分離主義の理念的なカテゴリーではなく、男女の二項対立のただなかにあって、二項対立を手段としてなぞりつつ、最終的にはそれを解体するプロセスだと考えられるようになった。「レズビアン化する」という用語が意味をもつのも、この文脈である。これはすべての人間がレズビアンになるということではない。レズビアンの位置が、覇権的な〔ヘテロ〕セクシズムを解体する有効な手段になるということである。したがってそのときのレズビアンは、かならずしも男装や男役だけを意味しない。九〇年代に出現した「リップスティック・レズビアン」と呼ばれる女装、女役のレズビアンも、〈女〉を過度に強調することによって、女というジェンダーを相対化する。このこと自体は、何の問題もない。だがフェミニズムの成果を経由し、かつ消費活動の記号化が加速される後期資本主義社会、情報資本主義社会では、男役／女役の役割演技やドラァグ(異装)は、べつの取り込みの標的となる危険性も生まれてくる。

問題のひとつは、男役／女役の役割演技が模倣する男女のステレオタイプ自体が、フェミニズムの成果によって解体されはじめていることである。ドラァグ・クィーン(女装のゲイ男性)やマッチョ・ゲイ(男性性を強調するゲイ男性)やストーン・ブッチ(バリの男役のレズビアン)やリップスティック・レズビアン(女性性を強調するレズビアン)が誇張する女らしさ／男らしさの装いや仕草は、過去数十年間の服装やジェンダー・コードの攪乱によって、日常生活では非現実的なものとなりつつあり、その結果、一種のタイポロジー的な主客転倒がおこって、ドラァグ・クィーンらの仕草から、「正しいセクシュアリティ」の規範である男女のステレオタイプを遡及的に再構築していく状況すら発生する(Faderman, c)。むろん九〇年代のドラァグ・クィーンらの意図は、〔ヘテロ〕セクシズムの強化にあるわけではなく、装いと内実、身体と欲望の二項対立を攪乱させて、個の自律性を基盤づけている階層秩序をパロディ化しようとするものである。だがその戦略としてもっとも効果的なパフォーマティヴィティ(行為遂行性)という手段が、そもそも存在論ではなくて行為論であるために――攪乱するはずの元のステレオタイプを可視的にすることによってあることを作っていく戦略であるために――つまりすることによってあることを作っていく戦略であるために――攪乱するはずの元のステレオタイプを可視的に再現させて、ステレオタイプが内包するエロスとジェンダーの癒着を結果的に再生産してしまうおそれがある。しかもマドンナの場合のように、パフォーマティヴィティの表層部分が記号として商品化され、後期資本主義の経済活動に再-取り込みされていく事態が発生する。

またべつの問題は、男に依存しない男装のレズビアン・モデルが、パンツスーツで闊歩し結婚制度から離れつつある異性愛の女と近似していくことだ。このことは、性差別や異性愛主義の抑圧構造が崩壊していることを意味するのではない。教育や職業によって、六〇年代以上の分断が同性愛者と異性愛者の内部におこってきて、同性愛者が個人消費を推奨する後期資本主義社会の新たな階層秩序に利用される兆候がみられるということである。たとえばムルリャンとナッシュのゲイ広告フィルムによれば、ゲイの六一パーセントは大卒で、平均所得は六万二〇〇〇ドルで、ジムに通い、シャンパンが飲める階層だそうだ。セレステ・オラルキアガも、ポストモダンのサブカルチャーの恩恵を受けているのは「ベビー・ブーマーの二種類の子供たち、ヤッピーと若者のゲイ男性」だと言う。だが他方で『ニューヨーク・タイムズ』は、ゲイ男性はヘテロ男性よりも所得が一二パーセント低く、レズビアンは、ヘテロ男性よりも四五パーセント低いヘテロ女性よりもさらに五パーセント低いと報告する(Case, b)。このような統計の数値の違いや、オラルキアガの発言が示唆していることは、一部の異性愛の男女、一部のゲイ男性、一部のレズビアン、多数の異性愛男性、多数のゲイ男性、多数の異性愛女性、多数のレズビアンという階層秩序が、人種や民族を交差させて、新しく生まれようとしているということである。その結果、学歴が高く専門職を身につけた高所得の同性愛者は、一部の異性愛者と同様に個人消費を享受することができ、旧来の家族尊重主義《ファミリー・ヴァリューズ》の規範にしばられないセクシュアリティを追求することができるが、そうでない多数の同性愛者は、とくにレズビアンは、異性愛主義と性差別が解消されていない社会構造のなかで、自分たちを代表《レプリゼント》／表象する声を以前よりも奪われるという事態が発生する。サラ・シュールマンが言うように、「ゲイとレズビアンの世界に階級闘争が起こっている」のである。[24]もちろんエリートのレズビアンやゲイ男性が、同性愛者差別と無縁に生活しているわけではない。だが人種のなかに分断がおこって人種差別の解決がさらに困難になる七〇年代以降の現象と同じものが、九〇年代以降の同性愛者に起こらないという保証はない。

さらにこのようなエリートの同性愛者を生みだす土壌が後期資本主義の経済活動であるために、さきほどの男女のステレオタイプのレトロ的再生産とはまたべつのかたちの、同性愛の取り込みが発生する。それはセックスレスな商品のイコンとして、レズビアンやゲイ男性が使われるということである。

そもそも個人消費を推奨する後期資本主義社会においては、産業資本主義を生産面から支えていた核家族の神話は解体せざるをえなくなり、それとともに、核家族を基盤づけていた〈男らしさ〉や〈女らしさ〉のジェンダー・ファンタジーが実体を失いつつある。このような時代では、ジェンダー配置に結びつかない商品が、家庭を離れた個人を対象に生産・消費され、商品のユニセックス化、セックスレス化が進む。そして商品のユニセックス化やセックスレス化に貢献するのが、イメージとしてのゲイである。その典型が、スーパーモデルのジェニー・シミズとデザイナーのカルバン・クラインの関係である。ジェンダー区分によって文化的に区分けされていた男女の身体は、ジェニー・シミズの短髪で起伏の少ない肢体によって横断され、「自然」であるはずの身体の表面は刺青とピアスで「人工的」に造形される。カミングアウトしたレズビアンであるシミズは、カルバン・クラインのセックスレスの商品にきわめて効果的な背景を提示する。だが彼女自身は、カルバン・クラインのセックスレスの商品のモデルとなることによって、自分のレズビアン・エロスを脱色され、セックスレスのイコンとして消費されていく(海をこえて日本では資生堂のモデルとなった）。たしかにカルバン・クラインの商品を購入した若者は、それを身につけることでゲイ的な存在になる。だがそのときのゲイネスは、カルバン・クラインがその頃発売した男女両用の香水の名前が「ワン（One）」であることに象徴されるように、ジェニー・シミズからレズビアンのエロスを無化してしまったゲイネス、男女の区分も同性愛／異性愛の区分もとりはらったゲイネスである。それはある意味で、ウィティッグが主張する男女の二分法のかなたの理想的な地平かもしれない。フーコーの言う、「アイデンティティのない幸福な中間状態《リンボー》」かもしれない。デ・ラウレティスの言う、レズビアン／ゲイの階層秩序を乗りこえたクィアの境地かもしれない。だが性差別と異性愛主義を残したままの社会のなかで商品＝記号として循環するゲイネスは、〔ヘテロ〕セクシズムの抑圧構造をおおいかくす暗幕にすぎない。ジェンダーを横断するレズビアンやゲイ男性は、ゲイとしてのセクシュアリティを声高に主張できるようになりはじめた九〇年代に、皮肉なことに彼女たちのエロスを無化するかたちで、後期資本主義社会のイコンとなっていくおそれが出てきているのである。

　さらなる問題は、同性愛自体の商品化である。一九八九年に「男役／女役の美学へ向けて」を発表し、役割演技の再評価の口火を切ったスー＝エレン・ケイスは、それからおよそ十年後の一九九七年に発表した論文「男役フェミニストのレトロ未来へ向けて」のなかで、さまざまなゲイの商品化を列挙する。つまり、ゲイ男性を対象とするエイズ保険、クィア関連のTシャツ、小物、ボディ・ピアス、SMレザー用品、ディルドーなどの性具、『エンジェルズ・イン・アメリカ』(Tony Kushner 作)の観劇ツアー等々である。これらの商品は、一方で同性愛者の可視化に貢献し、また同じカルチャーを享受する異性愛者と同性愛者との近接を可能にさせる。しかし他方で、それらがゲイネスを強力に表出するものであればあるほど、ちょうど二〇年代の排他的なサブカルチャーや五〇年代の大衆的な都市のサブカルチャーのときと同じように、ゲイ・コミュニティという局所的な場所に収斂していくおそれがある。近年つくられるレズビアン／ゲイの独立系映画が、社会の同性愛差別を直接に訴えることをせず、ゲイ・コミュニティの居心地のよい、ある種、自閉的な空間を描く傾向があることは(『ゴー・フィッシュ』『バー・ガールズ』)、一方で同性愛の表象の広がりを示しつつも、他方で、その表象が同性愛の解放ではなく、同性愛のゲットー化を呼び込む可能性もあることを示唆している(25)。

では同性愛者の分断、同性愛の脱性化、商品化、ゲットー化、深層化する抑圧システムへの加担といった後期資本主義の再取り込みをまぬがれて、〔ヘテロ〕セクシズムを解体していくにはどうすればよいか。おそらくそのための第一の課題は、まず近代の同性愛「者」差別のメカニズムに絡めとられないようにすることだろう。同性愛を――先天的なものであれ、後天的なものであれ――個人のセクシュアリティに収斂させる近代の言説を問題視し、セクシュアリティと〈個〉の神話の癒着を引き離すことである。つまり同性愛を個人の欲望と、それの発露としての性実践を中心に構造化することをやめる――セクシュアリティによってエロスを解釈することをやめる――ことである。同性愛抑圧に対する系譜学的な考察があきらかにするように、自由競争システムの資本主義は近代的な個人を必要とし、欲望――正確には欲望の制御――によって〈個〉を生産し、〈個〉の自律性を保証してきた。換言すれば、欲望を個人生活の中心的要素とみなすことによって、欲望の階層秩序とともに〈個〉の階層秩序をも構築してきた。したがってセクシュアリティにまつわる差別に異議を申し立てるには、セクシュアリティ(性欲望、性実践)を含みつつも、それによって構造化されないエロス――〈個〉を形づくってきたさまざまな境界を横断するエロス――を主張すべきだろう。その意味でエロスを、〈個〉に統合される欲望(単数形の desire)としてではなく、〈個〉の自律性を攪乱させる偶発的で流動的な快楽(複数形の pleasures)として再定義することは意味をもつ。これは、ミシェル・フーコーやデイヴィッド・ハルプリンやパット・カリフィアが提唱する「快楽の脱性化=脱性器化」の戦略でもある。主体の欲望の性器的クライマックスを中心に構造化されることのない拡散する快楽――支配/従属、内/外、主体/客体、苦痛/悦びが交錯して、各項が固定しない脱中心化された快楽――である。しかし急いで付け加えなければならないことは、偶発的で流動的な快楽の主張は、「身体を自由選択的に……演劇的にリメイク」できるということではないということだ(Butler, b 33)。なぜなら、同性愛はけっして歴史を横断する中立的な選択肢ではないからである。

ここに第二の課題が浮上する。それは、同性愛の具体的な表出を現象として、歴史的文脈のなかに位置づけることである。これまで述べてきたように、同性愛、とくに女の同性愛は、異性愛主義によってだけではなく、性差別と異性愛主義という二つの言語によって生産され、分節化され、またその言語を介在させて現実化されるものであった。同性への情愛は、〔ヘテロ〕セクシズムのパラダイムのなかで自他ともに説明され、抑圧あるいは実現されてきた。したがって同性愛をめぐっては、何をもって同性愛と断定するか、同性愛《ホモセクシュアリティ》のセクシュアリティとは何か、同性愛は社会のなかでどのように表出されてきたのか、レズビアンの「欲望」は普遍的な実体をもつのか。逆に言えば、異性愛者と自認するフェミニストの性幻想はどのように説明すればよいか。トランスセクシュアルは同性愛者なのか、異性愛者なのか、女なのか、男なのか。つまりは、性にまつわる多様な関係を、異性愛者と同性愛者という二つの固定したカテゴリーのなかに押し込めることこそ、近代がつくりだした幻想の二元論ではないか、といったさまざまな問題が生まれてくる。そういった問題に対する系譜学的な検討なしに、同性愛を普遍的で純粋な実体としてその解放を求めることは、逆に同性愛を、現実から遊離した記号として後期資本主義の経済活動に参与させることになってしまう。男女の身体を横断するドラァグや、ジェンダー区分を無効にするゲイネスは、根無し草のような浮遊概念ではなく、〔ヘテロ〕セクシズムという歴史的文脈のなかに足場をもつ具体的な現象である。異性愛を強制する制度は、異性愛／同性愛という階層秩序のみならず、異性愛を自然化するために男／女の二分法を必須のものとし、それにのっとった規範的な男女のジェンダー配置やセクシュアリティ配置を特権化してきた。したがって次代の再生産を、「特権」の名をかりた強制のもとに、ある特定の異性愛の男女が引き受けている社会で、逆に言えばレズビアン・マザー、シングル・マザー、シングル・ファーザー、ドメスティック・パートナーシップ、ゲイ・カップルの養子縁組などを、社会的、経済的、法的に承認・整備しないままの社会で展開される同性愛の概念は、ますます複層化する〔ヘテロ〕セクシズムの抑圧構造をさらに見えなくすると同時に、それを推進するものにもなる。

おそらく社会の様式がどのように変わろうとも、そのなかで社会的存在である個人であることと、個の境界を侵犯するエロスを追求することは、そう簡単には止揚できない二律背反である。しかし近代の性差別と異性愛差別の積集合のなかでエロスを抑圧され、声を奪われてきた女の同性愛は、この二律背反を、歴史的に身をもって体現している存在である。それゆえユートピア的な超越主体としてではなく、歴史的存在として、この女の同性愛という「位置」は、近代の強迫概念であるセクシュアリティの問題系をあかるみにする潜在力をもちえるものである。同時にそれは、「特権」を与えられているようにみえながら、そのじつ「正しいセクシュアリティ」の規範に拘束されている異性愛の現実——異性愛のエロスの制御と矮小化のメカニズム[26]——をはっきりと提示していくものとなるだろう。

第二章　愛について
——エロスの不可能性

生殖メタファーの亡霊

リビドーは男に現れようと、女に現れようと、またその対象が男に向けられようと女に向けられようと、そんなことには関係なく、つねにかならず男性的な性質をもつものである。

——ジグムント・フロイト

欲望が何かを「求める」ものであるかぎり、欲望は欠如の別名である。そして人間にとって、欠如を埋めるものは、欠如したもの自体ではなく、置換によって代理されたものとなる。なぜなら泣き叫ぶ幼児の要求を言語化して聞きとる養育者をつうじて、快感の満足を与えられる人間は、生存の与件において、すでに言語という「欠如」と「置換」を前提としているからだ。言い換えれば、要求はつねに言語によって翻訳され、したがってつねに置換され、始源にあるものは、それ自体を取りだすことはできない。むしろ言語的な存在の人間にとって、言語以前に何かがあると語ること自体が、自家撞着を起こすものとなる。あるいは始源にあるものは、「始源にある」という表現のなか、その認識のなかにのみ存在すると言ってよいかもしれない。いわばそれは、「それ以降」を構造化して説明するための「不在の在」でしかない。

しかしこの「不在の在」を説明するために、フロイトはリビドーという、いくぶん具体的な輪郭を与えた。リビドーは解剖学上の「本能」ではなく、「人の性生活にみられる精神の表れ」[1](Freud. a 217)、すなわち実体論的な「在」を欠く心的エネルギーである。フロイトはユングに反対して、リビドーを「心的過程一般の根底にあると考えられているエネルギーから区別」し、「性的興奮」という「質的な特徴を備えたもの」と解釈した(a 217 強調フロイト)。そしてリビドーの質を記述するにあたって、冒頭の引用、「リビドーは男に現れようと、女に現れようと、またその対象が男に向けられようと女に向けられようと、そんなことには関係なく、つねにかならず男性的な性質をもつものである」(a 219)と述べる。フロイトはさらにこれに註を付して、「男性的」とか「女性的」という概念の内容は「学問的にはもっとも混乱しているもののひとつ」であり、それには、純粋に質的な意味(能動性と受動性)と、生物学的な意味と、社会学的な意味の三つが含まれていると述べ、生物学的な意味については、男性的な性質は「概して生物学的な雄に関連してはいるが、つねにそうだということはなく」、社会学的な意味については、男性的な人や女性的な人が観察されることはあっても、「純粋な男や純粋な女は存在しない」と結論づけて、その両方の含意を否定する。そして残った質的意味が「精神分析ではもっとも重要で、利用価値のある概念で……その理由は、欲動はつねに、たとえ受動的な目標を立てている場合でも、能動的なものだから」と説明する(a 219-20)。ではなぜ、そもそも男にも女にも現れるリビドーを、生物学的な性差や社会学的な性差から分離したのちに、ふたたびそれを男性的——能動的——と解釈するのか。

　フロイトは「リビドー説」のなかで、「性目標倒錯《パーヴァージョン》(2)や精神神経症を分析した結果、性的興奮はいわゆる性器部分からだけでなく、あらゆる身体器官から引き出されることがわかった」と語る(a 217)。つまり「性的興奮の満足は、性感帯と呼ばれているものに適切な感覚的興奮が加えられることによって生じる」のであり、性感帯については「皮膚のあらゆる部位やあらゆる感覚器官——つまりは、おそらくあらゆる器官——がその任を果たしえる」(a 232-33 強調フロイト)。また性的興奮は、「生物体に発生する多くの事象がある強さを得ると、その副産物として生じてくるものであり、とくに(たとえそれが苦痛に満ちたものであろうとも)強い感情的な刺激は」リビドーの充足になりえる(a 233)。つまりリビドーが発現する場所は身体全体にひろがり、その目標は性交に直接かかわらないあらゆる形態を取りうるものということになる。事実フロイトは、その直後で、性欲動は「統合されたものではなく、一見したところ対象も持たない自体愛的なもの」(a 233 強調引用者)と言う。

　このリビドーの解釈は、のちのエクリチュール・フェミニンを押し進める人々が主張する女の快楽とよく似た融通無碍さを備えている。イリガライは「女の快楽は、他者のなかを、他者をとおって移動するために、無限に増加していく」(Irigaray, b 31)と主張し、シクスーは「女のリビドーは宇宙的である……女のエクリチュールは淀みなく続き、けっして刻みつけることも、輪郭を画することもなく……他者(複数)のなかをあえて目も眩まんばかりに横断する」(Cixous 889)と言う。だがフロイトと決定的に異なるのは、リビドーの「質的な意味」である。

　じつはさきほど引用した「統合されない」性欲動には、留保がつけられていた。それは、正常に発達した人間にとってこの種の性欲動は幼児期に限られるという留保である。フロイトはリビドーを、自我リビドー(ナルシシズム的リビドー)と対象リビドーの二つに分類し、自我リビドーは、「幼年時代の初期に実現されていた原初的な状態」で、のちに対象リビドーが発生する「大きな貯蔵庫」であり、対象リビドーはそこから放出されて、ある対象に固着したり、べつの対象に移ったりするものだと説明する(Freud, a 217–18 強調引用者)。してみればリビドーの性質をめぐって、フロイトの理論にはクリティカルな矛盾が存在することになる。なぜならリビドーは、一方で身体のあらゆる部位、あらゆる感覚器官、あらゆる行動によって備給される脱中心化されたものでありながら、他方で、それには「正しい」(3)対象選択の回路が方向づけられてもいるからだ。

　その矛盾を解消するために、フロイトは発達という概念を導入し、幼児期において全方向に開かれていたリビドーの放出が、成長の過程で「とくに際立った性感帯」(a 233)――男の場合は亀頭、女の場合はクリトリス――におかれるようになると言う。しかも彼によると、クリトリスは直接に生殖に寄与しないために、女は「クリトリスから膣の入口へと、性感帯の感受性をうまく移転させ」なければならず、「男性的なものを排除するこの抑圧」が思春期におこなわれるために、女は神経症やヒステリーにかかりやすく、また女独特の性質が形成される(女の二重の困難)(a 221)。したがってフロイトのいうリビドーとは、亀頭＝射精を念頭においた「能動的に」対象に向かうエネルギーであり、その意味において、リビドーは男性的なものとなる。もちろんフロイトは繰り返し、男性的＝能動的なリビドーを、けっして生物学的な性差に還元して理解すべきではないと断ってはいる。女性的とは「受動的目標を好む」ということではあっても、それは「受動的ということと同義ではなく、受動的目標を達成するには多くの能動性を必要とすることもある」と補足する(n 115)。だがリビドーを性器に統合させる発達論で捉えるかぎり、またたとえ「(女が受ける)社会慣習の影響を軽視すべきではない」――つまり女は作られる――と断っても、この社会慣習が「(性的機能と)同様に、女を受動的な状況へと追いやる」(n 116強調引用者)と言うかぎり(なぜなら性的機能とは、「けっして動かず、受動的に待つだけの卵子という女の性細胞」(n 114)の機能であるから)[4]、フロイトのリビドーの議論には、男の亀頭から女の膣へという一方向の運動――生殖イデオロギー――が深く刻まれ、その結果、「リビドーはただ一種類しかなく……「女性的なリビドー」はありえない」(n 131)という説が正当化されることになる。

しかし他方でフロイトは「性欲論三篇」から一〇年ほどのちに、このように発達論的に明確に区別されていた自我リビドーと対象リビドーがじつは相互連関していることを指摘し、種の保存を目的とする性本能の一部に、自我本能(自己保存本能)に終生つながったままで、自我本能にリビドーの構成要素を与えつづけるものがあると変節する(e 126)。フロイトは、対象に備給されていたエネルギーが自我へ振り向けられる例として、サディズム、マゾヒズム、覗見症、露出症、同性愛といった「病的な性倒錯」を取り上げるが、他方で、この対象リビドーの自己への振り向けは、「正常に機能している」場合にも同様に発生すると述べる。自我は、リビドーの対象であったものを自我に近づけ、それを自我に合体させることによって、「憎しみ」ではなく「愛」を経験する。換言すれば、「本能は、自己の満足のために必要な対象を「愛する」」(e 137)のであって、対象備給と自我備給は一種、互恵的にはたらいて、対象を愛する自己を作り上げる。いわば愛は、「本能興奮の一部を器官快感の獲得によって自体愛的に満足させようとする自我の能力から発生する」ものであり、このようにそもそも自己愛的な愛が、そののち「拡大された自我のなかに体内化された対象へと移行し、対象を快楽の源泉とみなして、そちらの方へ自我が向かうような表れをする」(e 138) のである。このように、「病的な性倒錯」だけではなく、愛一般においても、対象リビドーと自我リビドーの相互連関が見いだされると述べて、脱中心的な自我リビドーの備給を「発達後」にも措定しているにもかかわらず、やはりフロイトは、「自我」と「外界」の齟齬が解消されて、「もっとも適切な意味で「愛」という言葉を使うことができる」のは、「性器の優位性と生殖機能に寄与するという条件のもとに性本能のすべての構成要素が統合される」(e 138 強調引用者)ときであると、ここでも執拗に繰り返す。

「フロイトの衝動は本能とは何の関係もなく、……リビドーは性本能ではない」(Lacan, a 851)と言われてはいる。だがこれまで見てきたように、フロイトの性理論は、リビドーを生殖機能から何度も引き離し、それによって生物学的な性の二元論を避けて議論しようと試みつつも、他方で、あくまで質的に男性的であり、能動的な目標をもつ亀頭と、質的には同じく男性的かもしれないが、受動的な目標に奉仕する膣の二つを二大要素とする生殖のドラマに、つねに回帰してしまう。言葉を換えれば、その後一九二三年に最終的に公式化されたエディプス・コンプレックスは[5]、両親への愛とその葛藤を通じて性化された個体になるという精神形成の議論であるが、それが去勢不安とペニス羨望を中心に語られるかぎり、発生論の体を成すこのファミリー・ロマンスも、結局は、男性的なリビドーを基盤とする生殖ドラマに収斂していく目的論でしかない。フロイトは「性欲論三篇」を補足する論文で、「幼児期(五歳頃)の性の結末は、遠く影響を及ぼして、成人の性の最終形態に近似する」(Freud, j 141 強調引用者)と述べるが、この発言はフロイトが意図した以上に、フロイトの性理論の目的論的な性格を言い表したものと言える。いわば最初にエディプス・コンプレックスがあるのではなく、最初に〈生殖イデオロギー〉が存在していたのである。そして男性的なリビドー＝亀頭＝直立するペニス＝ファルス(男根)のアナロジーが漸次、残像のようにエディプス・コンプレックスに影を落として、心的＝身体的な(異性愛の男の)欲望が構造化されることになる。

欲望はつねに《他者》の欲望である

相手の心のなかに、歓びを見つけること
——それこそが幸福の秘密である。

——ジョルジュ・ベルナノス

では生物学のメタファーに依存した、ある種の偏向《ベント》とも言うべき生殖イデオロギーが繰り返される地点において、その偏向の出現を要請するもの、言葉を換えれば、生物学という「実体論」に再度、依拠することによって作り上げようとするフィクションとは、いったい何だろうか。おそらくそれは、生殖という〈種〉のドラマと、個人の〈愛〉のドラマと、家族という〈制度〉のドラマをひとつにまとめあげて、〈個〉のなかに重ね合わせようとする近代のフィクションである。あるいは、生殖という〈種〉のドラマと家族という〈制度〉のドラマを自然で、整合性のあるものとして繋ぐために、個人の〈愛〉のドラマに、ある特定の心的／身体的解釈が与えられると言っていいかもしれない。(6)

ここでフロイトの愛の理論に戻れば、リビドー発達のなかで、あるいは発達後においても、自我リビドーと対象リビドー(自己保存本能と性本能)が反転するなかで、対象への愛はしばしば自己への愛に振り向けられる。なぜなら、性愛の官能(エロス)(7)のなかでリビドーが自我にも同様に差し向けられないと、官能の経験が逆に自我をみじめな枯渇状態に陥れるので、自我をふたたび豊かにするには、リビドーを対象から引き上げ、その対象リビドーを自我に振り向けなければならないからである(Freud, d 99-100)。このナルシシズム的な愛は、対象選択のさいに、自我の理想像を補完するもの——かつてそうであったが現在ではそうでない自己、自己には欠落している自我の理想型——を選ぶ(d 101)。フロイトは一方で、このように「対象リビドーを自我に引き戻し、これをナルシシズムに変えることは、幸福な恋愛を示すことになる」(d 100)と言いつつも、前述したように、他方でこれが頻繁に表れるのは女——正常な対象リビドー備給ができにくい者——か、性目標倒錯者(サディスト、マゾヒスト、窃視症者、露出狂)や、性対象倒錯者(同性愛者)——「愛の対象を選択するさいのモデルに自分自身を選ぶ者」(d 88)——だと述べて、ナルシシズム的な愛の表出を局所化しようとする。しかし生殖イデオロギーに則して自己を形成するのに構造的な「困難を感じる」女や倒錯者や同性愛者に「観察される」このエロスのメカニズムは、逆説的に、生殖イデオロギーをはずしてエロスを考察するさいのヒントになりうるものである。生物学から決定的に袂を分かとうとして、それを主体形成の理論に普遍化しようとしたのが、ジャック・ラカンである。

　ラカンによれば、「まだ自由に動けず、栄養も人に頼っている口のきけない幼児が、鏡に映る自分の像を見て、はしゃぎながらそれを自分の姿だと認める」出来事は、自我の審級を「虚像の系列のなかへ位置づけ、……主体が幻想のなかでその能力の成熟を先取りする」原初的体験である(Lacan, a 94–95)。だが「寸断された身体」が鏡のなかから受けとる自己の全体像は、自己を自己の外側の像に重ね合わせ《アイデンティファイ》ることで得られるものであるので、その結果、自己は同一性《アイデンティフィケーション》を得ると同時に、永遠に、決定的に、その自己同一性から疎外されることにもなる。したがって、そもそも外在的な像に自己を重ねるという誤認のうえに自己把持している自我は、この一次的ナルシシズムと異なって、言語が介在してリビドーが自我ではなく対象に向けられる二次的ナルシシズムにおいても、大文字の《他者》(8)の欲望のなかに自我の欲望をみつけ、それにリビドー備給することになる。いわば欲望の対象は、わたしが欲望しているものではなく、《他者》がわたしのなかに欲望しているものである。ラカンに倣えば、「ひとは《他者》であるかぎりにおいて欲望する」(a 814)ことになる。したがって欲望するわたしという主体は、つねに分割され、疎外されて、わたしではない欲望のなかに外在しているものとなるが、欲望もまたつねに置換され、その満足はつねに遅延される。ゆえに主体の欲望は、《他者》の欲望——すなわち言語という歴史決定されたもの——との関連において、はじめてその表出をえることになるはずである。

しかしこのつねに遅延され、真の意味での満足をあらかじめ奪われている欲望——関係性のなかでのみ発現されるはずの欲望——のシニフィアンに、ラカンはファルス(男根)という固定したメタファーを与えた。むろん彼は、ファルスはシニフィアンであって、「ペニスとかクリトリスといった、それが象徴している器官ではない」(a 690)と断って、ファルスにまつわる去勢がおこなわれるエディプス期に、性差を設けない。彼は、「解剖学的な性差にかかわりなく、ファルスと主体との関係は提示される」(a 686)と述べる。すなわち女児であれ、男児であれ、はじめは母のためにファルスでありたいと願うが、近親姦の禁止によってファルスであることを奪われ、母の方も、子を欲望しうる全能の主体(男根的母親《ファリック・マザー》)の地位から脱落する。子は、禁止を告げる《父の名》において、全能のファルスであることの不可能性を認知し、それを諦め(去勢され)、《父の名》に従属して、自己から疎外された欲望をわが身に引き受けることになる。

しかしなぜ、《他者》の欲望のシニフィアンがファルスであり、禁止の言葉を告げるのが《父の名》であり、去勢に先立って子を魅了するものが母なのか。なぜ《他者》の欲望のシニフィアンは、「ペニスとかクリトリスといった、それが象徴している器官ではない」と語られつつも、「ペニスの像であるファルス」となり「先の尖った態勢」をとった「勃起する器官」(a 822)でなければならないのか。

たしかにラカンは、主体形成のメカニズムを処方《プリスクライブ》しようとしたのではなく、記述《ディスクライブ》しようとしただけかもしれない。[9] スラヴォイ・ジジェクが言うように、ラカンの功績は、「性差の理論を、想像力にも(解剖学という)自然にも依拠しないで作り上げた」ことであり、「明白な生物学的な事実」[10]と、ファルスにまつわって公式化される性位置とのあいだには「何の関連性もなく」、両者は単に「偶発的に「接ぎ木」された」ものにすぎないのかもしれない(Žižek, b 154–55 強調ジジェク)。だがなぜ「何の関連性もない」両者が「偶発的に接ぎ木される」ことになるのか。なぜ身体の任意の一部が、特権的なシニフィアンとして、象徴界と現実界を繋ぐ外在となるのか。

ファルスの特権化を批判したジュディス・バトラーに応えて、ジジェクは、バトラーは形式と内容を混同していると反論する。彼によれば、ファルスは「ペニスが媒介＝止揚のプロセスを経たあとの残余ではなく、媒介＝止揚のプロセスそれ自体」(Žižek, b 202)、つまり形式である。なぜなら、ファルスには二面性があって、ひとつは鏡像段階において〈統一された身体像〉という虚像(調和した性感帯)を保証するもの(「調和のファルス」)だが、これはつねに去勢によって喪失あるいは脱性化されて〈シニフィエなきシニフィアン〉となる(「去勢のファルス」)からだ。だがバトラーは後者の「去勢のファルス」を無視したために、去勢されることではなく、「去勢の可能性があると恐れることがすでに去勢である」(b 203)というプロセスが理解できずに、安直にラカンを批判しているとジジェクは弾劾する。しかしおそらくそうではなくて、バトラーの「レズビアン・ファルスと想像界の形態学」は、可能性としての去勢不安をレズビアニズムに応用しようとしたものだと解釈できるが、それについては後述することにして、ここでの問題は、バトラーを逆批判するさいにジジェクが、「意味とセクシュアリティが交差する地点であるファルスは、それが脱性化の機能を果たすかぎり、「正常な」セクシュアリティを保証することができる」と述べたことである(b 202-03 強調ジジェク)。ここで言う「「正常な」セクシュアリティ」は、たとえジジェクが「脱性化の機能を果たすかぎり」という留保をつけたとしても、生殖イデオロギーを前提とした異性愛構造において「正常」とみなされるセクシュアリティであることには変わりがない[11]。

ジジェクと同様にラカンも、フロイトに倣って――フロイトよりは意識的にそれを否定しようとしているにもかかわらず——やはり、生殖イデオロギーを所与のものとして措定していると思われる。ラカンによれば、「言語《ロゴス》の機能と欲望の出現が結びつく地点をあらわす特権的なシニフィアン」(Lacan, a 692 強調引用者)としてファルスが選ばれる理由は、ファルスが「性交(copulation)」という現実においてもっとも目につくものであり、またそれが(論理的)繋辞(copula)に等しいので、文字通りの意味においてもっとも象徴的なものであり、またその勃起性において世代間をわたる生命の流れのイメージでもある」からだ(a 692 強調引用者)。したがってここでラカンが暗示している「性交(copulation)」とは、象徴的な意味ではあっても、二つのものを「繋ぐ」支え(copula)、「勃起した」支えを必要とし、それを介して生命を次の世代へと運ぶ「次代再生産」を意図するもの、すなわち「勃起した」ファルスを仲立ちとして「次代再生産」をおこなう「正常な」異性愛の性交である。したがって「ファルスの意味作用」の結末を、ラカンはいみじくもこう結ぶ。

> これまで一度も説明されたことのないこの特徴の理由が、ここでかいま見られる。と同時に、それによってフロイトの直観の深さが、ふたたびここで明らかにされる。すなわち、なぜフロイトはたったひとつのリビドーしか存在しないと考えつづけたか。彼の著作から判断するに、彼はリビドーを男性的な性質をもつものと考えてい

る。ファルスのシニフィアンとしての機能は、ここでそのもっとも深い関係に、つまり古代人がそれに心(Νοῦς)と言葉(Λογὸς)を体現させた関係に通じている。(a 695)

このようにラカンは、「心」と「言葉」を男性的なものと解釈し表象する古代ギリシア以来の考え方を受け継いだうえに、さらにそれを発展させて、その「男性的なもの」を、認識可能な領域(ロゴス)と認識不可能な領域(カオス)を「繋ぐ」構造的メタファーにまで仕立てあげた。このメタファーで説明されるかぎり、認識不可能な領域も、男の正の領域を補完する女の負の領域となって、男根ロゴス中心主義《ファロゴセントリズム》を支える異性愛主義に、見事に取り込まれてしまうことになる。逆にいえば、認識可能なロゴス(男性的なもの)を保障するために、その首尾一貫性を阻む「女性的なもの」を認識不可能なカオスとしてシステムの外側に追放し、それと同時に、その両者を内部と外部に固定する「繋ぎ」として、男女の交接のメタファー(男根《ファルス》)が「正しく」動員されていくのである。

ゆえに、ファルスを仲立ちとして内部(ロゴス)と外部(カオス)が補完しあうこの構造においては、フロイトとラカンが固執する《父》のメタファーを拒否して、彼らが葬り去った〈母なるもの〉を蘇らせようとしても、その理論が——詩的生産においてであれ(クリステヴァ)、女の快楽の様態としてであれ(シクスー)——母なる〈カオス〉に依拠する場合、その外部性の強調が、逆説的に内部(ロゴス)の補強となってしまう危険性がある。

さらにこのようにシステムの「外部」を解放の契機として特権化して語ることは、置換と分節化という言語の宿命そのものを否定する危険性、すなわち「外部」として追放されている女や同性愛者も、「内部」(男や異性愛者)と同様に、現実には、意味の連鎖のなかでのみ自己把持している分裂した自己であること——まったき自己から疎外されている自己であること——を無視する危険性をもつ。またイリガライは男根ロゴス中心主義を批判して、それは「わたしたち(女たち)をあまりにもくっきりと(主体と他者に)分断する」(Irigaray, b 218)と述べたが、「区別できない触れ合う二つの唇」というイリガライのユートピア的な比喩は、その二つの唇(女たち)のあいだに現実に存在している社会的差異を無視するものである。女という外部を均質化することによって、社会の周縁に置かれているさまざまな女たちを結果的に排除することになってしまうのだ。さらに個別的には、《父の名》に対抗して〈母なるもの〉を特権化することは、ふたたび父—母—子という家族のメタファーに差し戻って議論することにもなる。

〈母なるカオス〉については、対象関係理論やエクリチュール・フェミニンの視点だけではなく、社会構築論の見地からも詳細に検討する必要があるので次章に譲ることにして、ここでは、人はつねにすでに言語化されている——わたしの欲望は《他者》の欲望である——というラカンの理論を引き受けたうえで、その理論が性の二元論を基盤とする異性愛主義（〔ヘテロ〕セクシズム）[12]を攪乱する可能性を考えてみよう。ラカンの理論からファルスのメタファーを払拭することができるとすれば、それはどのようなものになるのか、さらにまた、そこで何が起こるかを考えてみよう。

愛の経験

愛はそれ自身を喜ばせようとも
それ自身のために気を配ろうともせず
べつのものに安寧を与え
地獄の絶望のなかに、天国をつくりだす
――ウィリアム・ブレイク

人は言語の網目のなかに投企された存在であるかぎり、言語の外側に性の関係を経験することはできない。人間にとって、言語のかなたの「ありのままの性」――「本能的な知に導かれ、自然のリズムによって規定された動物の交尾」(Žižek, b 154)のようなもの――は存在しない。いわば人は人の性関係以外の性関係をもつことはできない。そしてもしも言語すなわち意味が介在しない完全な一体化こそが、もっとも純粋な性関係だとするならば、人の性関係の核心にあるものは、性関係の不可能性である。あらかじめ現前性から追放され、言語の法に従属している人間は、性の関係のなかで、自らが「言語の総体」（大文字の《法》）であることによって欲望のすべてを所有することも、あるいは自らが「言語の否定」（大文字の《他者》）であることによって恋人の欲望の総体となることもできない。人はつねに欲望の十全な満足から疎外され、部分的な欲望から部分的な欲望へと、際限のない置換を繰り返す。なぜなら、人の欲望はつねに《他者》の欲望であるから。言語の網目のなかで自己把持している主体は、言語によってすでに分割され、疎外されているから。

　しかしこのような人の性関係を経験するわたし、そこで出会うあなたは、双方とも同様に言語によって疎外された者、ラカンの用語を使えば、双方とも同様に斜線を引かれた主体（$\not{S}$）のはずである。だがラカンもまたこれに、二つの性位置（男性的な位置と女性的な位置）を与えた。あるいは全一なる主体を獲得することの不可能性を、男性的な不可能性と女性的な不可能性に分割した。すなわち〈ファルスをもつ位置〉と、〈ファルスである位置〉である。

　ラカンによれば、《父の名》の到来によって母との原初的なまったき合一を奪われた者は、ファルスの主人たることを断念し、欲望の原因でありながら消失点である混沌に同一化することなく、自分自身から切り離したファルス（否定の刻印を帯びたファルス）をもつ位置、すなわち混沌たる特殊を除外してはじめて可能になる普遍(男性的な位置)か、あるいは、その普遍を普遍たらしめるために除外された混沌たる特殊、けれども除外されるということで、逆説的に不可能な普遍としてたちあらわれるファルスである位置(女性的な位置)につく(Lacan, b 78-89)。この性別化の定式には、傍点で強調したように、《父の名》」「母」「ファルス」「男性的な位置」「女性的な位置」と、性差および性差のヒエラルキーが刻み込まれている。だがたとえばこれらを、「《言語の法》」、「非在のカオス」「《他者》の欲望のシニフィアン」「能動的な受動位置」「受動的な能動位置」とのみ言い切ることはできないか。

ラカンは「女が愛されると同時に、欲望されたいと願うのは、本来の自分ではないもののためである」(Lacan, a 694)と言う。ラカンによれば、《他者》の欲望のシニフィアン——欲望の源をその記号によって覆いつつ、それを指し示すもの——である女は、欲望されるという受動性のなかに、自らの能動的な欲望を見いだす。したがって女は、「本来の自分ではないもの」になることによって、自分自身の性的満足は得られなくても、そこに自己のシニフィアンを見つけだすことができる。それゆえ欲望されることを欲望する女は、「性の欲求につきものの満足感の欠如、つまり不感症に比較的、容易に耐えられる」(a 694)。

他方、男の場合は、女を愛しても、その女は《他者》の欲望のシニフィアンでしかないので、つまり「その女自身はそうではないもの」であるので、その具体的な一人の女に愛を成就させることができず、彼女が指し示しつつ、覆っている総体としての《他者》の欲望——すなわち(処女のイメージであれ、娼婦のイメージであれ)大文字の《女》とでも呼べるもの——を想起しつつ、愛を経験することになる。男のこの不満足——感情面での性的不能——は、ファルスがペニスの生殖衝動と結びついているために、女よりもはるかに現実的なものになると言う。

しかしラカンがこのように説明した不感症と性的不能のメカニズムは、愛の経験にきわめてよく見られる愛の困難さであり、解剖学的な性差のメタファーに依存する必要のない、愛の普遍的な二つの側面ではないだろうか。ラカンが女と男に振り分けた不感症と性的不能は、愛が間主観的なものであるかぎり、男女両方が経験する、心的様態と身体的様態のあいだの不整合の二つの側面、さらには心的様態そのもののなかに存在する不整合の二つの側面であって、勃起しないペニスもペニスを拒絶する膣も、愛の二様の自家撞着の単なる表層的な結果——現象——にしかすぎない。むしろ女も男も経験する愛の自家撞着を、愛の局所的な失敗として男の場合はペニスに、女の場合は膣に集中して説明してしまう、この解釈のなかに、愛そのものが本来的にもつ困難さを隠蔽し、膣へのペニスの挿入を愛の成就(正常な成功例)と錯覚させていく制度上、言語上の強制が潜んでいる。

だが愛の場面においてーー愛のまなざしのなかでも、愛の言葉のなかでも、愛の幻想のなかでも、愛の行為のなかでもーーわたしとあなたはいつもどこかで行き違い、わたしはわたし自身の愛に裏切られ、わたしはあなたの愛に戸惑い、わたしはわたしからもあなたからも愛からもはぐれながら、それでもわたしとあなたは愛し合う(と信じて、愛し合う)、それが愛の経験ではないだろうか。愛と隣りあわせの憎しみは、また愛と隣りあわせの臆病さは、わたしが愛するほどにはあなたはわたしを愛してくれない、わたしはあなたが愛するような者ではない、つまりあなたの歓びのなかにわたしが、わたしの歓びのなかにあなたが存在している、このウロボロスの輪のなかに、愛の経験があるためではないだろうか。

愛においてわたしは、わたしがもっていないものを与える。なぜならあなたが欲望しているわたしは、あなたの欲望のなかにのみ存在しているから。だからわたしの愛は、いつもわたし自身の愛から疎外されている。そして人はこれに不感症という名前を与える。愛においてわたしの欲望は、あなたそのものに満足することはない。なぜならすでにあなたの欲望が書き刻まれているわたしの欲望は、そのまったき充足をあらかじめ喪失して、そののちにその幻想をあなたに重ねているのだから。だからわたしの愛は、いつもあなたへの愛に裏切られる。そして人はこれに性的不能という名前を与える。けれども愛の経験が、愛を〈受け取る〉ことと〈与える〉ことの両方から成り立つものならば、いや〈受け取る〉ことが〈与える〉ことであり、〈与える〉ことが〈受け取る〉ことであるならば、わたしはつねに、「不感症」であると同時に、「性的不能」でもある。わたしがいつも経験する愛の二様の自家撞着、愛の二様の困難さ。しかしわたしはそれ以外の愛をもつことはできない。なぜならわたしは、つねにすでにあなただから。

ジジェクは映画『氷の微笑』(一九九二年)のなかの有名なシーンを、権力の逆転の例として語った。警察の尋問を受けるシャロン・ストーンが足を組みなおすときに、その刹那、ヘアーが見える(見えない)シーンをジジェクは、「そもそも犠牲者の位置にいるはずの者が、状況を完全に支配して、鼠を追い詰める猫のように尋問者を弄んでいる」(Žižek, b 205)と解説する。だがこのシーンを愛の経験として語れば、尋問者の視線がそこに釘づけになって、シャロン・ストーンが警察を翻弄できるのは、いわんや刑事の一人が彼女を欲望するようになるのは、ヘアーが見えるか見えないかわからないように映像処理されているからである(シャロン・ストーンが下着をつけていないのは前の場面で暗示されているが、彼女が足を組みかえるシーンは、故意にカメラがその真正面に据えられてはいても、ほんの一瞬のことである)。あるいはまた、身を乗り出して次には諦めたように身をひく尋問者の態度から想像するに、おそらく彼らには見えなかった(彼らが座っている角度からは、おそらく見えなかったであろう)からである。つまり彼女がきわめて効果的に差し出したのは、差し出さなかったものなのだ。尋問官は、彼女そのものによってではなく、彼女が非在として意味した場所(《他者》の欲望のシニフィアンである彼女)に欲望し、したがって欲望しつつ、その達成は阻まれ、ひるがえって彼女の方は、欲望とは無縁な場所――尋問(者)という場――に欲望をつくりあげ、それを支配することによって、《他者》の欲望のシニフィアンをもつ者となる。

この映画でシャロン・ストーンはバイセクシュアルに設定されている。しかし彼女が性差を無効にするのは、女と男の両方とセックスするからではない。性の快楽が交換される各場面において――彼女の性対象が女であろうと、男であろうと――彼女自身は男性的な性位置(《他者》の欲望のシニフィアンをもつ位置)と女性的な性位置(《他者》の欲望のシニフィアンである位置)の両方を身に帯びているからである。欲望する身体と欲望される身体の両方を所有している彼女は、尋問者に言う。「ジョニーを選んだのは、彼が手と指を上手に使うからだ」と。

フロイトもラカンも、愛の経験の向こうに、病理を見た。だがフロイトやラカンが想像した以上に、愛の経験はそもそもの始めから「病理」なのだ。相手がふるう力を自分に引き受けて性的快感を得るマゾヒズムが病理ならば、相手の官能を自分の身体に惹きつけ、引き受ける愛の行為はすべからく病理である――相手の官能を引き受ける身体が、膣であろうと、アヌスであろうと、クリトリスであろうと、ペニスであろうと、あるいはどのような感覚器官、どのような身体器官(髪、胸板、乳房、腰……)、さらには身体を超えて、声、ふるまい、服装、会話、社会的な位置であろうとも。また相手に力をふるうサディズムが病理ならば、欲望のまったき充足を遅延させつづける愛の経験は、愛することによってすでにサディスティックである。なぜなら、欲望が向けられる相手はつねに部分対象でしかないために、愛することは、厳密な意味でつねに相手を失望させることになる、つまり自分が失望することによって相手を失望させることになるからだ。暴行と異なってサディズムは、かならずしも身体を媒介とする必要はない。もっとも圧倒的なサディズムは、性の快楽をはさんで心が心にふるう力である。

ラカンによれば、男の愛は、総体としての《他者》の欲望――大文字の《女》――を求めようとして、つねに無限運動になると言う(Lacan, a 695)。しかし女から女へと目移りする男の「不誠実」――「男の機能を構成するかに見える不誠実」(a 695)――は、むろん男だけのものではない。フロイトが性理論を構築していたころにドイツで製作された無声映画『パンドラの箱』(一九二八年)は、愛し、愛される相手を次々と変える女の物語である。そもそも娼婦に設定されている主人公ルルは、物語の始めでまず自分の父ほど年の違う権力者の男と結婚し、彼を破滅させ、次にはその息子と結婚し、さまざまな紆余曲折ののちにふたたび娼婦となって巷をさすらう。そしてその過程で、レズビアンの女伯爵をも魅了する。もしもジジェクが言うように、ドン・ジョヴァンニの女遍歴が、具体的な女たちを享受しようとする性衝動の所産ではなく、大文字の《女》という存在しないものを求める「無限のメトニミー運動」(Žižek, a 115) ならば――つまり換喩《メトニミー》的な対象を次々と渡り歩く運動ならば――異性のみを求めるドン・ジョヴァンニよりも、男も女も相手にするルルの方がさらに、総体としての《他者》の欲望を希求する無限のメトニミー運動の渦中にあると言えるだろう。しかしもちろん、《他者》の欲望の総体を得ることは可能ではなく、ドン・ジョヴァンニが失敗したように、彼女もまた失敗する。ルルは夜の街をさまようちに、出会った男の一人に刺殺される。ピカレスク・ロマンと見紛うばかりのルルの生涯と、彼女の死の偶発性は(ルルの夫は彼女の死にまったく気づかない)、彼女の愛の遍歴が、何かの意味に止揚するメタファーの運動ではなく、部分から部分へと移動を繰り返す無限のメトニミー運動であったことを象徴的に示すものである。

しかしルルがドン・ジョヴァンニと異なるのは、彼女の愛の遍歴の社会的意味づけである。男の不誠実は「男の機能を構成する」と語られ、「男性的な性位置」の属性と理解されて、社会的認可が与えられる。だが女が引き受ける「男性的な性位置」は、けっして「男性的な性位置」とは理解されず、男を翻弄し破滅させても、依然として男を魅了しつづける《他者》の欲望のシニフィアンである者とみなされる。つまり、《他者》の欲望のシニフィアンである者ではなくて、《他者》の欲望のシニフィアンをもつ者であったはずのルルが、対象としての「女性的な性位置」のなかに取り込まれてしまうのだ。文学と美術は、これに宿命の女《ファム・ファタール》という表象を与えた。

ルルは娼婦として登場し、娼婦として死んだ。娼婦、それは、「正常な」性関係の外側――次代再生産を目的としない性関係――をあらわす記号である。そしてちょうどルルがそうであったように、娼婦にはあらゆる実験的な性行為、サディズム、マゾヒズム、同性同士の性交などが含意されている。事実『パンドラの箱』は、正真正銘のレズビアンを描いた最初の映画だと評されている。また愛の場面でルルを殺害したのも、サディズムの典型切り裂きジャックだった。思えば、宿命の女の歴史的な表象には、シェイクスピアのソネットの「ダーク・レイディ」、ラファエロ前派の作品など、つねに同性愛やサディズムやマゾヒズムのイメージがつきまとっていた。『氷の微笑』のシャロン・ストーンもさきの尋問の場で、彼女が性愛の対象に選ぶのは「実験的な愛の形に怯えない男」だと言い、また彼女は女を愛撫し、女から愛撫される。

だがそもそも《他者》の欲望のシニフィアンとしてファルスが特権化される理由の一つは、「その勃起性において世代間をわたる生命の流れのイメージ」(Lacan, a 692)をもつものであるからだ。ならば同性を性的に惹きつけ、次代再生産もおこなわない娼婦ルルは、生殖に寄与しないがゆえに、〈ファルスであ**る**者〉ではないということになる。このように一方でファルスは、どうしても書き記すことのできない意味の全容を刻印されているシニフィアンとして、処女も娼婦もサディズムもマゾヒズムも窃視症も露出症もすべてを含意するものとされながら、他方で「その勃起性において世代間をわたる生命の流れのイメージ」が加味されたために——皮肉なことに、厳密には——生殖に寄与しない性現象のシニフィアンになることはできなくなる。

逆に言えば、〈ファルスをもつ者〉であるにもかかわらず〈ファルスである者〉とみなされる宿命の女、あるいは〈ファルスである者〉と解釈されるにもかかわらず、ファルスに還元できない意味を背負う「倒錯者」は、《他者》の欲望のシニフィアンを〈ファルス〉と名付ける命名法そのものに存在する矛盾を顕在化させる。またさらに言えば、次代再生産をしないさまざまな性現象は、《他者》の欲望のシニフィアンをもつ位置を「男性的な性位置」に、《他者》の欲望のシニフィアンである位置を「女性的な性位置」に分類するという、解剖学的な性差に依拠した分類法そのものを攪乱するものでもある。フロイトもラカンも、「正常な」男性性や女性性を説明しようとして例外を設けなければならないときに、きまって「正常ではない」性現象に言及し、そしてつねに口ごもった。おそらくそれは、「倒錯」が理論化しにくいカテゴリーであるためではなく、生殖をおこなわない性現象を「倒錯」として周縁化し、生殖イデオロギーに支えられた男女の愛を規範化して愛の経験を語ること自体に、根本的な無理があるためではないだろうか。ではいったいわたしたちは、「正しい」愛の経験をどのように記述しているのだろうか。

巧妙な言い忘れ

愛とは、幽霊に出会うようなもの、
それについてはみんなが語るが、
それを見ることができたものは、ほとんどいない。

——ラ・ロシュフーコー

フロイトは、「人間にかんしては、純粋な男も純粋な女も、心理学的、生物学的レベルでは存在しない。すべての人間は、自分の性と異性の性の特徴の混淆を示しており、能動性と受動性という心的特徴が生物学的なものに照応しているか否かに関係なく、この二つの心的特徴が混ざりあっている」(Freud, a 220)と述べる。しかしフロイトのこの観察は、数頁後の「性対象倒錯《インヴァージョン》の防止」の節では、同性を性対象とすることはあくまで「倒錯」であり、それを「防止」しなければならないという論に変わる(a 229)。だがこの節においてすら、性対象倒錯を防止する一番の力は「対立する二つの性特徴がもつ相互の牽引力」ではあるが、それだけでは「不十分」で、さらにこれに「社会的権威による禁止」を付け加えなければならないと補足する。なぜなら歴史的、風土的に考察すれば、性対象倒錯が禁止されていないところでは、「このような性傾向をもつ人間が少なからず存在し」、それはたとえば古代のように男児の教育を男の奴隷がおこなったり、近代の貴族のように男の召使に家事を任せて、子供の世話を母親がしない場合に、頻繁に発生しているからである(a 229-30)。

これを受けてたとえばチョドロウは、女が独占している母親業と、非対称的な性配置とのあいだの相互連関性を指摘する。おそらく母親業を男も女も引き受ける社会になれば、《言語の法》を《父の名》に、また主体と客体が未分化の状態を〈母の領域〉とみなすことによって、男児と女児に異なる性特徴を発達させていく性差別の再生産は、解消される方向にむかうだろう。だが彼女が議論していないことは、そのときに性の快楽はどのように説明されるのか、《言語の法》がどのように愛の経験を構成していくのかということである。しかしこのように愛の経験を語らないこと――「正常に」であれ、「より正常に」であれ、性的に発達し終えた人間の愛の経験を語らないこと――は、チョドロウだけに限らない。フロイトも、ラカンでさえも、人間の心的な発達過程を記述するさいに(発達後の)「倒錯者」の性愛の現象を参照することはあっても、「正常に」発達し終えた人間の「その後」は語らない。たとえ語られているかに見えたとしても、前節で述べたように、生殖につながる性交と生殖につながらない性交を分別し、男と女を分別する枠組みのなかで思考されているために、生殖につながる性交は「正常化」されて、いつの間にか話題から消えていく。

この巧みな言い忘れは、生殖につながる性交（ペニスの膣への挿入）を愛の成就とみなす生殖イデオロギーと、その愛の成就を次なる愛の成就を用意するためのファミリー・ロマンスにすりかえる家族イデオロギーの複合所産である。生殖は、あまたの性愛の行為の、あるいはそれを取り巻く種々の感情の偶発的な結果にすぎない――テクノロジーの発達ののちは、稀にしか訪れない選択的な結果にすぎない。だがそれにもかかわらず、一種の前後転倒的な詭弁によって性愛と生殖が直結して解釈され、それを保障するために家族形態が正当化されていく。いみじくも、「結婚の成就（the consummation of marriage）」という英語の成句は、結婚という家庭の誕生をあらわすと同時に、慣用的には床入りという性的な意味をもつものである。

思えば、生殖を含意する家庭内の性交を射程においた目的論で語られる愛の経験は、そもそも愛の経験を語っているものではない。エディプス構造によって発達論的に分析される性特徴の説明は、次代再生産を可能にする「正しい」性対象の選択がなされる時点で終了し、男性性と女性性はエディプス構造のなかの父と母にすぐさま読み換えられて、今度は、次の世代――男児と女児――が「正しい」性対象を選択するための作用因として働くことになる。このように〈種〉の再生産と〈制度〉の再生産が一毛の時差もなく交替する「性の技法《テクノロジー》」のなかで、「正常な」愛の経験の細部は剥ぎとられ、愛の困難さは組織的に隠蔽されて、個々の人間の心と身体に現れては消える単発的なつぶやきにすりかえられていく。そして愛の詳細が語られるのは、「正しい」性対象を見つけるまでの恋のロマンスか(たいていの恋のロマンスは結婚で幕を閉じる)、「正しくない」性対象の選択が相手の不実か死か社会規範によって罰せられる物語か(教訓的な感傷小説や、若者の無謀な恋の悲劇や、「倒錯」の病理学的説明)、結婚制度の外側でなされる姦通の情話(たいていの場合は死か破滅で終わる)となって、皮肉なことに、「正常な」愛の経験の方は、語ることがタブーの禁じられた話題として秘匿されることになる。いわばわたしたちは、「正しい」性対象を見つけて「正しい」愛の経験をもつことを期待されているにもかかわらず、「正しい」愛の経験の内実は言い忘れられ、その代わりに「道を外れた特異な《パーヴァース》」ケースだけが縷々、語られることになる。

この巧みな言い忘れは、精神分析でいう「失錯行為」が、まさに精神分析そのものの言説のなかに存在していることを示すものと考えられる。つまり、どのような愛においても経験されるエロスの不可能性を語るのを抑圧した(言い忘れた)ために[13]、その抑圧された話題が、べつの場所――「正しくない」愛の経験の記述――に回帰してくるのである。いわば精神分析の意識によって「精神分析の無意識」のなかに抑圧されていたものが、「性倒錯」という病理学的な説明となって、繰りかえし繰りかえし「言い間違え」られて精神分析のなかに再帰してくるのだ。だが、精神分析は「女とは何かを語るものではなく……女がいかにして生じるかを研究する」学問だというフロイトの言葉に示されているように(Freud, n 116 強調引用者)、たしかに精神分析は性を理論づけることによって性の体制を強化する側面をもってはいても、あくまでそれは、精神分析が既存の性の体制を記述することによって、「パフォーマティヴ(行為遂行的)に」性の体制を社会のなかに再生産するゆえである。とすれば、「精神分析の無意識」は、精神分析が記述し、再生産している社会そのものの無意識、フレドリック・ジェイムスンの言葉を借りれば、社会の「政治的無意識」であると言える。精神分析が「倒錯」とみなし、文学・映像が「非日常」として表象する「正しくない」愛の経験は、性体制の「日常」によって政治的無意識のなかにかたくなに抑圧されてきたエロスの不可能性が、「失錯行為」として現れてきたものと考えられる。

倒錯がじつは病理ではなく、「非異性愛」あるいは「非規範的な異性愛」にすぎない(de Lauretis, b viii)ことを指摘した一人に、ジョナサン・ドリモアがいる。彼は『性の不同意』のなかでフロイトの倒錯理論を検討しつつ、「人間の本質としてそもそも備わっているのは、倒錯的な性愛の方であって、「正常な」性愛ではなく、事実、正常な性愛を獲得するのも、またそれを持ちつづけるのも、なかなか難しい」(Dollimore 176)と述べた。ドリモアはこの見解をさらに進めて倒錯に肩入れし、倒錯には、「抑圧的な性規範を内部から不安定化させる」(33)のような「反乱的な「性質」」(198)があると言う。彼によれば、倒錯は、自然な異性愛を想定したエディプス・コンプレックスがけっして普遍的に適用できるものではないことを暴いて(195-97)、精神分析を空洞化させるものである。

他方、テレサ・デ・ラウレティスはおおむねドリモアを支持しつつも、ドリモアの「倒錯の美化には一歩距離を置く」(de Lauretis, b 26)。彼女は、精神分析をある特定の解釈(異性愛主義)によって矮小化する企てに抗しはしても、彼女の意図は精神分析をやみくもに退けることではなく、倒錯理論にみられる「フロイトの自家撞着的な位置」[14](b 25)を評価し、「精神分析をつうじて」(c 311 強調デ・ラウレティス)、「欲望する主体」としてレズビアンを位置づけ、「(いまだ)語られざるもう一つの物語」(b xviii)を提示することである。

デ・ラウレティスが「レズビアン主体」を打ちたてるときに依拠したのは、バトラーの「レズビアン・ファルス」の概念である(b 231)。バトラーによれば、ファルスはそもそも「去勢されているペニス」——本来のペニスから「置換される」べき《他者》の欲望のシニフィアン——であるので、ファルスの本質はその「置換性」にあり、よってファルスはペニスという特定の身体器官に収斂する必要はなく、「他の身体部分、あるいは他の身体部分らしきもの」で象徴化できるはずである。それゆえファルスは、「レズビアン・ファルスにも道を開く」(Butler, c 158)。だがバトラーとデ・ラウレティスの議論の相違は、バトラーがファルスの置換性を強調し、ファルスは「移動可能な財産」であり、「連綿とつづく代補の運動のなかに顕現する」もの、むしろ「代補と増殖を駆り立てる誘因」(c 164 強調バトラー)とみなして、精神分析を相対化しようとするのに比べ、デ・ラウレティスは、「父権的なペニス＝ファルスに対抗するために、禁止や差異や欲望の記号(シニフィアン)として機能する」(de Lauretis, b 232)ものとして「フェティッシュ」の概念を持ちだし、それによってレズビアン固有の欲望を精神分析の枠内で定義しようとすることだ。したがってデ・ラウレティスの議論は、エリザベス・グロスツが批判するように、レズビアンの欲望を異性愛の欲望から明確に区別する「レズビアニズムの原因論《イーティオロジー》」(Grosz, b 290)を打ち立てるものとなる。

　デ・ラウレティスはドリモアを批判して、精神分析を一枚岩的に悪者にして「倒錯を美化した」と述べたが、彼女自身は精神分析に深くコミットすることによって、精神分析につきものの普遍的属性の議論に足をすくわれ、時代や社会を横断する超越的なレズビアンの欲望を措定してしまった。というのも、フェミニスト的な見地をとる精神分析でさえ(J・ローズ、M・A・ドーン、K・シルヴァーマン、J・ギャロップなど)、レズビアニズムを「起源としてのバイセクシュアリティ」や「母娘関係」の文脈で説明しようとしてきたために、レズビアニズムの性愛を無化してしまう傾向があった。それに対する異議申し立てとして、デ・ラウレティスは、女に欲望を感じる女の官能を「レズビアン連続体」から分離して、それを理論化しようとしたのである。だが「レズビアンと異性愛の女とのあいだの現実の性的差異」(de Lauretis, b xvii)を強調することは、彼女が他方で展開している倒錯の逆説(病理と正常の境界を崩す議論)を空洞化させるものにもなる。グロスツがいみじくも指摘したように、この枠組みでは、デ・ラウレティス自身がそうであったような「(ストレートから)レズビアンに「なる」女」(de Lauretis, b xix)を説明することはできなくなる。

「正しい」愛の経験の言い忘れや「倒錯」の病理学的説明という言い違いを、精神分析の「失錯行為」だとわたしが述べたとき、それは「倒錯」の美化(精神分析のやみくもな無視)や、「倒錯」心理の規範化説明(精神分析の枠内での解説)を意図したものではない。それらべつの愛のかたちを——精神分析の外であれ、精神分析の内であれ——超越的、実体的なカテゴリーとしてもう一度記述しなおそうというのではない。そうではなくて、精神分析の失錯行為が批判されなければならない理由は、それが愛の経験を歪曲して記述する政治的無意識であるためだ。したがって精神分析の失錯行為は、精神分析を非歴史的な参照枠ではなく政治的な言説だと理解することによって——つまり精神分析を歴史化する視点によって——批判されなければならない。

〈エロスの不可能性〉を知る

わたしたちがどこで悪しきものとなるのか、
わたしにはわからない。これがわたし。これが事実。
これをわたしは生きてきた。
——ジャッキー・ケイ

「正しい」対象選択によってもたらされる「正しい」はずの愛の経験のなかに存在する不安や孤独や不満足、また仮装やフェティシズムや自己犠牲は、病理化されていないがゆえに、一過的、偶発的、部分的、個人的なものと見なされがちである。だがモニク・ウィティッグが、私的で主観的なものとされてきた女の問題はじつは社会関係によって生み出される社会問題であると述べたように(Wittig, b 19)、「正常さ」の規範のなかに押し込められることによって、一過的、偶発的、部分的、個人的なものとみなされてきた「正常な」愛の経験のなかの「正常らしからぬ」要素は、じつは愛の構造的な問題であると言うことができるだろう。しかし女の問題と愛の問題が異なるのは、ジェンダーの次元での女の問題は社会の性の不平等であるために、階級間(男女間)の闘争によって解決する可能性があるのに比べ、セクシュアリティ(性欲望、性実践、性幻想)にまつわる愛の問題は、どのような社会制度においても解消することができないエロスの不可能性にかかわるものであるということだ。しかしエロスの不可能性の原因は、わたしたちが言語によってあらかじめ自己から疎外されているため——わたしの欲望が《他者》の欲望であるため——なので、エロスの不可能性はかならず、わたしたちが投げ入れられている言語の制度にしたがって、歴史化された形態をとって表出する。換言すれば、どのような時代にも、どのような社会にも共通して見られる、エロスの不可能性の普遍的な形態はない。

その意味で、「連綿とつづく代補の運動のなかに顕現するファルス」という、バトラーの視点は重要である。だがバトラーは、愛の見かけの可能性（「正常な愛」）が時代決定されたものであることは論じても、エロスの不可能性もまた時代決定されて表出することにはあまり触れていない。そのそばまで行きながら、いつしか彼女の議論は、愛の可能性の虚妄をあばくことの方にすりかわっていく。バトラーは『ジェンダー・トラブル』で、ボーヴォワールもクリステヴァもイリガライもウィティッグもフーコーですら、女あるいは同性愛を美化していると断罪し、ユートピア的な解放言説によってシステムの外部を、無批判、無条件に取り込むことを注意深く避けようとした。だが既存の性体制を攪乱させる手段として、彼女が繰り返し主張する「起源なきコピー」や「意味を増殖させるパフォーマティヴィティ」が暗黙のうちに示唆していることは、より抑圧の少ない性配置である。コピーの連鎖のなかであらたに可視性を獲得するエロスの新しい形態は、むろんコピーの無限の連鎖を前提に可視化されるものであり、理想的で完全なエロスとして提示されるわけではない。だがコピーの連鎖に含意される運動は、たとえそれが進歩主義とは対蹠的な考え方から出てきたものであるにせよ、そこには、より悪くないものという肯定的なニュアンスがつきまとう。むろんパフォーマティヴィティのセクシュアリティ理論が、圧倒的な異性愛主義に風穴を開けるために持ちだされるものであることを思えば、これは当然のことであり、ぜひとも必要な戦略ではある。

バトラーはその後、『問題なのは肉体だ』や『権力の心的構造』で精神分析にも話を進め、次のように言う。

> 精神分析に話をもどす理由は、ある種の規制的な規範が、精神構造と身体構造とを不可分の関係に置くことで「性化された」主体を形成していく、そのやり方を考えてみたいからである。(Butler, d 22)

だが「精神分析に話をもどして」セクシュアリティを論じるなら、ここでわたしたちがさらに指摘していかなければならないことは、「性化された主体」(エロスの可能性)が「ある種の規制的な規範」によって生み出されるフィクションであるということだけでなく、エロスの不可能性もまた、「ある種の規制的な規範」によってその社会特有の表出形態をとるということである。わたしたちは異性愛が理想的で完璧な愛のかたちでないことを主張すると同時に、同性愛もまたけっして理想的で完璧な愛のかたちではないこと、そして同性愛のなかにも異性愛のなかにもエロスの不可能性は刻まれていること、しかし表出形態を異にして刻まれていることによって同性愛が差別されていることを、指摘していく必要がある。ではエロスの不可能性は、「正しい」異性愛と「正しくない」同性愛のあいだで、現在、どのように歴史的に異なって表出しているのだろうか。

端的に言えば、近代市民社会の「正しい」異性愛――生殖という目的論をもつ家庭内の異性愛――の場合、愛の困難を経験するという快楽が希釈されている。言葉を換えれば、エロスの不可能性を都合よく忘れるための仕掛けが施されている。「愛の経験」の節で述べたように、あなたが欲望しているわたしは、あなたの欲望のなかにのみ存在し、そのような幻想のわたしを差し出すわたしは、つねにわたし自身の愛から疎外される。またすでにあなたの欲望が書き刻まれているわたしの欲望は、その幻想をあなたに重ねているために、わたしの愛はあなたへの愛につねに失望し、その失望がまた愛を生む。だがこの愛の疎外と失望こそ、エロスを構成するものである。逆説的な言い方をすれば、疎外と失望がないまぜになった快楽――おののきと恍惚――がないところにエロスはない。言語は人間に、本能的な交接ではなく、性愛を与えるが、言語はまた人間から、性愛を奪うものでもある。したがって、言語が人間にもたらすものは、予定調和的なエロスではなく、「不可能なエロス」のはずである。

しかしそのようなエロスが、二極化された男女の性特徴で語られる場合、愛からの疎外(比喩的な意味での不感症や仮装)を女(「待つ女」)に、愛への失望(比喩的な意味での性的不能やフェティシズム)を男(「不実な男」)に割り振って、愛の経験を二つに切り裂いてしまう。しかも不可能なエロスの快楽は、家庭という「エロスの合法化」によって希釈され、生殖という「エロスの目的論」によって忘却される。そしてわたしが愛の場面で感じる疎外や失望は、合法化と目的論によってその強度を奪われた「不可能なエロス」が、わが身をきりもむ快楽の位置から転げ落ち、一過的、部分的、偶発的な不安と孤独と不満に変質して、ふと漏らす個人のつぶやきのなかに拡散されていくものである。その不安と孤独と不満が一過的、部分的、偶発的でなくなったとき、合法化されていた愛の場(家庭)は崩壊する。いわば生殖イデオロギーと家族イデオロギーに守られた「正しい愛」は、「正しさ」と引き換えに耐えがたき快楽を奪われ、また同時に、合法化と目的論によって愛の困難さを拡散することによって、耐えがたき快楽を味わわなくて済む。おそらく、次代再生産を目的とする合法的な異性愛が有する特権の最たるものは、社会通念によって守られ、法によって守られ、科学によって守られているということではなく、それらすべてを得た結果、愛の困難さを家族形態のなかで希釈することができるという特権だろう。

その意味で、『マディソン郡の橋』(小説一九九二年、映画化一九九四年)は、合法化された愛の場に訪れる不安と孤独を、イデオロギー的に巧みに処方して解消したものと言える。映画は遺言を読む子供の視点で始まるが、そこで語られる物語内物語の視点は、中年の主婦のそれである。彼女は合法化された愛の場に訪れる不安と孤独をうすうす感じ、たまたま立ち寄った風来坊的な男に恋をする。しかしこの物語は、たとえ主人公たちがセックスをしても、姦通の物語ではない。なぜならもっとも理想的な姦通の物語は、エロスの不可能性を十全に生きるという矛盾を引き受けるために、女は[15]《他者》の欲望のシニフィアンではなく、《他者》の欲望それ自体、つまり大文字の《女》――理想的な女――でなければならないからである(現実には不可能なことである)。女は大文字の《女》となることによって、大文字の《女》を仮装する必要がなく、したがって女の主体は分割されず、愛の疎外からまぬがれ、大文字の《女》を愛する男は、愛の不実からまぬがれる。だがこの物語の女は、大文字の《女》の対極にいる者――制度のなかの女――に設定されている。映画化のさいにメリル・ストリープが体重を増やし、二の腕を太くして「当たり前の主婦」を演じようとしたのは、きわめて当然の演出である。

しかしこの物語は、やはり、いわゆる理想的な姦通の物語である。それは、エロスの不可能を十全に生きたという「錯覚」を女に与えたからだ。男は、世界を歩くカメラマン——不実の潜在能力を備える「男の性位置」にいる者——と設定されているが、それにもかかわらず、愛において彼女を生涯裏切らなかった。そして彼女は、彼が生涯裏切らないということによって、彼への愛を裏切らなかった(ラカンが定義した「女の性位置」の典型)。つまりこの物語は、女を既存の性の体制下においたまま、男に出会わせ、男から立ち去らせ、男を愛の凝縮の瞬間に凍結させる(「男の性位置」から外す)ことによって、合法化された愛の場で感じられる一過的、部分的、偶発的な不満を巧みに処方し、エロスの不可能性を十全に生きたという「錯覚」を、制度のなかの女に与えた。現在の核家族という性体制のなかで、「正しい」愛の経験に内在する不安や孤独をより強く感じさせられているのが女であるならば、これはそのような女が希求する中世の騎士物語《ロマンス》の現代版、語の本来の意味でのロマンスである。しかし中世の騎士物語がそうであるように、この物語においても、結婚の制度は否定されず、ロマンスのなかに韜晦された。なぜなら、女はけっしてエロスの不可能性を十全に生きつづけたのではなく、男の遺言によってはじめてエロスの不可能性を十全に生きたと遡及的に解釈できただけだったからだ。

『マディソン郡の橋』のように、たとえ異性愛であっても次代再生産をしない合法的ではない愛の形態(子のない夫婦、姦通、SMなど)はすべて、厳密な意味で「正しい」愛とは見なされていない。だがそのなかでもとりわけ、近代市民社会が「正しくない」

愛として組織的、徹底的に抑圧しているものが、同性愛である。では同性愛の場合、エロスの不可能性はどのような形態をとるのか。

ラカンは女の同性愛について次のように言う。

> (女の同性愛者の愛が)他の愛にもまして、それがもっていないものを与える愛だと自負するのは、まさしくそこに、彼女たちが自分の欠けているものの代わりをうまく作りだすことができるからである。(Lacan, a 735)

女の同性愛者がペニスをもっていないことは、致命的な欠如とみなされ、彼女は、「目に見えない証人である男のファンタジー」を駆使して、「相手の快楽に供する心遣い」を示さなければならないと考えられている(a 735)。だがそもそもファルスは「シニフィエなきシニフィアン」であって、「どのような身体部分、あるいはどのような身体部分らしきもの」によっても置換できるものである。したがって異性愛の男が女を愛する場合も、あるいは異性愛の女が男を愛する場合も、愛する身体は「目に見えない証人のファンタジー」を駆使して、「相手の快楽に供する心遣い」を示しているはずである。右の引用でラカンが思わず付け加えた語句「他の愛にもまして」は、その証左である(もうひとつの精神分析の「失錯行為」)。しかしラカンはこの欠如に関して、「量」は「質」

に転換すると考えた。欠如の「量」の多寡によって、同性愛の女と異性愛の男という「質」の相違が生ずると考えたのである。

この恣意的な弁別は、あらかじめ同性愛を「病理」とみなす固定観念を背景になされるものだが、それに加えて、男の性感帯をペニスに集中させる固定観念から生まれるものでもある。この見方では、同性愛の女の場合は、自分自身の性感帯と自分の性的ふるまいとのあいだに亀裂が生じるが、異性愛の男の場合は、「去勢がファルスによって彼にそのシニフィアンを与えたので、欲望を解放することができる」(a 735)、つまりファルスが性感帯であるペニスに重なったために、不十分ながら欲望を解放できるというのだ。だがはたしてそうだろうか。

異性愛の男と同性愛の女を分け隔てて、後者を倒錯化するには、異性愛の男のエロスをペニスの快楽だけに限定しなければならない。あるいは他のすべての快楽を二次的なものとして、最終的、理念的にはペニスの快楽に統合させなければならない。それ以外の性愛の実践、たとえば女の身体の一部(あるいはそれが表現されたもの)を愛でること、愛のファンタジーを支配して女の愛を奪う(女から愛を切り取る)こと、女から愛される(自分を他者の欲望の対象＝手段とする)こと、愛されるために自分を飾ること、それらすべてをフェティシズム、サディズム、マゾヒズム、服装倒錯などという病理として排除しなければ、異性愛の男のエロスを同性愛の女のエロスから分離し、特権化することはできない。逆に言えば、男／女、異性愛／同性愛という階層秩序は、性差の非対称性、性対象の非対称性によってのみ成立するのではなく、現実に存在しているあらゆる形態の性実践や性幻想、また心遣いのすべてを、ペニスの快楽へと編成しなおし、ペニスの快楽以外のものを不完全で二次的な快楽として周縁化する巨大なエロスの解釈地図によって生み出されるものである。そしてペニスの快楽のもとに編成されたこの巨大なエロスの〔ヘテロ〕セクシストな解釈地図のなかで、同性愛のなかに「観察される」エロスの不可能性——愛そのものが本来的にもつ困難さ——を「病理」や「性的逸脱」と読み換える言説が流通することになる。

他方、「映画製作自主規制」によって同性愛は表現されないか、表現されても吸血鬼や殺人者や脱落者というように負の意味がつけられてきたことに対して、レズビアン／ゲイ研究から批判の声があがっている(16)。同性愛嫌悪がもたらすこのような理不尽な表象を積極的に批判し、修正していくことは急務の作業である。だがその修正批評が同性愛の過度の美化になることは、注意深く避けなければならない。

たとえばトニー・スコット監督の『ハンガー』(一九八三年)は、バイセクシュアルを吸血鬼として描いた映画である。同性愛者やバイセクシュアルを吸血鬼にする映像表象のコンヴェンションは根強く、古くは三〇年代にレズビアンをドラキュラにした『ドラキュラの娘』(一九三六年)、最近では、プロットの深層に隠してトム・クルーズとブラッド・ピットのゲイ的シーンを描いた『インタヴュー・ウイズ・ヴァンパイアー』(一九九五年)が挙げられる。

『ハンガー』では、カトリーヌ・ドヌーヴとスーザン・サランドンのレズビアニズムは、かなり長い官能的なベッドシーンで明瞭に表現されている。したがって「映画製作自主規制」のもとに作られた以前の映画と異なって、二人のレズビアニズムを、血液＝体液を交換する吸血鬼という否定的なステレオタイプで暗示する必要はない。この物語の舞台はニューヨークであるが、永遠の命をもつ吸血鬼をイメージするために室内は古代から中世、近代の装飾品で飾られ、加えてカトリーヌ・ドヌーヴというフランス人俳優の起用は、いやがうえにも倒錯者の「他者性」を浮き彫りにする。(17) このような他者化による「倒錯」の排除については、むろんそれを批判的に指摘する必要がある。だがその結果、同性愛の性愛にも見られる疎外や失望を、すべて異性愛主義がもたらす悪しき表象とみなして、同性愛を疎外や失望から無縁の至福の愛――「枯渇なき自然の横溢……代償なき享楽、労苦なき安寧、所有なき快楽」(Irigaray, b 197)――としてユートピア的に美化するのは、巧妙な排除の戦略のなかに自ら進んで身を投じることになる。

『ハンガー』のなかでドヌーヴとサランドンが交わすまなざしの幾つか、愛撫、語り合う言葉には、吸血鬼という負のイメージだけに収斂できない葛藤やおののきが描きこまれていると思われる。映画の結末では、直前のドヌーヴの死という破局から画面が唐突に変わって、ドヌーヴをしりぞけ、レズビアン(吸血鬼)になることを拒否したはずのサランドンが、室内に若い娘を待たせたまま、暮れなずむ高層アパートの窓際に、思慕とも寂寥ともつかぬ表情でじっと佇んでいる。そこからカメラは靄のかかったニューヨークの俯瞰風景へとパンして、画面にはそのままクレジットがかぶさり、この最後のシーンは、その意味を曖昧にしたまま観客に投げ出される。しかしドヌーヴと愛を交わしたのちのサランドンのときめきと戸惑いと放心、そしてその後の彼女のこの複雑な表情は、エロスの不可能性の圧倒的な力と魅力に邂逅したときのわたしたちのふるまいや感情と解釈できないだろうか。

　しかしこのことは、同性愛のなかだけにエロスの不可能性を生きる可能性がある、あるいは同性愛者はすべて、エロスの不可能性を生きることができるということではない。「エロスの不可能性を生きる」という表現はそもそもが自家撞着であって、わたしたちはそれを実現することはできない。それだけでなくわたしたちは、エロスの不可能性という耐えがたき快楽に取り憑かれつつ、耐えがたき快楽から何とかして身を引き離そうと、さまざまな社会装置や慣習や神話を作りだしもする。同性愛者とて、その例外ではない。たとえば「家族」というものを、合法的な社会装置としてではなく、神話として考えれば、同性愛者もまた「家族」を得ようとする場合もある[18]。さきに触れた『インタヴュー・ウイズ・ヴァンパイアー』では、ブラッド・ピットとトム・クルーズは、小さな女の子を吸血鬼にして、自分たちの「幸福な家庭」(トム・クルーズの台詞)を作ろうとした。なぜなら、愛を構成する二人の人間が「男性的な性位置」と「女性的な性位置」に便宜的に分けられないような彼らの愛の形態において、愛するあなたとわたしは、愛本来の葛藤を我が身に引き受け、二人の愛は、慈しみと闘いが激しく交錯する経験となるからだ。そのような愛の耐えがたき快楽は、女の子を引き入れることによって、いくぶん希釈され、彼らの生活は、表面的には安寧のうちに続いていくかに見えた。だがピットのなかに内面化されていた同性愛(吸血鬼)嫌悪は、自己の否定へと、またそのような愛をもたらした恋人や家族の否定へと向かい(女の子はピットの心的ダブルと考えられる)、彼らの家族はその内面から、否定の力学によって崩壊した。思えばサランドンがドヌーヴに抵抗したのも、彼女のなかに内面化されていた同性愛(吸血鬼)嫌悪だった。同性愛者の場合、「エロスの不可能性を生きる」という自家撞着は、「エロスの不可能性」を求めつつ、「エロスの不可能性」を自らが否定するという二重の自家撞着となっていく。同性愛者にもたらされる社会構築的な苦境。エロスそのものの不可能性を、異性愛主義の抑圧言語を使って(美的に、あるいは苦渋に満ちて)自らが解釈してしまうことになる同性愛者の、社会的に条件づけられた愛。

　だがエロスは本質的に不可能性のうえに成り立つものであり、わたしたちが経験できるのは、その不可能性しかない。わたしたちはそれに愛という名を与える。それゆえわたしたちは、「正常な愛」(可能なエロス)か「倒錯の愛」(不可能なエロス)かのどちらかにいるのではなく、どこまで行っても「不可能なエロス」の、歴史的に作られた階調のなかのどこかに位置づけられているにすぎない。

しかしそもそもエロスが不可能となるのは、言語的な存在であるわたしたちが、言語化そのものによってもたらされる認識できないカオスを、「不在の在」として抱え持つからだ。そして実在でもなく、場所でもなく、比喩でもないそのカオスを生み出し、カオスを指し示し、カオスを覆うものが、大文字の《法》である。歴史を超越する共時的な精神分析では、この大文字の《法》は、なんら具体的な社会制度を表象するものではない。だが精神分析家ラカンは、これに〈ファルス〉あるいは《父の名》という具体的なメタファーを与えた。このことは、大文字の《法》が、具体的な複数の小文字の法の集合――ラカンの文脈では、性差別を根幹にもつ異性愛主義(ヘテロ)セクシズム)――のメタファーであることを、ラカンの意に反して示すものである(ふたたび精神分析の「失錯行為」)。そうであるならば、そして《法》の本質がその置換性にあるならば、《法》のメタファーをファルスから置換させることによって、《法》によって生み出され、指し示され、覆われているカオスは、異なる様相を呈するものとなる。システムが不可避的に生み出すカオスは、システムの変化によって――つまり「言語体系」の変化によって――現在とはべつの性質を帯びるはずである。

さらに言えば、《法》はけっして人間の外側に実体として存在しているものではなく、言語をつかう人間の、分割された主体(S)のなかに存在しているものである。システムがわたしの外部にあるのではなく、「呼びかけ[19]」としてわたし自身のなかに内在しているものならば、わたしが出会うカオスは――わたしが「正常な愛」(可能なエロス)というフィクションを疑い、エロスの不可能性を噛みしめているかぎり――愛の出会いのなかで、その性質を変えるはずである。むろん同性愛者とて、認識不可能なカオスと無縁でいられるはずはない。同性愛であれ、異性愛であれ、その他どのような性位置にいる者であれ、性対象の解剖学的性差による差別に交差して、たとえば階層や教育や経歴や宗教や信条や人種や民族などにまつわるさまざまな制度上の差別化によって、《法》とカオスは、わたしという場に、わたし特有の形態をとって顕現してくる。

性対象をめぐる階層秩序が、《法》をファルスのメタファーで語ることから始まるものならば、その階層秩序に異議申し立てをおこなおうとして、《法》をファルスから引き離したとき――「解剖学を宿命とみなす」ことが前後転倒的な詭弁であることを完全に把捉するとき、すなわち〔ヘテロ〕セクシズムが、わたしの身体/精神の隅々までを構造化している途方もなく巨大な、しかし〈虚構〉であることを、わたしが自分の愛の経験から目をそむけずに認識するとき――愛の形態をめぐる議論は、もはやファルスというメタファーだけにかかわるものとはならなくなる。そのとき、異性愛でいる者にとっても、同性愛でいる者にとっても、またそれ以外の性位置をとる者にとっても、愛の形態についての議論は、性対象の性別のみを特権的な主題とするものではなくなってくる。それが、その議論の始まりを告げるものであるとしても。

ふたたび——、
わたしには、「エロスの不可能性」が刻まれた愛しかない。
だがわたしは、「エロスの不可能性」を知ることはできる。

第三章　あなたを忘れない

——性の制度の脱‐再生産

「母」とはいったい何だろうか。とくに「娘にとっての母」とは、「娘をもつ母」とは。あるいは、娘はいったいいつから自分が母の娘であると思い、いつから母の娘であることから離れていくのか——母はいつから母になり、いつから自分自身もまた母の娘であったことを忘れるのか。母と娘のあいだで数限りなく往還され、幾重にも屈折し、深まり混淆していく感情の交換、その愛慕と痛みに満ちた道のりのなかで、母と娘は、自分が女の親であり、女の子供であることを知らず知らずに沈殿させていく。母と娘のあいだの無数の心のドラマは、彼女たちが二人とも「女」であることに収束する——「母」「娘」と呼びかけられるがゆえに。だがもしかしたら母と娘は、彼女たちの心に去来する思いを手放さずにたぐりよせ、思いの深さと、その空白をじっと見つめることによって、「母」「娘」という垣根をこえて——さらには「女」という垣根をこえて——「わたし」を作りだしていく、困難だが心躍る場所へ出かけられるかもしれない。その場所はすぐ近くにありながら、その在《あ》り処《か》を示す地図はかぎりなく錯綜している。

ペニスから乳房へ

最初は乳房に向けられ、次にはその人全体に向けられるリビドー的愛着に起因する対象との全面的な同一化は、それ(を自らが破壊してしまうこと)への不安、その罪意識と後悔、迫害するものやイドに抗してそれを守らなければならないという責任感、それをすぐにも失ってしまうかもしれないと思う悲しみ、そういったものと手に手をたずさえてやってくる。わたしの理解では、こういった情動こそ、それが意識化されようがされまいが、わたしたちが愛と呼ぶ感情の本質的で根源的な要素なのである。

——メラニー・クライン

これまでいわゆる「女」という位置を考察するとき、近代の市民社会ではそれを家族の力学のなかに置いていた。しかしそれはつねに父と息子を中心とした物語で、フロイトのエディプス力学においては、子供はたいていの場合、男の子供(つまり息子)であり、女はその息子の女の親である母だった。しかも母は、息子が相対峙すべき親(父親)の陰画——主体からの排除——として機能しているにすぎなかった。そして娘は、いずれそのような男の子の母となるべく理論化されていたのである。家族形態のなかで説明される母と娘の関係は(しかし「母」や「娘」と「呼びかけ」られるかぎり、家族関係以外のどんな関係が想定されるのだろう)、父と息子の関係(これも家族関係のなかの概念である)に従属するものとして、それ自体が考察の対象にされることは、ほとんどなかった。

じつは当初フェミニズムでさえも、母-娘を考察することを用心深く避けていた。なぜならフェミニズムは、階層的な秩序を有する父権制への異議申し立てとして出発していたために、父-息子を連想させる世代間の垂直的な葛藤を有するらしい母-娘に対しては口をつぐみ、もっぱら女の水平的な連帯を強調する傾向にあったからだ。

たとえばフェミニスト文芸批評誌として時代を牽引してきた『サインズ』創刊号(一九七五年)の巻頭を飾ったのは、キャロル・スミス＝ローゼンバーグの「愛と慣習に裏づけられた女の世界」(1)であり、そのなかで著者は当時としては画期的に、女同士の強い結びつき——「官能的、身体的な表白性」(Smith-Rosenberg 8)を含みさえするもの——を一九世紀アメリカの(白人中産階級の)女たちの世界に読み込んだ。しかもスミス＝ローゼンバーグは、その結びつきが単なる出会いと友情のなかに育まれたものではなく、当時の社会にはそれを可能にした儀式的、制度的空間が存在していたこと(近隣のお茶の集まりや寄宿学校など)、そしてそのような空間には血縁関係の母や娘や叔母がつどっていただけでなく、教師を「マザー」と呼ぶ「疑似母」(19)のレトリックさえ流通していたことを指摘し、「この種の女の世界の核心にあるのは、親密な母-娘の関係だった」(15)とまで分析している。にもかかわらずこの論文の主眼は、「レズビアン連続体」ともいうべき女の連帯を、強制的異性愛が出現する以前の一九世紀の文脈に跡づけることにあり、「核心にある」母-娘関係から波及した結果としてのオルタナティヴなエロスの交換を語ることにある。したがって母-娘関係は、比喩的な意味での「姉妹の絆《シスターフッド・キンシップ》」に簡単に吸収され、母であること、娘であることがどのように構築され、どのように機能しているのか、いやどのように経験され、その経験がどのように女のジェンダー、女のセクシュアリティ、女のセックスを(再)生産しているのか、あるいはそれらの規範的な形態を攪乱する可能性をもっているのかについては理論化されなかった。

　換言すれば母-娘の関係は、近代家族の物語のなかで語りがいつのまにか掻き消えてしまう消失点をなし、にもかかわらず——あるいはそれゆえに——近代の性力学の隠れた物語を織りなすネガティヴ・プロットになっていると言えよう。[2] そしてけっして語られることのない強制的な母-娘のプロットのなかで、女というジェンダー、女というセクシュアリティ、女というセックスは、ひそかに、だが強力に虚構化/実体化され、その系譜的な物語は巧妙に隠蔽されて、その結果、父-息子のエディプス力学が、《法》のはじまりとして意図的に前景化されてきた。したがって性の制度の再生産の現場であるにもかかわらず、生物学的な命の再生産の場所だと矮小化／美化されてきた母‐娘関係の考察こそ、現在の性体制の根本的な再考と、その「脱‐再生産」にはぜひとも必要なものだと思われる。

むろんフェミニズムの進展にともない、母‐娘関係の考察は開始されることになるが、そのさいにその根幹にあるのは、父‐息子関係の裏返しとしての——ということは結局、発達論的なパースペクティヴの内部で母なるものの属性を固定したうえでの——母‐娘関係でしかなかった。

たしかにフロイトの父‐息子中心主義に対するアンチ・テーゼとして登場した「対象関係理論」は(これはのちにフェミニスト批評に大きな影響力を与えるものだが)、エディプス力学のまえの段階(前エディプス期)における母の機能の重要性を指摘する。対象関係理論では、父(《法》)にかかわるまえの前言語的な段階において、幼児は自分を世話してくれる者(幼児にとっての対象)との「関係」のなかで、超自我(《法》)を構築し、分離と個人化のプロセスを経験する。そして近代家族の理念のなかで幼児の世話をする人間が母親に割りふられているかぎり、幼児の自己同一化に決定的な役割を果たすのは、フロイトのエディプス構造のなかで去勢の脅しをかける父ではなく、対象関係的な考え方では(少なくともその創始者とも言えるメラニー・クラインの説では)[3]、母というイマーゴ(その元型としての乳房)であり、特権的なシニフィアンは、ペニスから乳房へと移動する。

自我統合のメカニズムを詳述しようとしたクラインは、それを、生後三カ月から一〇カ月の乳児の発達過程のなかに観察した。乳児はこのとき、彼／女のもっとも近しい対象である母親を見分けるようになっていくが、見分けるということは、母親を「部分的な対象」(乳房)としてではなく、「全体的な対象」として把握することである。それ以前の「妄想的＝分裂的態勢」では、乳児の対象である母は「部分的な対象」としてしか感知されていない。しかもこの「部分的な対象」は、良い対象(良い乳房＝乳を与えてくれるもの)と悪い対象(悪い乳房＝乳を与えてくれないもの)に分裂しており、良い対象は自我のなかに「取り入れ《イントロジェクション》」られ、悪い対象は自我から外界に「投影《プロジェクション》」され、対象に対するこの逆向きの二つの操作の危ういバランスのなかで、乳児の原初的自我は断片化され、非統合されたものとなっている(Klein, c)。

だが次の「抑鬱的態勢」の時期では、乳児は母を見分け、母を「全体的な対象」として把握するようになる。母を「全体的な対象」として把握できるということは、母が良い対象と悪い対象に分裂していないこと、換言すれば、望ましくない欲動を自我のそとに「悪い対象」として棄却する「投影的な同一化」の操作が少なくなったことを意味する。そしてこのことは、乳児の心的世界が良い構成部分と悪い構成部分にそれほど分裂しなくなって、自我の統合がなされつつあることを示すものである(Klein, b)。自我が対象との関係で形成されるものであるかぎり、対象の統合性と自我の統合性は連動する。しかも乳児の最初の対象が母(母の乳房)であるために、事実、良い対象、悪い対象は、良い乳房、悪い乳房と言い換えられているために、乳児の自我形成をうながすものは、エディプス期の父の介入ではなく、前エディプス期の母との対象関係ということになる。ここに、フロイト的な父性中心主義の脱構築と、沈黙させられていた母性に対する焦点化がおこなわれた。

しかしクラインの英語版の出版が一九六〇年代初めに完了しているにもかかわらず(クライン自身は一九六〇年に没)、フェミニストがクラインの業績に直接に言及することはきわめて少なかった。[4] 事実、母親業《マザリング》を問題にするナンシー・チョドロウもクラインに言及することはあっても、全体的には彼女を否定的ニュアンスで紹介することが多い。その理由は、クラインの議論が生物学的な本能理論に依拠しているため、また幼児の性別化を所与のものとして理論化したためである。たとえばクラインは、乳房とそれを吸う口唇の関係を特権化し、良い対象の取り入れ(安定的な自己への組織化)がおこなわれる場所をその局所的な身体部位に限定して、そこでのリビドー備給の過多による破壊機制《メカニズム》とその罪悪感が、男児については(母を動因とする)去勢コンプレックスにみちびき、女児については母に対する二律背反的な欲求不満を解消する役割をはたす父へのリビドー振り向けにみちびくと論じている(Klein, a)。

したがってクラインは「女性段階」を「発見」し、その重要性を指摘したにもかかわらず、彼女自身が表明しているように、彼女はフロイトの継承者であって、前エディプス期についてのクラインの母性中心的な解釈は、二歳から三歳のエディプス期に関するフロイトの性別化の理論と、なんら矛盾するものではない。むしろフロイトの議論で一枚岩的に捉えられていた母の機能を詳解しようとして、その結果フロイトのエディプス構造を補強することになったために——さらにはフロイトの議論のなかで口ごもられていたリビドーの生物学的決定論[5]を強化することになったために——彼女の議論は結局、「異性愛の誘因」(Chodorow, a 117)が大きくはたらく性差別的な生物学的本質主義の文脈での母性解釈にすぎず[6]、覇権的な性の力学に結局は取りこまれてしまうものだと言うことができよう。

ただし次の三点においてクラインはわたしたちに、とくに母-娘関係の洞察に関して、新たな地平を拓いてくれたと思われる。「愛の喪失」「憎しみ」「態勢」についての考察である。

「愛の喪失」については、フロイトも、幼児の自己同一化(すなわち母からの分離)は、母という愛の対象の根源的な喪失から帰結したものだと述べている。だがフロイトが描いてみせる愛の喪失の場面には、かならず「愛の禁止」を告げる父が存在し、「愛の喪失」の痛みはライバルである父への「憎しみ」、そのライバルの破壊と乗り越え、すなわちライバルの位置につくことへと転化し、ライバルと同じ性への自己同一化によって、その愛の喪失は(とりあえず)解決される。[7]したがってフロイトの「愛の喪失」の場面は、同時に、母との合法的な愛を享受する父の登場の場面であり、その喪失から(とりあえず)生還できるのは、父と同じ性の男の子供(息子)に限られ、父の性位置につけない女の子供(娘)は、母子癒着という「退行」状態にとどまっているか、「愛の喪失」を経験する「特権」にも恵まれない者とみなされることになる。

だがクラインにとって「愛の喪失」の場面は「母の舞台」と彼女が呼ぶもので、乳児はその性別にかかわらず、また父の介入なしに、母という愛の対象を喪失する——母を全体として対象化し、ひいては自己を全体として把束するときに。なぜならクラインの言葉を使えば、「対象が全体として存在するようになったとき、はじめて愛の喪失は全体として感得される」(Klein, b 118)からである。そして愛の喪失と引き換えになされる人格形成は、過度のリビドー備給による対象(母)の破壊欲望、それに対する母からの報復に対する不安感・罪悪感、そしてそれへの償いの感情を、その過程で止揚したものであり、それゆえに、好ましい「自我理想」と一体化した迫害的な「超自我」は母のイマーゴとして幻想化され、父という《法》を直接に経由することなく、[8]愛と憎しみの両価的な感情が母に向けられることになる。このような子供(たとえば娘)の母に対する破壊衝動と、子を迫害する母という心象は、娘と母の両方にサディスティックな属性を想定することであり、家族物語の基底にあった母と子のあいだの抑制されることのない愛の横溢のファンタジーは、否定される。

クラインが開けた三番目の扉は、「態勢《ポジション》」という視点である。ジュリエット・ミッチエルによれば、この言葉をクラインは一九三〇年に使いはじめたらしいが(Mitchell, a 116)、それを実質的に展開するのは、「躁‐鬱状態の心因性についての一寄与」(Klein, b)以降である。たしかにクラインは、部分対象との関係で自我が分裂している状態(妄想的＝分裂的態勢)から、対象を全体として認知する状態(抑鬱的態勢)への推移として乳児の人格形成を捉えてはいる。だが口唇期―肛門期―男根期という生物学的部位にしたがった発達過程で説明するフロイトとは異なり、クラインの「妄想的＝分裂的態勢」と「抑鬱的態勢」では、外的かつ内的な対象との関係が強調されており、焦点は心的「発達」ではなく、心的「構造」の方に置かれている。たしかに彼女自身は、「神経症は退行的な素因である」(Freud, b 96)と述べたフロイトと同様に、大人の精神病と子供の発達過程との関連を主張して、発達論上の階層秩序を自論のなかに持ち込んではいる。しかし他方でクラインは、「自我はその愛する対象と一体化できない」(Klein, b 131)ゆえに抑鬱的態勢が完全に解決されることはないと述べて、そのような「態勢」を、精神病とはかぎらない大人の心的位相をも説明するものとしている。つまりクラインの理論の表層的なプロットでは、母との(口唇的＝摂食的な)対象関係は人格形成期特有の発達論的、解剖学的な経験として叙述されてはいるが、「態勢《ポジション》」という用語が思わず知らず含意してしまったものは、対象関係的な自己同一化の継続性なのである。

そして対象関係的な自己把握の継続性をより鮮明に打ち出して、人格発達の因子を乳房という解剖学的要因から離し、社会的・環境的な要因の方を強調しようとしているのが、対象関係学派あるいはポスト・クライン学派と呼ばれている人々である。そのなかでとくに生物学的決定論から身を引き離そうとしているのがW・R・D・フェアベーンである。

省略される愛の系譜

乳児の段階での母との口唇関係は、最初の愛の経験を表象するものだが、またそれゆえに、未来の愛の対象とのすべての関係の基盤をなすものでもある。

——W・R・D・フェアベーン

W・R・D・フェアベーンがフロイトともクラインとも袂を分かった点は、「リビドーは本来的に対象希求的なものである」(Fairbairn, b 162)と述べた点だろう。彼はこれを自論文(「精神病と精神神経症に関する改訂精神病理」(Fairbairn, a))で展開した再公式化のひとつに挙げていて、べつのいくつかの公式を併記しているが、フェアベーンが語るその他の公式――性感帯、自我発達、〈技法〉についての見解――は、すべてこれから導きだされたものと言うことができよう。

「リビドーは本来的に快楽希求的なものである」(Fairbairn, b 33)というフロイトの説では、希求される「快楽」が前提として存在し、分節化されたものでなければならない。それがどのようなものかが了承されていないかぎり、「それ」を求めることはできないからだ。だからフロイトは、リビドーを「さまざまな影響源《フォース》から発生するもの」(a 232)と述べてはいても、そのような「無政府状態」は幼児期の性欲動に限られ、「性愛の発達」すなわち「リビドーの発達」にともなって「部分的な性欲動のすべてが性器の優位性のもとに従属し、そうして性愛《セクシュアリティ》が生殖の機能に服従するようになる」(Freud, g 328)と付け加える。フロイトの説では、まず生殖という至上命令があり、その命令を実行するために特定の身体部位が性感帯として特権化、生得化され、そこに快楽が集中して、リビドー備給がなされるのである。つまり対象は「生得的な」性感帯のことであり、その性感帯に快楽希求的なリビドーが向けられる。ゆえにフロイトにとっては、「対象はリビドー快楽の標識」(Fairbairn, a 33)となる。

だがフェアベーンはこれを逆転させる。彼は「リビドー快楽の機能は……対象の標識になることだ」(b 33)と言う。彼は親指しゃぶりでこれを説明する。たとえばなぜ幼児が親指しゃぶりをするかという問いに対して、口唇は性感帯であり、親指しゃぶりは性的快楽を与えてくれるという答えでは不十分だと言う。なぜならその答えは、なぜそれが親指(という対象)でなければならないかという問いに答えていないからだ。そしてこの問いに対する答えは、吸う乳房がないときも、吸いたいという「リビドー」が存在するので、そのリビドーを満足させるために幼児は自分で「対象」を作りださなければならないというものである。つまり対象(性感帯)がリビドーを引き寄せるのではなく、リビドーが――一次的な対象[9]を喪失したのちに――それを充当する対象を探すのである。したがってフェアベーンの説では、「リビドーは本来的に対象希求的なもの」ということになる。

だから親指しゃぶりを単に自体愛として片づけてしまうのは間違いで、「自体愛は〈技法〉である」と理解しなければならない(Fairbairn, a 34)。それは、「対象から得られないものを自分で供給するためだけではなく、得られない対象を自分で供給するため」(a 34 強調引用者)の〈技法〉である。そしてこの「対象を探す」〈技法〉は、一次的な対象関係の喪失から発生する分裂的あるいは鬱的傾向を回避するための「防衛」メカニズムをなすものであり、自我の安定のためには、「防衛」はつねに作動されなければならない。ジェシカ・ベンジャミンの言葉を使えば、対象関係の諸局面は、クラインの場合は「発達論的な段階」だが、フェアベーンの場合は人格のなかにつねに見られる「防衛的な気質」なのである(a 262 強調引用者)。

こうして対象関係は自我の発達にともなって、「対象との一次的な同一化」(Fairbairn, b 163)から「外的かつ内的な対象との同一化」へと――一次的対象とのあいだの緊張にみちた関係から、「自我から差異化された対象」とのあいだに結ばれる「成熟した」関係(b 163)へと――推移する。したがって対象関係的な自己把握は、乳児期におこなわれる一回性のものではなく、(内面化されはするが)外界の対象との相互関係によっておこなわれる継続的な自己同一化の経験である。つまり自分をとりまく環境のなかのさまざまな対象をリビドー充足の過程で求め、それとの関係(対象へのリビドー備給の内面的解釈)によって、経験的、継続的に自我を構築していくものである。逆に言えば対象は、人格形成を遂行するための防衛技法によって探し当てられた経験的な対象でしかなく、たとえそれが解剖学的な身体部位(たとえば肛門や生殖器)であったとしても、生得的な位置を占めるものではない。いわば対象は、それとの関係によって自我を構築するために、性感帯として「リビドー化された」ものにすぎない。

だが対象関係の継続性を打ち出したフェアベーンも、生物学的決定論にやはり牽引されている。[10] そのことをもっとも明瞭に表しているのが、題辞として引用した一節、「乳児の段階での母との口唇関係は、最初の愛の経験を表象するものだが、またそれゆえに、未来の愛の対象とのすべての関係の基盤をなすものでもある」(Fairbairn, a 24)という発言である。

たしかに彼は生得的な性感帯という説を否定し、経験的、環境的な関係によって対象が性感帯化されると述べた。この点では、フロイトやクラインの生物学的、発達論的決定論から離床してはいる。だが彼は、経験的な関係のすべての基盤に、乳房—口唇という解剖学的な対象関係があるとみなした。そして彼の理論では、〈技法〉は、この解剖学的な一次的対象関係を復元するための手段でしかない。むろんここで彼が問題にしているのは、乳房を吸うという身体的な関係ではなく、それを介してなされる母との想像的関係であり、対象との関係で自己把握するときの心的メカニズムの方である。しかも自分で摂食することも、動きまわることもできない乳児が最初に経験する生存の主要手段が乳を吸うことであるならば、そして人間は他者を介して自己把持する生き物ならば、乳房—口唇の体験は、自我構築をはじめる乳児にとって看過できないものだろう。だがこのフェアベーンの公式には、不必要な性別分化がなされ、そして必要な性別議論がなされてはいない。

まずかりに乳房—口唇関係が一次的関係だとして、それがなぜ母との関係でなければならないのかという疑問が浮上する。乳児が摂取する乳は母乳でないかもしれず、人工乳を与えるのが父あるいは養父母あるいはレズビアン・ファーザー等々であるかもしれない。にもかかわらずフェアベーンは、乳房―口唇を特権化、普遍化し、それによって「母」という機能を女に限定し、あるいは女を母という機能に閉じ込めてしまった。そのような思考のなかでは、母は女であり、女は母乳を出し、それを実子に与え、だから女である者は母になる――あるいは母である者は女である――という循環論法が生まれる。そしてこのメビウスの輪のなかで構築される女の社会的意味づけ、母の社会的意味づけは、異性愛的な核家族システムと生物学的決定論を媒介に、正当化されていくのである。残念なことにフェアベーンの議論は、乳房―口唇関係を特権化することによって、覇権的な性別分化の思想を前提とし、それを無批判に踏襲するものとなっている。

さらに困ったことには、乳房―口唇の関係を一次的な対象関係とみなし、それ以降の対象関係をすべて、喪失したその関係の直接的な変奏と見た点である。一次的関係とそれ以降の「未来の関係」のあいだに排他的で非歴史的な因果律を設定したことは、そのような関係群のなかで形成される自己を、一次的関係に含意されているイデオロギーの枠内(この場合は右に述べたような性別分化のイデオロギーの枠内)で作りだすだけでなく、いかに個人が不断の自己把握――すなわち対象関係――のなかでそのイデオロギーを経験していくかについての批判的な考察を、巧妙に封じ込めてしまうものである。別の言葉で言えば、性別分化を前提としたその一次的関係に「一次的」という地位を与えるべく、それ以降のさまざまな対象関係をいかに性別分化的に組織化しているかということが問われない。

ゆえにここで問題なのは、性別分化が前提として語られているフェアベーンの理論において、性別がなぜ発生するのかという議論がなされていないことである。彼の論文では、乳児(幼児)はchildという性中立的な単語で語られ、人格形成は性中立的に理論化されている。あたかも自己同一化《アイデンティフィケーション》のあとに、性的な自己同一化《セクシュアル・アイデンティフィケーション》が到来するかのように。あるいは性的な自己同一化は、自己同一化の付属品、それの衣装にすぎないかのように。だがわたしたちは、少なくとも近代社会においては、人間として育てられるかぎり、つねにすでに性別化された世界——しかも序列的に性別化された世界——に投げ込まれている(フェアベーンの論文では、“child”を受ける代名詞はつねに“he”である)。しかしそのように序列的に性別化された世界で、母と娘の関係がどのように「娘」を、そして次なる「母」を作りだしているのか、その対象関係的な自己同一化の経験については、彼の理論ではまったく語られていない。

それにしても母との関係を論じるときに、なぜ性別議論が抜け落ちてしまうのか。その理由をアリス・バリントは、「父への愛も憎しみも——エディプス状態を含めて——現実に支配されたものであるが、母への愛はそもそも現実感覚がない愛である」(Balint 98)と語って、父と母では、子供に対する愛の形態が異なることを指摘する。前節でわたしは、クラインの母子関係は結局フロイトの父登場のエディプス力学に吸収されて、その文脈のなかでの母性解釈に帰結するものだと述べたが、ここで父と母に対する関係の相違を持ちだして、わたし自身が性差別的な文脈に立ち戻ろうとしているのではない。そうではなくて問題は、ジュリエット・ミッチェルを引きつつチョドロウが的確に指摘したように、「母子関係はじつは社会的に構築されたものであるにもかかわらず、子供にとっては前社会的または非社会的なものとして経験される」という点である(Chodorow, a 81 強調引用者)。ふたたびアリス・バリントに戻れば、問題は、人は「相手の利害を認める「大人」の利他的な愛の形態を持ちうるときですら、自分の母親には生涯、素朴でエゴイスティックな態度を持ちつづける」(Balint 16)ことである。なぜなら「われわれすべては、母子の利害が同一であることを自明なこととみなしており、しかも母の善し悪しを測る基準は、この両者の利害が同一であることを、いかに母が真剣に考えているかによると、一般的に考えられている」(97)からである。

したがって精神分析においても、一般的理解においても、母と子の関係は現実世界の原則(《法》)が及ばない、利害を超えた「想像的な」領域の出来事だとみなされている。さらには、現実原則が父を介して男児に委譲されるというエディプス構造が払拭されていない社会では、すなわち現実世界に正しく参入できるのは男児のみであり、女児は「想像世界」の余韻をいつまでも引きずっていると考えられている性差別的な社会においては、母子関係のなかでも、とくに母と「娘」の関係が、利害を同じくする共生関係と詐称されることになる。両者の関係が「想像世界」に追いやられ、利害を共有するとみなされることが、あるいは自らがそうみなすことが、そうでなければ存在しない強度の破壊衝動、罪意識、後悔、悲しみを、現実世界において母と娘に醸成する可能性を秘めているにもかかわらず。だがその否定的情動も、母‐娘の一次的なユートピアの虚構のなかでは抑圧される。あるいはそれらの情動のすべてが、「自分自身の母親には素朴でエゴイスティックな態度を持ちつづける」(Balint 97)娘という定式のなかに還元されてしまう。[11] あるいはまた、マリアン・ハーシュが「女＝娘の主体の出現には、ひとえに母を他者化しておく継続的で反復的な過程が必要であり、またそれに左右される」(Hirsch 136)と述べているように、現実法則から否定されながらもそれに追従する母を「他者化して」振りはらうフェミニスト的な「主体化」の政治のなかで、母‐娘のあいだの愛の物語は放擲される。

　かくして想像的なノスタルジアの世界に追放されるか、類型的な行動様式で説明されるか、解放の旗印のもとに見捨てられる母‐娘関係は、その現実世界での動的力学に考慮を払われないまま、両者のあいだの愛のドラマも、それをべつの名前(対象)に置換しておこなわれる愛の喪失／愛の再現のドラマも語られずに、彼女たちは「理想的な母性」か「補完的な性主体」の位置にとどめおかれる。母と娘のあいだに交わされる愛は――そして愛ゆえの痛みと悲しみも――その系譜を語る言語を剥奪され、あるとき《父》

の息子が彼女たちのうえに到来して、彼女たちの語られぬ愛の言葉のかずかずは、語りうる(合法的な)愛の言葉によってばらばらに砕け散っていくのである。そうして娘は母に「なっていく」。

母の抵抗と断念

> 死の衝動は、マクベス夫人の狂乱から自己犠牲にいたるまでの劇的な音階のすべてのうえに、しかもいつも同じ愛の対象、三人称、子供に向けて、解き放たれる。分析者が母を引き入れるこの迷路のなかでは、去勢を認めることが、殺害を予防するものとなる。……まさにこの理由から、母は分析をおこないはじめる――遺伝的繋《ジェネトリックス》がりが失敗するところで……聖女が成功するところで……。
>
> ――ジュリア・クリステヴァ

母―娘関係の系譜が巧妙に省略され、抹消される末に出現するのは、「女」というカテゴリーの捏造であることに気づいたのは、エクリチュール・フェミニンと呼ばれる理論家たちだった。彼女たちはおそらくは対象関係理論に大きく影響を受けて(それを言挙げする場面はきわめて少ないが)、前エディプス期の「想像的」関係を現実世界における母-娘の関係のなかに積極的に読み込み、象徴界の男根的な法秩序を相対化しようとする。だがそれはどこまで成功できたのか。彼女たちの物語のなかで、《法》はどのように攪乱される可能性をもつのだろうか。

母-娘の考察に関してフェミニズムに直接の影響を与え、しかし反フェミニストという批判にもはげしく晒されているのは、ジュリア・クリステヴァだろう。ブルガリアで生まれマルクス主義教育の洗礼を受けたゆえかどうかはともかく、彼女のもっとも目ざましいところは、精神分析と言語学とマルクス主義、心的構造と意味生成と社会関係を、「母なるもの」の考察において連結したことである。クリステヴァは『詩的言語の革命』(一九七四年)において、母の子宮を想起させる「コーラ」という概念を、『恐怖の権力』(一九八〇年)ではそれに魅惑されつつ恐怖する「棄却《アブジェクション》」という概念を展開したが、これらの議論を下敷きに、また『愛の歴史=物語』(一九八三年)では愛の「倫理」に切り込んだ。そして愛は、「自己組織化の真なる過程」(Kristeva, e 381)であるとクリステヴァは表明する。またそれは、「混乱の力学であり、と同時に、再生を最高度に保証する」〈オープン・システム〉なのだと(e 16)。

「名づけようもなく、ありえないものであり、異種混淆的なものである」コーラ(d 133)——母の身体という分節化されていない混沌——から自己を引き離し、対象を獲得する手続きは苦痛に満ちたものだとクリステヴァは言う。なぜならそもそも自己のために対象を存在させる初期操作は「発達後の」性愛ではなく、一次的ナルシシズムの機能であるが、一次的ナルシシズムはあらゆる対象選択の可能性を含むものであるからだ。したがって投影的な同一化は、自己をコーラから引き離す作業において、「空無《エンプティネス》」を経験せざるをえない。クリステヴァの言葉を使えば、「指示対象／シニフィエ／シニフィアンのあいだ(「／」)にひそむ……ソシュール的な記号の恣意性」と、「(ラカンの)鏡像段階に存在する大きく口を開いた裂け目」(e 23 強調クリステヴァ)は、そもそも一次的ナルシシズムにつねにつきまとっているものである。それゆえ「象徴的機能のはじまりに本来そなわっている空無は、いまだ自我でないものと、いまだ対象でないもののあいだの最初の分離としてあらわれる」(e 24 強調クリステヴァ)。逆に言えば「最初の分離」である一次的ナルシシズムは、社会的、象徴的関係に参入できる自我の形成(すなわち言語の習得)のために、まずその「空無」を覆い隠さなければならない。したがって一次的ナルシシズムは、「空無を覆う遮蔽幕《スクリーン》」(e 23)だと言い換えることもできる。

ゆえに自己＝対象の形成過程は、母子癒着のアブジェクト的な状態から個体化、言語化がおこなわれる「象徴界」へと抵抗なく直接に移行するのではなく、そこには恣意性に満ちた空無を必然的な秩序に変えるための境界領域(「原記号界」)が存在する。そしてこの境界領域――「空無とナルシシズムが零度の想像世界を構成している境域」(e

24)——に登場して、両者をつなぐ役割をはたすのが、「愛しながらも裁くことのない……相像的な父」(e 313)なのだとクリステヴァは語る。しかもこの「想像的な父」は、前=対象《アブジェクト》の母から象徴界の父への移行期のみに出現するのではない。そもそも「掟」においてではなく「愛」において表象をうながす「想像的な父」は神の愛《アガペー》の形象化であるとクリステヴァが述べるとき、彼女の議論は発達論をこえて、宗教倫理の精神分析となっている。また神が失墜したのちの現代にその愛の倫理が崩れさって、欲動を表象に換える「想像的な父」の機能が不全となり、現代社会(現代人)の心的混乱が生じるという彼女の説は、現代社会の精神分析ともなっている。このようにクリステヴァは、愛をめぐる対象関係と自己同一化が不可分の関係にあること——しかも意味生成という言語的場面においてそうであること——を示唆し、さらにその自己組織化は「オープン・システム」であるとさえ述べた。しかしそれにもかかわらず彼女の議論には、拭いようもない性差別的な、異性愛主義的な枠組みが存在している。クリステヴァの理論のもっとも野心的な部分だと思われる「想像的な父」という概念の導入が、彼女の〔ヘテロ〕セクシズムを決定的に露呈させてしまったのである。

ただしクリステヴァのために若干の弁護をすれば、彼女が現在の性の力学を「叙述」しようとしたのであって、「処方」しようとしたのではないとすれば、自他癒着の非言語的な混沌から自己を引き離す作業は、同時に外在化される対象に名前を与える意味生成の作業であり、それゆえ《名前の法》すなわち「所与の言語体系」である《父》をその向こうに含意する審級(想像的な父)を必要としたのだろう。だがこのことは、自他癒着から自我形成＝対象形成へいたる筋道を、既存の言語体系へのブレのない参入として捉えたことになる。なぜならこのクリステヴァの公式では、想像的な父によって用意された象徴界の父の《法》は一定不変で、シニフィエ／シニフィアンの記号はつねに恣意を排除した必然の法則で再生産されることになるからである——精神病患者の言語と、詩的言語をのぞいて。だが「愛しながらも裁きはしない」自我の理想像——多方向に放散されるリビドーに形式を与え、対象産出と自我構築の準備をおこなうもの——が、なぜ想像的な「父」でなければならないのか。なぜそれが、原記号界の「母」のもうひとつの顔であってはいけないのか(12)。別の言葉で言えば、クリステヴァが想像界と象徴界のあいだに境界領域(原記号界)を設定したということは、逆説的に、原記号界の両面で《法》のまえと《法》のあとをくっきりと分け隔てたことであり、さらにはそれぞれに割りふった母と父の機能を固定化させたことである。それは母を自他癒着の一次的段階に閉じ込め、父を絶対不変の《法》にまつりあげ、前者から後者へという移行、つまりは前者を否定して後者を肯定するという枠組みを遵守したことにはならないか。この枠組みが遵守されているかぎり、象徴界の根幹をなす「性化の公式」はけっして動かず、その「性化の公式」に基づく自己組織化は「オープン・システム」になることはない。

たしかにクリステヴァは、この「想像的な父」の機能を母が果たす場合もあることを、『愛の歴史＝物語』の六年前に出版した『ポリローグ』のなかで間接的に指摘してはいる。

> 母が〔幼児の〕依存にどう応えればよいかがわかっており、しかし同時にその依存をどうやめさせればよいかもわかっていれば、依存に対して母が位置づけられ、定置され、固定されるだろう。幼児の願望に対する基軸とも、投影の表面とも、その範囲とも、支点ともなるものを与える行為は、おそらく母の機能のなかでも父的な性質を示しているものである。（b 480 強調引用者）

そしてこれと同様のことを、クリステヴァは『愛の歴史＝物語』においても繰り返す。

> 個人の先史時代の父の出現には、いわゆる前エディプス期の母の助けがなければならない――ただしそのとき母は子に対して、自分の欲望は子に応える（あるいは単に無視する）ことだけではないと示していなければならない。（e 40 強調引用者）

したがってクリステヴァは、「愛しながらも裁きはしない」一次的な自我理想――分離によって生じる「零度の主体性」を支える機能——を果たすのは、父母のいずれか、あるいは両方であってもよいことをある局面では認めているにもかかわらず、『愛の歴史＝物語』のなかで「想像的な父」という概念をあらためて案出し、それによって母を一次性の混沌のなかにふたたび逆戻りさせてしまった。その結果生じたものは、母のアブジェクト性の強化と、その反転である母なるものの過度の理想化である。そうして母は否定される汚穢か、不可能な夢という表象になり、母自身の言語は奪い去られる。対象との関係で自己形成をしつづけるのはつねに子供となり、母は静止画像のなかで凝固したまま取り残される。

だが母こそ、まさに出産によって、「妊娠という自体愛的な円環が断ち切られ、他者への関係——《対象》および愛の関係——の困難な歴史＝物語」(Kristeva, f 348)を開始する者ではあるまいか。妊娠は、自分の命ともうひとつの命が不可分に絡み合っている実体的な自他の融合状態であり、「奇妙なもの」「内であり外であるもの」「名づけえないもの」(事実、流産した子には名は与えられない)を抱え込んだ、まさにコーラの状況である。したがって妊娠は、そのコーラの魅惑とおぞましさ《アブジェクト》を実体的に感得する経験である——つわりと、子を孕む高揚感によって。象徴界における「母」のカテゴリーの存続理由が、子をなす——社会の成員を再生産する——機能ならば、妊娠しえた女はまさに「母」である。だが母は同時に、子を出産して、みずからの外に放出しなければならない。だから母の機能は、子を孕む(子を抱く)ことと、子を産みだす(子を離す)ことの二つによって成り立っている。母は子との関係で、この二つの機能に引き裂かれつつ、最終的な目標である(とされている)母子分離へと向かっていく。したがってもしも原記号界が象徴界の《法》への過渡的段階であり、そして前-自我と前-対象の分離を埋めるものが「愛しながらも裁きはしない」審級であり、さらに愛とは対象との距離によって成立するものならば、子を抱きつつ子を離す母——クリステヴァの言葉を使えば、「子に応えつつ応えない母」、あるいは、子の生存のために授乳しつつ、子の成長のために授乳から引き離す母——の機能こそ、まさに的確に、クリステヴァが「想像的な父」という審級に付与した役割ではないだろうか。クリステヴァはこの母の位置づけのすぐそばまでやってきながら、そう言い切ることはしなかった。母を「可動性に富んだ受容器」と述べつつ、「その検討を今後にゆだねた」クリステヴァは、彼女自身がいわば「一次的マゾヒズムという退行のなかに母-子を閉じ込める解釈なき分析医」(Kristeva, f 354)の位置にとどまったと言えるかもしれない[13]。

だが原初の闇か天上の光のなかで静止画像のように凝固していた母が、子とのあいだの一次的な対象関係のなかで歩きはじめるとき、母の心に去来する思いはくねくねとした隘路をめぐるものとなる。母子関係においては、クリステヴァが言うように「もはや総称としての《子供》はおらず」(f 349)、息子に対しては、象徴界の秩序に参入する彼に、母は自己の存在を投げかける。象徴界で主体として生存しえない母は、「自分のため（対自）でもなく、自分として（即自）でもなく、彼のための存在」（f 349）として生きることになる。したがって一次的な分離の空無を埋めた母と息子の一次的な対象関係は、息子の象徴界への参入とともに隠蔽されてしまう——あたかもそのようなことはなかったかのように。息子の場合は、母はみずからすすんで天上の光の形象となろうとするのである。けれども実際は、分離した「対象」（息子）を、象徴界のなかに住まう「もうひとつの自我」に変え、切り離したその対象と自己をゆるやかに接合させて、息子との一次的な対象関係をひそかに温存させる母にとって、「もうひとつの自我」の運命は、彼女自身の運命を意味することになる。「ピエタ」像に描かれるマリアの悲しみの深さは、唯一の関係対象（愛の対象）であるキリストの死を嘆くゆえだけではなく、彼女自身の死をしずかに、そして取り返しようもなく、哀悼しているゆえではないだろうか。

それでは娘の場合はどうなのか。「つねに愛の関係である対象関係は、三人称への関係としてしか成立しない」（Kristeva, f 349）ものだとしても、つまり自己癒着的なあなた[14]とわたしの関係ではなく、彼や彼女との関係としてしか実現しえないものだとしても、娘と母のあいだにも、最初の対象関係は成立している。なぜなら出産において、娘は母から分離されたから。

しかしやはり娘と母は分離されていないとクリステヴァは言う。なぜなら混沌から切り離されるときに生まれる空無には、それを覆う遮蔽幕が必要で、その遮蔽幕はふりそそぐ愛によって作りだされる、そして愛は、自己とは異質なものとのあいだに結ばれる対象関係であり、母と娘は同質な存在なのだから。この堂々巡り――母と娘の分離を阻むもの――こそ、母‐娘関係にしかけられた性の力学の策略である。それは日常的に語られる母の言葉となって、わたしたちのまわりに氾濫する。いわく「息子とちがって娘は扱いやすい、同じ女だから」、いわく「娘は放っておいても構わないが、息子は自分のときと勝手が違う」。これらの言葉のなかになんと巧妙に、異質なる息子への惑溺と、同質なる娘への軽視が秘められていることか。だが母はほんとうに娘と同質だと思っているのか。いや母はたんに、娘と同性だと思っているだけである。しかし両者が同性だということ、このただひとつのパラメーターが、母と娘の関係のすべてを説明していくことになる。なぜなら出産とともに始まった母‐娘の分離は、娘が母と同じ性を自己同一化において獲得することによって完了しなければならないと考えられているからだ。ここに、息子の場合とはべつの、母と娘の一次的な対象関係の埋葬がなされることになる。

対象関係は意味生成の過程であり、主体形成の過程である。他方、象徴界に参入するということは、恣意性にみちた対象選択ではなく、「正しい」対象選択をする能力を有することであり、共約可能な記号の使用、すなわちシニフィエ／シニフィアンのあいだ

（「／」）に《父の言語》を刻み込むことであると解釈されている。そうであるならば、「過程にある主体」は、「正しい」対象選択をおこなうための性の同一化の言語獲得を、すでにその目的としてひそかに有しているはずである。

たしかにクリステヴァが言う「過程にある主体」とは、何らかのテロスを含意したものではなく、語る主体はつねに原記号界の混沌を抱えており、混沌と秩序のあいだの止揚されない係争こそ、語る主体の条件であり、その推進力となっている。クリステヴァはこう述べている。

> まだ話者となっていない幼児に観察されるこの意味生成の様態は、言語習得以降に課せられる二次的抑圧のもとでも生き延び、同様に、エディプス期を通り抜けて、すべての話者のうちに、彼（ママ）の精神病の土壌として、あるいはとりわけ美的快楽と呼ばれるものの能力として存続しつづける。[15]この様態はその発生の当初から配置され、分節化されており、しかも、当初の様態は終生わたしたちについてまわり、空間は恒常的な時間となる。（f 346 強調引用者）

しかし言語学的な主体形成の理論にかたむくクリステヴァは、愛の歴史＝物語を語るときですら、主体が意味生成のおりにどのように性別的な偏向を受けて形成されるかを問わなかった。もしもクリステヴァの議論の根底に、象徴界が性差別的、異性愛主義的な《名前の法》であることへの問題提起が存在していれば、その始まりである原記号界において「名前が与えられないもの」「対象ですらないもの（非‐対象）」は、性別に基づく対象選択から排除された「おぞましきもの《アブジェクト》」であり、したがって名が与えられた対象の編み目（象徴界）に「恐怖《フォビア》」や「不安」となってつねに出没するのは、男女の二分法の名づけによって棄却されたもの、その二分法に依拠した対象選択から棄却されたものではないかという視点が生まれていたはずである。しかしクリステヴァは、原記号界の混沌と象徴界の《法》のあいだの係争は、ただ「精神病」か「美的快楽の能力」として出現すると述べて、両者のインターフェイスを病理化、審美化するだけである。彼女の議論では、性別叙述はほとんど家族関係のなかの固定的な項目としての母と父に限られ、子はほとんどの場合、男児であって、フロイトと同様につぎのように述べるだけだ。

　女児の場合は、母性的性質を有する父の助けのもとでのみ、一次的転移〔一次的な自己同一化〕の痕跡を残しておくことができるが、しかし実際は、母からの離脱——すなわち異性愛対象の選択——はうまくいかない。だから女児は諦めた同性愛の熱情の下に、あるいは抽象的な次元のなかに、その一次的な自己同一化を埋葬してしまう。女児の同性愛の熱情は肉体から離れてしまい、その結果「魂」として構成され

るか、《イデア》《大文字の愛》《自己犠牲》と融合していくことになる。(e 48)

だが一次的な愛の対象の喪失／不連続に苦しむ現代人を、クリステヴァは「ET(地球外生物)」と呼んだ。彼女が意識したかどうかはともかく、ETは性の二分法を踏みこえた生物である。であるならば、愛の対象の喪失／不連続の結果あらわれる空無を語るETの多声的で無定形の言葉(ポリローグ)は、まさに意味生成と主体形成のはじまりに現在存在している恣意的な性別命令――性の強制的法則――からはみ出る言葉ではないだろうか。さらに言えばそのETのざわめきのなかからつねに鳴り響いている声を探せば、それは性の強制的法則のもとで分離と癒着の双方に引き裂かれている母のポリローグ、母が娘に叫ぶ声ではないだろうか。

出産によって分離した娘を、降り注ぐ一次的な愛の関係を経過させたのちに象徴界の父に届ける母は、その慈母(＝慈父)のまなざしのなかに悲しみを背負っている。なぜなら娘の成熟とは、象徴界で「母」になること、原初的なおぞましきコーラになることであるからだ。象徴界のなかに「母」以外に「女」の位置はないゆえに。[16] だから母は諦観と悲しみのまなざしで、娘を〈父の娘〉にする。そして母自身も、出産(子との分離)によって瞬時、逃れ出ていたコーラへと、娘の成熟とともに引き戻ることになる。母は、たとえそれが一次的な対象関係だとしても、〈想像的な母〉の役目を果たすことによって対象(娘)との愛の関係を構築することができた。だが娘が「女」という自己同一化の言語を修得して、「男」の補完物として象徴界に吸収されていくとき、母と娘の対象関係は終わる。娘の成熟は母にとって、娘の主体性の断念と、娘-母の対象関係の終焉を意味するものである。だからおそらく母は、心のなかで、一度は娘にこう叫んでいるのだろう――「〈父の娘〉にはなるな！」と。

母と娘の癒着状態であると一枚岩的に見られているものは、じつは癒着状態ではなく、原記号界において唯一可能になった母の抵抗、母の報復、母の娘への願いではないだろうか。しかしその抵抗も、報復も、願いも、象徴界のなかでその成就をみることはない。原初的なコーラの癒着状態――退行――だと解釈されるだけである。母と娘の「無理心中」。ゆえに母は、娘を象徴界で生存させるために、そして自身も象徴界とのつながりを失わないでいるために、「父の娘になれ、そして父の息子の「母」となれ」と語る。自分自身を娘の自我理想として。あるいはもしもその母が象徴界に娘を送り届けながらも、その娘に一縷の望みをかけようとするならば、「父の娘になれ、そして父を誘惑せよ(上野d 一七六―二〇四)と言うかもしれない。(17)いずれにしても母は娘を手放し、そして完璧に、あるいは狡猾に、〈想像的な母〉の役目を果たし終える。

だが母から手放された娘――悲しみを秘めた諦観からか、可能性への一縷の希望からか、母によって父に手渡された娘――は、母とのあいだのすでに忘れてしまった(忘れることを強要された)愛の日々のかけらにいつまでも取り憑かれることになる。それは〈想像的な母〉が空無のうえに掛けた遮蔽幕――すなわち「女の綽然《しゃくぜん》さや成熟さという「地下納骨堂」のなかで脈々と生きつづける」(Kristeva, f 30)母というカテゴリーの桎梏――である。だが本当に、母が娘を手放さず、ということは娘がけっして母を忘れず、娘が象徴界で生きる道は残されていないのだろうか。

娘のメランコリー

イザベルは抑鬱的な時期のなかでももっとも暗く沈んでいるときに、子供をもとうと決意した。

――ジュリア・クリステヴァ

近親姦の禁止は、近代家族の公理では母-子の愛の禁止として受け止められている。だがここで「母-子の愛」と呼ばれているものの内実はいったい何だろうか。フロイトによれば、男児が母に対して近親姦の愛をいだくのは、すでに「リビドーの発達が起こっている男根期」においてであり、「自分の性器〔ペニス〕からわき起こる心地良い感覚」と「その感覚を自分の手の刺激によって随意に得られること」を知っており、自分が盗み見た両親の性交の場面と「同じ方法で自分も母を肉体的に所有したい」と願う気持ちである(Freud, o 189)。他方、女児の場合はペニスを持っていないので、むしろそのような欠落した状態で自分を産んだ母への非難が生まれ、ペニス羨望と去勢コンプレックスが発生して、女児の女性性が促進される。つまり「去勢コンプレックスによってエディプス・コンプレックスが崩壊していく」男児と異なって、女児の場合は「エディプス・コンプレックスは去勢コンプレックスによって可能となり、またそれに誘導されるもの」である(Freud, k 256)。したがって女児は母ではなく父に近親姦の願望をいだくことになるが、これは女児を「小さな一人の女」にしたことであり、この種の近親姦は禁止されるべきものではなく、「正しい」性対象の選択への「正常な発達」だと考えられている。

ゆえにフロイトの理論では、禁止されるべき近親姦は唯一、男児と母のあいだに起こる愛の交換となるが、ここには近親姦に関してさらに重要な——しかし言及されることのない——暗黙の約束事が前提とされている。それは、禁止されるべき近親姦は性器的なものだということである。そして近親姦の禁止が自己形成のさいに——正確に言えば、性的な自己形成のさいに——決定的な役割を演じるものであるがゆえに、形成後の、すなわち発達後の愛の交換を唯一、性器的な次元でとらえるという解釈学を生みだすことになる。逆に言えばこの解釈学があるからこそ、女児の母への愛は禁止するに足るほどの大きな問題ではなく、また女は「正しい」性対象を選択する道のりが「複雑で不十分で」、したがって女は性的に未熟だというフィクションが流通することになる。

ではエディプス期ではなく、前エディプス期を論じた場合――クラインのように結局はエディプス期に吸収される理論ではなく、前エディプス期を焦点化したエクリチュール・フェミニンの場合――近親姦はどう解釈されているのか。たとえばクリステヴァは、前節で引用したようにフロイトの枠組みに追随して、「想像的な父」が母性的性質を有するとき、つまり降り注ぐ愛の対象関係が母とのあいだに結ばれるときには、「母からの離脱、すなわち異性愛の対象選択はうまくいかない」――ということは母との近親姦の関係が発生する――が、女児はその「同性愛の熱情」を諦め、あるいは「抽象的な次元」に変換させ、その結果「同性愛の熱情は肉体から離れて……「魂」として構成される」と述べる(Kristeva, e 48)。つまり女児の母への愛は存在するが、それは「魂」の次元とみなされ、身体的、性器的な含意はここではまったく脱色されている。ということは、男児には性器的な次元において、女児には精神的な次元において、母への近親姦を読み込んだフロイトもクリステヴァも、社会に流通している同じコインの裏表を説明しているにすぎず、そのコインが保証している価値は、禁止されるべき一次的な近親姦(それは成熟した大人の愛の交換へと連続すると解釈されている)は性器的なものだということである。

だが人は、混沌からの分離によって自我を形成し、愛は分離を補完するものならば、自己同一化《アイデンティフィケーション》とは、愛する能力を獲得することであり、愛する必要に駆られることである。したがってその愛は、恋しい《ミッシング》という情動のすべての階調を含むものであって、身体性と精神性、接触性と隔たり、同質性と異質性の二分法をはるかに凌ぐはたらきかけであるはずだ。そして恋しい《ミッシング》という情動は喪失の不安と痛みをつねに伴い、十全な愛と錯覚されているもの(たとえば神の愛)は愛の喪失の不安のうえにかけられた虚構の遮蔽幕であって、愛の喪失に対する不安の大きさに比例して大きくかけられたがゆえに、精神の共約的な実体らしきものに肥大した遮蔽幕でしかない。

人は自分があらかじめ何者かで、対象があらかじめ何者かであるから、愛するのではない。愛は、自我形成と対象形成の同時進行性につけられた名称である。だからもしも対象の選択(つまり対象の名づけ)にある一定の傾向が見られるとするならば、それは自我形成に介入する言語(名前の法)が、その言語特有の恣意的な秩序を対象選択のなかに誘導しているゆえにすぎない。つまりそもそものはじめにペニスという所与の性感帯があり、それを核にして近親姦の禁止が生まれるのではなく、性器的な近親姦の禁止を「法の一撃」として愛の始まりにおいて到来させる言語が、ペニスという性感帯を特権化し、成熟した愛を性器的なもの——とくに男の性器的なもの——に解釈していくのである。あるいは膣かクリトリスかという女の性感帯の曖昧さ、女の性器的な愛の未熟さという言語があるからこそ、母娘の近親姦がゆるやかに容認されたり(「成熟したのちにもごく普通に見られる母娘癒着」という言説として)、あるいは母娘の近親姦が精神的次元だけで解釈されてしまうのである。

　したがって愛を性器的なものに収斂させる言語は、男特有のセクシュアリティ／女特有のセクシュアリティ、また男の身体／女の身体を生産するだけではなく、愛の交換をそのような差異化された二つの性のあいだの出来事——異性愛主義的で性差別的な交換——に矮小化するものでもある。[18]〔ヘテロ〕セクシストな愛の交換とは、自己と他、身体と精神、触れ合うことと離れることを明確に区別する愛である。なぜならそのような愛の交換は、生物学的な性差にもとづく愛の行為を、すくなくとも理念的には最優先させ、それによって性器と性器以外の身体部位の区別、内と外という区別、体と心という区別、男と女という区別、終わりと始まりという区別をたてるものであるからだ。逆に言えばそのような区別が流通している体制においては、存在すべき愛は男女の愛の交換のみであり、しかもその場合の「男」は男のセクシュアリティや男の身体、「女」は女のセクシュアリティや女の身体から逸脱することはありえない——たとえその愛の交換がどのように性目標倒錯《パーヴァージョン》の形態をとるものであるとしても[19]——と考えられることになる。この〔ヘテロ〕セクシストな愛の解釈学に対して、もっともラディカルに異議申し立てをしたのは、リュス・イリガライである。彼女はこう述べる。

女は媒介を必要とせず、また能動と受動の区別以前のところで、自分のなかで、自分に触れ合う。女はいつも「自分に触れ合って」おり、さらにはそれをやめさせることもできない。なぜなら女はつねに触れ合う二つの唇から成り立っているのだから。だから彼女はすでに彼女のなかで二つなのであり、ひとつずつには分けられず、互いに愛撫しあっている。(Irigaray, b 24)

だが「触れ合う二つの唇」を称揚し、「わたしたち〔あなたとわたし〕のあいだをあまりにも明確に分離する」男根ロゴス中心主義を批判するイリガライは、わたしたちがつねにすでに投げ込まれている性の制度の具体的な検証を飛び越えて、あまりに短兵急に愛のユートピアを夢想する。それだけでなく、分離の政治に分け入って性的差異のオルタナティヴな倫理を模索しようとする八〇年代以降の著作においてすら、「愛する女は、可能性の範囲をこえるほどの信頼を他者に寄せながら、深い深淵の孤独へと送り戻されている」(d 194) と語って、クリステヴァと同じ陥穽――母性や女性性を原初の混沌へと回帰させる古典的な手――のなかにおちている。

したがって問題は、自他の融合、分離の取り消しという一様な世界、混沌が渦巻く深淵の世界のなかに立ち戻っていくことではなく、愛――それはつねに非-愛につきまとわれている――のすべての階調、その複数性が、どのように特殊な愛の一形態のなかに矮小化されて解釈されているのかを、そのときわたしたちはどのように構成されるのかを、細密に検討していくことである。

たしかに母娘のあいだに、明確な近親姦の禁止はない。だが本当にそうなのか。そうではなくて母娘のあいだには、「抽象的な魂の次元」以外のすべての近親姦の可能性が禁止されているのである。そして唯一許された「抽象的な魂の次元」の愛が、母娘のあいだの愛の交換を説明するだけでなく、女のセクシュアリティをも説明するものになっている。母娘が「こころ」で結ばれているかぎり、彼女たちには性的欲望はないのだから。[20] しかし母娘の愛の関係は、性的欲望を超越した「こころ」だけの次元のものだろうか。

フロイトは愛する対象の喪失の心的結果を悲哀とメランコリーに分け、「〔メランコリーによる〕対象の喪失は自我の喪失に変わり、自我とその愛する者との葛藤は、自己批判と、同一化された自我とのあいだの分裂となる」(Freud, f 250)と述べた。このフロイトのメランコリーの議論を援用しながら、[21] 近親姦の禁止は女児にもはたらき、女児にメランコリー気質を植えつけるとジュディス・バトラーは言う。つまり女児は母を愛してはならないだけでなく、母と同じ性(女)を愛してはならないという禁止の命令を受ける。性対象(母)も性目標(女)も移動しなければならない女児の愛の喪失は、その喪失を嘆くことすらできない根源的なものとなる。娘の喪失は、母を愛したことを覚えていて、それを嘆くことができる男児——性対象のみを移動すればすむ男児——の喪失よりも、その痛手は深い。そのあまりに深い喪失(分離)を解決しようとして、女児は母を愛したことを忘れようとする。それは喪失したものを自分のなかに取り入れて、喪失の痛手を糊塗することである。つまり喪失した愛の対象を、自分の所与の属性とみなすことである。曰く——わたしはその人を失ったわけではない。その人を愛したことなどなかったのだから。その人はわたしが愛する「対象」なのではなく、「わたし自身」なのだから——と。かくして女児は女の属性を所与のものとして体内化する——自分のもともとの身体だとみなすようになる——とバトラーは言う(Butler, a 57–65)。しかしここで付け加えて強調しなければならないことは、愛の対象(母)の喪失をメランコリーで解決しようとして、女児が体内化するのは、「女」というカテゴリーではなく、(それがどんなに「女」というカテゴリーに接近しているものであるとしても)「母」というカテゴリーであることだ。そして「母」というカテゴリーこそ、まさに近親姦の禁止によって、もっとも性器的でありつつ、もっとも性器的でないとされているカテゴリーである。

「母」はある種の撞着語法である。というのも母は、男児には性器的な近親姦を夢見させ、女児には魂の交流を約束する。父とは性的な愛の交換をおこない、子供とは非‐性的な愛の交換をおこなう。それはけっして混乱させてはいけない約束事である(近親姦の禁止)。母は、一方ではもっとも性器的な愛の交換を含意し(妊娠、出産によって)、他方では非‐性器的なあらゆる愛の可能性を象徴する(母の愛というイデオロギーによって)。そして娘が体内化するのはまさにこのような「母」、このような自家撞着である。

母との愛を禁じられ、それを忘却せざるをえない娘は、こう言うだろう——わたしは母を失ったわけではない。母を愛したことなどなかったのだから。母を「愛」の対象にしたことはなかった。「愛」はいつも異質なもの、べつの性、「男」とのあいだの出来事であって、母はその意味でわたしが愛する「対象」にはならない。ずっと以前から母はわたしと同じ性、「わたし自身」なのだから。わたしと母のあいだにあったものは、今もあるものは、馴染み深さの絆である。それがどれほど強いものであるとしても——と。だが皮肉なことに、母との愛を忘却して「母」になっていく娘は、母とのあいだに奇妙な愛の関係を結ぶことになる。なぜなら娘が体内化して取り込むのは、「母」の撞着語法——性器的であり、かつ性器的でないセクシュアリティ——であるからだ。「母」は、性器的な関係と非‐性器的な関係に引き裂かれた存在、むしろ非‐性器的な関係を、ある場面では称揚される存在である。そしてその場面は唯一、母と娘の関係である。なぜなら娘こそ、母との関係で、唯一性器的なセクシュアリティの可能性を、どのような意味においても根源的に許されなかった家族、そして非‐性器的なセクシュアリティを称揚された家族であるからだ——息子は、母との性器的な関係を禁止されることによって、その可能性を示唆された。

愛の関係――愛は全階調を含むものであったはずだ――を禁止されつつ、「魂」の愛を称揚される母と娘。存在させてはいけない愛を、矮小化させて存在させよと命じられる母と娘。だから娘と母のあいだに交わされる公認の物語は、「魂」の愛を語りつつ、それ以外の愛を語らない物語、精神的な紐帯を語りつつ、身体性には触れない物語、性器的な関係を「ここではない、どこか」にいつも存在させながら、「ここ」にはけっして存在させない物語である。

メランコリーは、愛した対象を忘れ去る操作である。だがその結果として体内化された対象はべつの衣を着て、(矮小化された)愛の対象として、再登場してくる。母への愛は忘却せねばならず、しかし娘は、魂の次元で母につねに惹かれつづける。メランコリーは抑鬱的な心情を生みだすものである――喪失の漠然とした自覚はあっても、「何を失ったかが定かではない」ために(Freud, f 245)。そして、その全体を希求しながら部分しか与えられない愛もまた、抑鬱的な心情を生みだす。娘が経験する二重の禁止、二重の抑鬱。しかしこれこそ、娘の性自認《セクシュアル・アイデンティフィケーション》の成長を測るバロメーターである。

娘の母への愛が深ければ深いほど、そしてその愛を近親姦の禁止によって抑圧=忘却すればするほど、娘のメランコリーは深く強く、娘は得体の知れぬ抑鬱、その原因も出口もわからない抑鬱に、暗く曖昧に沈み込むことになる。《法》の言語は、それに晴れやかな「成熟」のラベルをはる。いやおそらく「成熟」という合法性を与えなければ崩壊してしまうほどの危うい平衡状態が、身体性を含めた母への愛を忘れ去り「母」の体内化をおこなう娘の位置であるのだろう。

メランコリーの極みで娘は、「娘」であることをやめて「女」になろうとする。体内化した母の属性のひとつ、非-性器的な関係を切り捨て、家族関係から抜け出て、性器的な一人の「女」になろうとする。それは娘の「自立」の物語であるかもしれない。だが象徴界に「女」の位置はない。「女」は、女児から母になる過程で女児に投げかけられた擬似餌にすぎない。(22)「女」はつねに「母」になるための準備期間であって、男を魅惑しつつ「母」にならない女は、大文字の《女》、大文字の《他者》の幻影である。大文字の《女》は象徴界の内部に存在することはなく、欲望の収束点である快楽それ自体であって、むろんそれをもつことは到底ありえない。現在の性の制度のなかでその快楽を表象(すなわちセクシュアリティ)に変えるには、一次的ナルシシズムの構築を助ける〈想像的な母〉——自我理想としての「母」——が必要とされている。ゆえに女の外性器をもち、女性ホルモンが優勢で、女の染色体をもつ「女」は、「母」になる機能を果たし、またそれを含意していなければ、象徴界に十全に参与することはないとみなされる。母にならない女は、いつまでも象徴界の閾《しきい》にたたずむ者、性の自己同一化をいまだに果たせないでいる未熟なもの、つまり「娘」なのである。なぜなら娘が体内化しなければならなかった喪失した愛の対象は、性器的なセクシュアリティと非‐性器的なセクシュアリティを家族関係のなかであわせもつ「母」というカテゴリーであったからだ。娘は、家族から出ようとしても、べつの家族に入らないかぎり、いまだに娘のままである。〔ヘテロ〕セクシストな性の体制が娘に用意したのが、この愛の堂々巡り、娘にかけられた抑鬱の投げ網である。

自己同一化——すなわち性的な自己同一化——が異性愛の核家族の再生産の語彙で説明されるかぎり、「女」は、「娘」か「母」であるしかない。成熟した娘は、「母」を体内化し「母」になりえた女である。母との愛を忘却し、自分自身を「母」にかえ、その忘却のメランコリーを最後まで引き受ける女である。だから子を孕んだ女こそ、メランコリーの抑鬱に「もっとも暗く沈んでいる」者だ。受胎の喜びの言語にかき消されてはいるけれども。言葉を変えれば、娘はメランコリーの最たるところで子を産み、「母」になる。子を「産む」ことは彼女自身の「母」としての新しい生——再生——を意味し、抑鬱は喜びの言葉にすりかわっていく。だがそれは、新しいメランコリーの始まりを告げる再生なのである。

母殺しのメタファー

わたしのことを忘れてください、お母さん。わたしのなかのあなたを、あなたのなかのわたしを忘れてください。

——リュス・イリガライ

「母なるもの」を自他癒着の原初的状態とみれば、自己同一化には、母からの解放が必要不可欠なものとなる。クリステヴァの言葉を借りれば、「母の喪失は男にとっても女にとっても……必要なものであり、自律性への第一歩であ」り、また「母殺しは……生の必須の要因となり、個体化の必要条件」である(Kristeva, f 21)。だが母への愛を母と同じ性のべつの対象(女)に移動させて、ということは自分自身を母とはべつの性(男)として構築する男児は、母殺しをスムーズにおこなえるかもしれない。他方、女児の場合は、母への愛の忘却は母の体内化へと推移しなければならないので、自律性のための母殺しはみずからを殺すことを意味する。だから娘は自分自身を守るためには母を守らねばならず、そうして皮肉なことに自分を殺す。「お母さん、あなたを守るために、わたしは自分を殺す」——もう忘れ去った日々に呟かれ、あるいは今も繰り返されているかもしれぬ娘の言葉。たとえ娘が社会的関係において母のもとを立ち去ったようにみえたとしても、女性性をわが身に引き受けているかぎり付きまとう、娘の緩慢な死、メランコリー。だが娘は本当に母を守ったのか。いや娘はまず最初に、愛の対象としての母を忘却したのである。そして愛の対象としてではなく、同質な(同性の)存在として――わたし自身として――母を取り込んだ。だから娘は、母から身を離して(母を殺して)、「自律性への第一歩」を踏み出すことはできなかった。つまり娘の自律性を阻む要因は、母を殺せないことではなく、母を忘れたこと、母への愛を殺したことにある。母への愛を殺さずに、性対象を母と同じ性に求めて、母の殺害(母からの分離)ができる男と、母への愛を殺して(忘れて)、母と同じ性になり、母の殺害(母からの分離)ができない女。母の殺害をめぐる物語のこの非対称性が、男女の自律性(主体化)の非対称性とともに、男女のセクシュアリティの非対称性を決定する。

　ナンシー・チョドロウは、性差別的な性の制度を解体するには、母の位置にいる者が、男女の双方であればよいと言う。

〔もしも両親が平等に親業に従事すれば〕子供は当初から、男のジェンダーをもつ人にも女のジェンダーをもつ人にも依存するようになり、その両方との関係で自己の個意識を作り上げていくことができる。……そうなれば男は、自分の男らしさに執着する必要も少なくなり、女を二次的で無力なものとみなす社会や文化を手中に収めておく必要も少なくなるだろう。また女は、関係性への過度ののめり込みによってしばしば奪われていた自律性を、発達させていくことができるだろう。(Chodorow, a 218)

だが平等な親業が与える影響を、チョドロウはジェンダーにおける性差別にのみ限定し、平等な親業が「ジェンダー化された自己という一次的感覚を脅かすことはない」(a 218)と断言する。「ジェンダー・アイデンティティを危険に晒すことなく、自分の望む活動を選ぶことができる」(a 218)と。なぜなら現在の性の編成においては、女の異性愛への関与は不安定なもの、チョドロウの言葉を使えば、「欠如していて不満足なもの」なので、「女は子供との関係を求める方向にむかい、〔現在の〕異性愛関係は自分を満足させるものではないと考える」(a 208)からである。だからチョドロウが解体しようとしているのは、近代の核家族の体制のなかのジェンダーにおける性差別の部分であり、その体制をひそかに維持している異性愛主義については不問に付している。チョドロウは近代の核家族の体制が崩壊すれば、もっと多様な異性愛の可能性が生まれると論じてはいても(この視点はむろん不可欠なものだが)、異性愛以外の愛の形態については何も語らない。[23] むしろ「異性間の差異が社会的、政治的にもっとも意味のあるものであって、同性間の差異や異性間の類似の研究は、生得的で生物学的な性差に対抗するためには重要なことだとしても、その場合も、男女の差異が構造的で統計的な真実であることはじゅうぶんに説明する必要がある」(a 215 強調引用者)と述べて、異性愛主義の枠組みは堅持しようとする。

しかし母をめぐる既存の物語がもたらしているものは、男女の自己同一化――性的な自己同一化――の非対称性であり、その結果としての成熟後の愛の形態の社会的、政治的偏向である。チョドロウは平等な親業によって、「ジェンダー・アイデンティティを危険に晒すことなく……性的選択を柔軟にすることができる」と言うが、いったいそのときの柔軟な性的選択とはどのようなもので、また性的選択のまえに、それに影響を受けないジェンダー・アイデンティティがいつ形成されるのだろうか。異性愛主義の根幹にある前提は――それが社会通念であれ、精神分析であれ、そしてフロイトであれ、ラカンであれ、対象関係理論であれ、精神分析的フェミニズムでさえも――男女の二分法である。あらかじめの男女の性別分化の思想があるからこそ、母に対する男児と女児の反応が異なって解釈される――たとえ、性差別的でない解釈を求めようとしても。しかし実際には原因と結果は逆転しており、母に対する男児と女児の反応の相違――近親姦の禁止の結果の相違――を認めるからこそ、男児と女児をべつべつの性のカテゴリーに分けることが可能になるのである。

男児は愛の対象を母と同性のべつの対象(女)に移動させ、自分自身を母とはべつの性(男)に構築して、母殺しをスムーズにおこなうことができると言われている。だが生物学的な本質論に依拠しないかぎり、母とはべつの性を獲得するという男の性自認の作業さえ、大きな困難がともなうはずのものである。おそらくそのために、生物学的な性の本質論(セックスの本質論)を社会的な性の本質論(セクシュアリティの本質論)にすりかえる性の言説が大規模に動員されていくのだろう。しかしそのセックスの本質論にしてみたところで、外性器から染色体へ、DNA域の遺伝子へと、生物学の細密な研究がすすむにつれ、セックスの本質論はその確定性を失っていく(24)。またかりに出産の潜在能力をセックスの本質論の核に据えたところで、出産の潜在能力は出産の不可能性(不妊)や出産の選択(避妊、中絶、養子縁組)によって、性の二分法におけるその社会的意義を空洞化されている。ゆえに問題は、外性器であれ、ホルモンであれ、染色体であれ、出産能力であれ、そこに差異があるか否かということではなく、それら局所的な差異(しかもかならずしも二分法に振り分けられない差異)を寄せ集めて、明確に区分された普遍的な性の二分法に編成しなおし、それを「原因」と詐称して、その性の二分法で自己形成を説明しようとする知の体制である。そして非対称的に男女に二分される性の自己同一化を促進する——むしろそれを引き起こす——要に位置づけられているのが「母なるもの」であり、「母なるもの」を再生産する母-娘関係なのである。したがって母-娘関係が所与の枠組みのなかで保持されるかぎり、この性の体制は安泰でありつづける。逆に言えば、母-娘関係が不安定さをあらわにしたとき、性の二分法はその土台を失いはじめる。

それゆえチョドロウの言うように親業を男女両方でおこなえばよい、ということだけでは十分ではない。そのときの男女──父と母──はどのようなものと了解されているかを問わなければならない。たとえ平等な親業が可能になったとしても、それがジェンダー・アイデンティティ、さらにはセクシュアル・アイデンティティを解体するものでないかぎり、愛の形態の偏向は手つかずのまま温存されてしまう。さらに言えば、わたしたちは現在この性の体制のなかで生を受けているのであり、既存のジェンダー・アイデンティティ、セクシュアル・アイデンティティの物語に何らかのかたちで汚染されている。ゲイ男性、レズビアン、バイセクシュアルと自認している者ですら、その物語とまったく無縁に生きているわけではない。そして性の自己同一化のはじまりに近親姦の禁止が存在しているかぎり、そのなかでも「母なるもの」が近親姦の一項として依然として大きく機能しているかぎり、あたかもそんなことが可能なごとく母子関係を飛び越えた解放の世界を夢みることは、母子関係の系譜を隠蔽する装置のなかに逆に取り込まれてしまうことになる。むしろ既存の性体制の解体のためには、近親姦の禁止の物語をどう脱構築しながら経験していくか、さらに言えば、性の体制を背後から強力に支えている「母なるもの」や「母なるもの」の再生産である母-娘関係をどう攪乱しながら経験していくか——そのメランコリーからの離脱の道のり——を模索していくことが必要なのではあるまいか。

すでに一九七四年に『検視鏡』のなかでフロイトのメランコリー理論を女の性自認の問題として論じたリュス・イリガライ(Irigaray, a 66-73)は、七七年発行の著作の終章「わたしたちの唇が語りあうとき」のなかで、母-娘のメランコリーの関係から、女同士の愛へと移っていった。彼女は言う——「わたしはあなた、子供としてのあなたが好き。わたしは母でも(ごめんなさい、お母さん、わたしは女の方が好きなのです)、姉妹でもないあなたが好き。娘でも息子でもないあなたが好き」(b 209)と。ここでは、喪失した——「父の系属」によって喪失させられた——母への愛と、その結果としての娘のメランコリー(垂直的な愛の物語)は忽然と姿を消し、水平的な女同士の愛へと、魔法のような操作で変換されている。だがそのときの女とは誰なのか。そのときの女はどのような言語で説明されるものなのか。愛の対象の選択は、そのような対象を形成する自己の形成、自己の言語形成であるので、制度が用意した対象を跳び越えた愛の選択は、《法》の言語とはまったく異質な言語を語ることを意味するものである。彼女は、言語を模索する。

〔愛する〕あなたは動く。けっしてじっとしていない。けっして同じところにいない。けっして「いまのあなた」ではない。いつもべつのものである「あなた」に、どうやって話しかければいいのだろう。流れのなかにいて、凍りついたり、凝結したりしないあなたに、どう語りかければいいのだろう。言葉のなかにこの流れをかよわせるにはどうすればいいのだろう。(Irigaray, b 214–15 強調引用者)

そうして得た結論は、「言語をあらたに創り出すこと」、「わたしたちの身体の言語を見いだす」(b 214)ことである。そしてこの「女たちの言語《エクリチュール・フェミニン》」においては、「あなたは反復の形態のなかで固定される」ことはなく、「いつも初めてのときのようにぞくぞくするほど美しいだろう」(b 214)と賞賛される。しかし未来形で書かれたこの文章は、永遠の谺のように娘のなかに鳴り響いている母の呼び声——「影という経帷子をまとって」(c 67)娘にとり憑いている母の亡霊——を、高らかな新しい言語のなかに強引に封じ込めるものである。あるいはいずれ来る「未来」の物語のなかに——いまだ来ぬ「未来」の物語のなかに——あらかじめ封印してしまうものである。したがってその高揚は、「現在」の女(娘であるわたし)をみつめるとき、いつの間にか現実の母に対する悲憤、母の否定へとすりかわっていく。

それから二年後、「一方がいなければ、他方は動かない」という題名の論文(一九七九年)のなかでイリガライは、母の愛を幽閉とみなし、「お母さん、あなたの乳によってわたしは氷を飲むのです……わたしの内部は凍りつき……わたしの血は凝固し……愛すれば愛するほど囚われの気持ちになり、わたしを固定する重さに引き戻されるのです」(c 60 強調引用者)と訴える。イリガライは「父の系属」の「統一的な」言語ではなく、「一度にあらゆる方向から到来する」(b 209)言語を獲得するには、自分を「凝固させる」母を振りはらわなければならないと語る。女の解放のためには必要な母からの旅立ち、母殺し。

　だが「あなた」に向けて、詩とも、手紙とも、エッセイとも、哲学的瞑想ともつかぬ文体で書かれたこの短い論文を子細に読むと、娘のメランコリーからの離脱は単純な母殺しにはならないことがよくわかる。彼女は叫ぶ――「わたしのことを忘れてください、お母さん。わたしのなかのあなたを、あなたのなかのわたしを忘れてください。わたしたちは二人とも、自分たちのことを忘れましょう」(c 63)。けれども母はすでに娘から「去っている」のであり、母-娘のあいだに存在したかもしれぬ全階調の愛からは――娘が求めていたものからは――すでに立ち去っている。だから娘は、「あなたからわたしが受け取ったものは、あなたが自己を忘却したということだけ」(c 65)と呟き、女性蔑視《ミソジニー》を温存させている母を退ける。そして「思い出が消えるとき、忘却がそれ自身を記憶する」(c 65)がゆえに、母と娘のあいだにはすでに通い合う言葉は存在しておらず、一度忘却した母をふたたび振りはらう母殺しは、二重の母の忘却となっていく。いまや彼女たちのあいだには、「二人を引き裂くあまりにも大きな深淵」(c 67)が横たわっているだけである。しかしそれでもイリガライは、おそらくは母を退けることによって女性蔑視の罠にみずからが陥ることを拒否して、執拗に母と語り合おうとする。

わたしたちは互いに語り合うことができなかった、一度としてできなかった。……一方がいなければ、他方は動かない。でも二人で一緒に動くことはない。一方がこの世界に入ってくると、他方は地下にくだっていく。一方が生命をもたらすと、他方は死にたえる。でもお母さん、わたしがあなたに求めていることは、わたしに命を与えながら、あなたはなおも生きつづけていくことなのです。(c 67 強調引用者)

おそらく彼女が求めるものは、「あなた／わたしの口からほとばしる終わりのない水平線」(c 67)なのではないか。だが母‐娘という系譜的で垂直的な物語から、いかにしてその「終わりのない水平線」は立ち現れてくるのだろうか――魔法のような変身の夢物語によってでも、あるいは苦悩と悲嘆にみちた母の再度の忘却によってでもなく。

女性蔑視の連鎖を断ち切って

過干渉のわたしと一人娘のあいだは、濃密すぎる愛情の果ての苦しい関係でした。

――『朝日新聞』（一九九八年九月三〇日朝刊）

そもそも核家族のイデオロギーは、父は家庭の外で働き、母は家事一切をおこなう――したがって息子は家庭の外で働くように育て、娘は家庭のなかで働くように育てる――という理念を再生産するものである。だが近代社会を支えているこの性別分業は、資本主義社会の進展とともに――消費が家庭のなかへ、女へ、子供へと拡大し、消費による自己把握、対象把握が進行するにつれて――事実上その存在理由を失っていく。だが理念としては、ドメスティック・イデオロギーはいまだに執拗にその地位を保とうとする。なぜならこの理念こそ、近代を根底から支えてきた性の制度、さらには性の制度を裏づける男のセクシュアリティ／女のセクシュアリティの神話を不動のものにし、その神話を普遍的事実にしたてあげるものだからだ。だから現実には男女の性別分業が崩壊しはじめているとしても――すなわちジェンダーの役割分担に対しては疑義が突きつけられているとしても――近代の自我形成の物語に基盤を与えているセクシュアリティの二分法は容易にその地位を明け渡すことはない。なぜなら「「男」や「女」の再生産は、家族にまつわる社会規制に依存して」(Butler, h 40)はじめて可能になるものであるからだ。ではそこからさらに押し進めて、「家族にまつわる社会規制」のどこで、ドメスティック・イデオロギーが現在でも依然として作用しており、またどこでその解体の可能性を模索することができるのか。

これまで述べてきたように、母との対象関係は、本来は誕生後の「母なるもの」との関係であるはずである。にもかかわらず「母なるもの」は、核家族の信仰《カルト》のもとでは、「子宮をもつ個体」(女)であると解釈されてきた。しかも、そもそも個を遵守するはずの近代のアイデンティティの政治は、世襲的な自己同一化《アイデンティフィケーション》によっておこなわれるものではないにもかかわらず、皮肉なことに、個と個の対象関係の媒介をなす可動的なマネーを正統に次世代へ譲渡しようとして、前近代よりもさらに徹底的な血縁中心主義を、核家族の形態のなかに保持することになる。かくして「母」は女であるだけでは十分ではなく、実母を意味することになり(養子縁組の推進よりも、生殖技術が進展を遂げ)、実母の出産・妊娠・性行為へと遡って、「母なるもの」は、性器を中心としたセクシュアリティをその「起源」に埋め込むものとなった。その結果、理論においても社会通念においても確認されつづけるのは、男の性器/女の性器を核にして説明されるセクシュアリティの様態であり、それを再生産し、固定させる「母」という装置である。

しかし一方でこの「母」の機能を理念的に担いつつ、他方で〈女＝家庭内の母〉というドメスティック・イデオロギーの図式の現実的な崩壊に直面している現在の母は、「母なるもの」の二律背反にさらに引き裂かれることになる。なぜなら「娘のメランコリー」の節で述べたように、「母なるもの」は本来、性器的な関係と非‐性器的な関係をあわせもつ撞着語法を押しつけられていた存在であるが、さらにそのうえに、一般的には実母と読み換えられる核家族のなかの母は、一方では妊娠・出産をおこなう性器的存在の枠内に幽閉されながらも、他方では欲望が次代再生産の目的以外の形態に向けられる現実を、もはや看過できないからである。そしてこの二重に交錯する「性器的／非‐性器的」な対象関係の二律背反を再生産する舞台は、「母なるもの」の撞着語法が家庭内で唯一称揚されている母‐娘関係である。母‐娘関係は、性器的な関係を「ここではない、どこか」で実現すること(「母」になること)を要求しながら、「ここには」存在させない(母‐娘関係のなかに性器的な官能性を認めず、非‐性器的な精神的紐帯のみを強調する)という矛盾をはらむものである。したがってドメスティック・イデオロギーが現実的に機能しなくなったいまも、セクシュアリティの二分法の再生産を担わされる母は、娘を〈父の娘〉にしつつ〈母の娘〉にとどめおくという自家撞着によって、その屈折した現代版の二律背反を解決しようとする傾向がある――それが「母なるもの」の撞着語法をさらに増幅させるものであるにもかかわらず。

もはやジェンダーの次元での女の役割の充足が、かならずしも理想的な個の条件にならない状況の現代の母‐娘は、「母」の機能から逸脱した要素において、相互に連繋しはじめる。母はみずから果たせなかった夢を娘に託すためか、あるいはフェミニズムの自立の物語にしたがってなのか、あるいは女の可能性を(ともかくも)徐々に広げはじめている社会の心性に倣ってなのか、あるいはそれをもさらに完全に現代の「母」の条件を満たすものと考えてか、娘を一見して性の差別がないかのごとく扱いはじめる。フェミニズムの成果のゆえに七〇年代以降急速に可視化された性の制度の不平等は、母‐娘の関係に影を落とし、娘の可能性を、直接／間接に拡大することに向かう。

しかし母が、社会的な性役割の無効性を体得していたとしても、他方で自分自身の母を体内化することによって、セクシュアリティの二分法を事実として自分の「身体」のうえにすでに受け入れている場合、セクシュアリティのラディカルな多様性を認めることはできず、さりとて非対称的な固定的セクシュアリティの陥穽に娘を投げ込むことにもためらわれて(娘の人生に母自身の人生のアンビヴァレンスを投影させて)、その結果、娘が「母」になるのをできるだけ遅らせようとする。社会的な性役割だけの解放思想がもたらす母の苦境である。母はあるときは娘の恋を監視する探偵になり、あるときは娘を結婚形態のなかに組み入れつつも〈配偶者よりも大切な母〉となることによって、娘自身のセクシュアリティを脱色化しようとする。そして万一、娘が非合法的な異性、あるいは同性を性の対象に選択しようとしたときには、徹底的に母は娘のセクシュアリティを、公認の〔ヘテロ〕セクシストな言語をつかって否定しようとする。かくして母は娘とのあいだに、性器的な含意を極力無化し、非‐性器的な含意を肥大させようとする。それは母が、「母なるもの」になることによって性器的なセクシュアリティ（膣・受胎・出産に連動するセクシュアリティ）に矮小化させられたみずからの身体の系譜を直視しないで取り込んだ女性蔑視――母自身による自己の身体の否定――を、娘との関係で現実化したものである。母は娘というもっとも身近な手段をつかって、しかも娘への心配り（非‐性器的な対象関係）という隠れ蓑をつかって、制度が強制した女性蔑視を、あたかも制度への抵抗であるかのように皮肉にも反復する。娘をジェンダーの次元で自立させ、セクシュアリティの次元で自立させない母は、娘との関係に対して巧まれたイデオロギーの罠である非‐性器的な関係を突出させて、女性蔑視を娘のなかに再生産する危険性がある。

そもそも女性蔑視は、性差別的な男の姿勢のみを意味するものではない。性の二分法を無自覚に受け入れ、「女」というセックスを自明のこととして現実化している女の姿勢もまた、女性蔑視を身体化／内面化しているものである。またさらには、社会的な性役割の不均衡を弾劾するフェミニストのなかにも、もしも彼女が劣位の記号が刻まれたみずからのセクシュアリティを否定して、あたかも自分自身は身体性とは無縁であるかのごとくふるまうなら、彼女は社会が押しつけた「女の身体」という記号を——それを単に脇において否定することによって——逆説的に受容していることになる。記号の攪乱は、それから目を逸らせることによってではなく、記号自体が無効になるまでその記号の意味の範囲をラディカルに押し広げることによってはじめて達成されるものである。「女の身体」とは何を意味するのか、「女のセクシュアリティ」は何をどこまで包含するのかを問いつづけないかぎり、「女」という記号は無傷のまま生きつづける。

他方、娘はそのような母の女性蔑視(自分自身のセクシュアリティを棚上げしておくこと)を、ときに母に応えることによってさらに反復する場合がある。娘は、母が自分に示す非‐性器的な心配りの心地よい繭のなかに自足して、性器的な関係に踏みだそうとはしない。あるいは踏みだしはしても、それを合法的な結婚と出産の物語のなかに局所化し、局所化することによって性器的な関係の性的な含意を削ぎ落としていく。母が苦しむ「母なるもの」の撞着語法は娘の想像力に反応して、娘は母のために、性器的な関係と非‐性器的な関係をますます乖離させていく。だが性器的な関係と非‐性器的な関係の乖離は、そもそも娘が母への全階調の愛を忘れなければならず、母を愛の対象として記憶していることを禁止されたがゆえに生まれたものである。したがって、娘がいかに非‐性器的な魂の次元で母に応え、他の人との関係では性的含意を希薄にして母への忠誠を誓ったとしても、根本に存在しているのは、母への愛の忘却に起因する女のセクシュアリティの矮小化、女による女性蔑視、つまりはセクシュアリティを男女にくっきりと非対称的に二分して疲弊させている性の制度なのである。

したがってもしも娘がそのような母の過干渉の重圧からなんとか身を引き離したとしても、母との一次的な愛の物語を拒絶することによってそれをなし遂げた場合は、娘の一元的な自立の物語にしかすぎない。母をやむなく振りはらった娘は、母とのあいだにあったかもしれない性器的な含意(女児には可能性さえも示唆されることのなかった性器的な近親姦)を否定することによって、皮肉なことに母が一方で体現していたセクシュアリティの二分法の陥穽にみずからすすんで身を投じることになる。娘は母を見捨てることによって、母に応える娘とはまたべつのかたちで、女性蔑視を反面教師的にみずからのなかに刻み込む。そしてさらにそのような娘が母になったとき、母との一次的な愛の関係を否定して醸成した女性蔑視を、今度は自分の娘のなかに植えつけがちとなる。「母」という言葉で意味されている身体性を、原初的な過剰さや因習的な負の遺産という語彙に翻訳して、娘との関係から意図的/無意識的に性器的な含意をみずから退けてしまう。

女の女による女への侮蔑は、娘を愛しつづけて娘のセクシュアリティを脱色化し娘を取り込む母のなかにも、その母を魂の次元だけで愛しつづける娘のなかにも、また母を振りはらって捨て去る娘の自立のなかにも、姿を変えて生きつづける。それでは、母-娘の濃密な相互依存や、懊悩の末の母の否定という手段以外で、「女のセクシュアリティ」の桎梏のそとに抜け出る道は――それがどんなに困難な道であろうとも――残されてはいないのだろうか。

マリアン・ハーシュは『母と娘の物語』のなかで、「母のフェミニズム」を主張する。彼女によれば、これまでの母-娘関係の考察はおもに娘の側からの視点でなされ、娘がどのように主体を獲得していくかというプロットで語られてきた。だが「子供ではなく母から始めて主体研究をおこなえば、これまでとは異なった主体性の概念が出現するはずだ」(Hirsch 197 強調ハーシュ)と彼女は主張する。ハーシュはトニ・モリスンの『ビラブド』を高く評価し、この小説の主人公は、子供に対する権利や発言権をじつは何ひとつ持たせられなかった「幾世代もの母親たちの〔沈黙させられた〕怒りを口に出し」、結末では「初めて自分自身のために語り始めるようになる」(197–98 強調ハーシュ)と言う。しかしハーシュも触れているように、主人公がそうできるのは、恋人が「彼女の手を握っているからにほかならず……母と娘のプロットのなかに男が戻ってくる」(198)ことによってである。ハーシュはこの視点を大部の評論の最後に置いて、どのように「古い構造の再構築から、この新しいプロット〔母の観点から生まれる新しい主体性の概念〕があらわれる」のかについては、「母娘の双方が相互に関与できる変革の一部をなす……再構築された家族」(198)のなかだという以外、詳述してはいない。

むろんこの小説も、そしてハーシュの言及も、母性イデオロギーからの解放は現実の母が家庭という枠組みを捨てて、彼女自身の恋に生きることで達成されるという、通俗的解釈を許すものではない。むしろもう一人の娘(母が殺した娘)[25]を再度殺すことになる『ビラブド』の物語は、「父権制のもとでの家族の再構築と母の主体性の獲得のためには、いかなる代価を支払うことになるのか」(Hirsch 198)を問いかけるものである。振り返ればイリガライが苦悩に満ちて母を振り捨てながら、なおも母に向かって叫んだ声、「わたしがあなたに求めていることは、わたしに命を与えながら、あなたはなおも生きつづけていくことです」(Irigaray, c 67)は、母のために娘が後景に引き下がることでも、母と娘がバラバラに異性愛制度(異性愛そのものではない)のなかに取り込まれることでもなく、両者が「相互に関与」しつつ異性愛制度から離れて生存できる道、その生存可能性をどのように構築すればよいかという問題を提起したものである。したがって家族関係で説明される「母なるもの」——すなわち性器的な対象関係と非‐性器的な対象関係の分裂——からの離脱は、異性愛関係を説明抜きで挿入した新しい家族形態のなかで成し遂げられると横滑りして記述することは、そこでの異性愛関係が既存のものとどのように異なるのか、またテロスとして持ち出される「母の主体性」が何に起因して構築されるものかを不明のままにしておくことである[26]。いったい「母の」主体性とは何なのか、また母の「主体性《サブジェクティヴィティ》」とは何なのかをわたしたちは問うてみる必要がある。

　思えば「父」「母」「息子」「娘」という家族関係の語彙が「個人」を説明するために動員されるようになるのは、核家族のイデオロギーが稼働しはじめる近代であり、それを理論的に補強するのが、近代が要請した学問の一つである精神分析の「父―母―息子」のエディプス三角形である。だがフーコーを持ち出すまでもなく、精神分析は、いかに不安定な(とくに性的側面において)存在が、システムの受容《サブジェクション》＝従属化と引き換えに「個」になっていくかという主体化《サブジェクション》の物語である。そのさいに性的に不安定な存在は「正しい」対象選択によって「個＝主体」になると説明されるが、正確に言えば、「正しい」対象選択によって達成されるのは「父」になること、「母」になることである[27]。つまり家族関係の語彙で語られるエディプス構造によって(再)生産されるのは、普遍的な「人間主体」ではなく、またラカンの性化の公式による「男」でも「女」でもなく、「父」であり、「母」なのである(付け加えれば、「父」のみが、声をもつ正統な「主体」であると解釈されている)。さらには「主体化」という発達／獲得の物語には、それを支えるシステムの固定――声の分配の固定によるカテゴリーの地図――が不可欠のものとなる。

　したがって精神分析においては、そしてその理論を必要としている社会においては、さらには一見したところ(西洋的な)精神分析とは無縁のように見えているにしても、すでに核家族のイデオロギーが資本主義システムとともに理念として浸透している社会においても、「母」とは、個人に先行し、個人を分類する実体詞的なカテゴリーであり、また「母なるもの」とは、そのカテゴリーを説明する属性であって、個人を説明する属性ではない。ちょうどわたしたちが、現在の性の体制のなかでは「男」か「女」のどちらかのカテゴリーにあらかじめ分類されるように、「女」と命名された者は、「娘」か「母」のどちらかのカテゴリーに投げ込まれるのであり、あるいは「娘」から「母」へと不可逆的に移行するように期待されているのであって、「娘」のなかに「母」が、「母」のなかに「娘」が存在しているとはみなされない。たとえ「母」と「娘」の両方であるにしても、それは自分の母に対して「娘」であり、自分の娘に対して「母」であるというにすぎない。それは、いわば「男」という記号と「女」という記号を固定したまま、その両方を兼ね備えるバイセクシュアルの概念と同様に、「母」や「娘」の記号は固定したままで、けっしてそれぞれの記号の意味を拡大し混淆して、記号自体を無効にするものではない。

だがいったい娘が「母」になるのは、いつなのだろうか。育児の経験のどこかにおいてなのか、それとも解剖学的な出産の出来事によってなのか、あるいは妊娠の自覚の折なのか、それとも「母」になる可能性を秘めた性行為のとき、あるいはまた「母」になることを予測した「結婚」によってなのか(合法化された婚姻の祝福の言葉は次代再生産の仄めかしに満ち満ちている)。では娘はいつ「娘」であることをやめるのか。娘は「母」になったときに、「娘」であることをやめるのか。いやそれよりも娘は、いつ「娘」になったのか。

「娘」になるとは、二分法で分別された「女」の子供になることだが、その二分法のもとでの愛の関係は「男」と「女」のあいだにのみ可能であると受け取られている。したがって「女」の子供になるとは、「同性」である母とのあいだには官能的な親和性を一切認めず、単なる同質的な親和性があるだけだと解釈していくことである。ゆえに母との一次的な対象関係を成立させていた距離を忘れ(対象関係は「分離」からはじまるものである)、「母」の身体——生殖へと連動していく「女」の身体——に自己同一化する娘は、この時点ですでに「母」になっていると言うことができる。だから「娘のフェミニズム」とはべつの「母のフェミニズム」(Hirsch 196-99)があるわけではなく、「娘」と呼びかけられるときに、あるいは「娘」という呼びかけを体内化したときに、娘は「母」の道程を歩みはじめているのである。逆に言えば、母はじつはつねに「娘」であって、しかも一次的な母との対象関係を忘却するという、起源としてのトラウマを背負った「娘」だと言い換えることもできる。ゆえに母のフェミニズムは、同時に娘のフェミニズムであり、〈母/娘のフェミニズム〉は、「母」「娘」に形成されたのちの「母」や「娘」としての主体化を模索するものではなく、「母」「娘」に形成されるときのトラウマを引きずる、その不安定な自己生成の継続的な行為の様態において追求されるべきものである。

バーバラ・ジョンソンは誕生のまえに生命を奪う「妊娠中絶《アボーション》」と、不在の者に向かって語りかける「頓呼法《アポストロフィ》」と、何かに生命を与える「生命化《アニメーション》」を結びつけて、男の詩は文学生産とみなされるが、女の詩は嬰児殺し、あるいは「死んだ子供」への呼びかけとみなされると分析する。ジョンソンは出産／中絶という男女で非対称的な詩的活動の比喩を逆手にとって、ラカンが言うように「もしも要求が根源的に呼格であって」(Johnson, b 198)、その呼びかけが「存在もしくは不在の《他者》に向かう」(b 198) ものであるならば、「詩人が母として語れば——つまり死んだ(殺した)子供から生じる声であると同時に、死んだ(殺した)子供に向かって呼びかける(二つの)声をもつ母として語ったなら——いったい何が起こるだろうか」(b 199 強調ジョンソン)、何に生命を与えることになるだろうか、と問いかけている。それでは、もしも娘が、みずからが忘れ去った母から生じていると同時に、忘れ去った母に向かって呼びかける声をもてば、いったい何が起こるだろうか、何が生まれでてくるだろうか。

前述のように、現代の性体制においては、「母」はまさにカテゴリーであって、個人に加筆される属性ではない。だが「母」のカテゴリーは、母を忘却して女性蔑視を体内化した「娘」のカテゴリーでもある。「母」「娘」というべつべつのカテゴリーは、母の忘却という起源を隠蔽することによってのみ成立する実体詞でしかない。したがって母-娘の通時的な関係と思われているものは、「母」であり、かつ「娘」であるという二つの焦点をもつ身体のなかに共時的にあらわれているはずである。逆に言えば、「母」「娘」という一見して別個の共時的な実体詞は、そのなかに通時的な時間の重なりを抱え込んでいるものだ。だから母を忘却することによって「母」になりつつも、その忘却した母に向かって呼びかける「娘」は、忘却によって獲得したみずからの身体が、じつは忘却によって支払ったものでもあることを、知らず知らずに語るはずである。獲得した身体とは、女性蔑視を再生産している「母」という身体であり、代価として支払った身体とは、母との一次的な愛の対象関係の折に経験した母の身体である。おそらく、(男の)精神性と相補的な関係のなかで二義的な価値に置かれている(女の)身体性という記号の意味を攪乱して、みずからの身体の可能性を押し広げるものは、母の身体であると同時に、母の身体を失った母/娘――二つの焦点をもつわたし――が発する呼びかけの声なのではないだろうか。

みずから遺棄したにもかかわらず、遺棄したがゆえに存在する「不在」の子供に向かって呼びかけることは、「存在」を現在の形態で再生産するのとはべつの、オルタナティヴな再生産へ道を拓くことかもしれない。であるならば、自己形成という自己のはじまりにおいてみずから忘却した「不在」であるにもかかわらず、忘却したがゆえに娘の

「身体」となって存在する母に対する娘の呼びかけは、裏返しに「存在」している「不在」に生命を与え、みずからの身体に新しい意味を付加していくことではないだろうか。それは、喪失を隠蔽してまったく新しい未来の意味を夢見ることでも、あるいは喪失のメランコリーのなかに幽閉されて、過去の意味(女性蔑視)のさらに巧妙なヴァージョンのなかに逃避することでもなく、喪失した過去であると同時に、顕現する未来でもある意味を、母であり娘であるわたしの身体のうえに切り拓いていくことである。それは、母や娘が、「母」「娘」という「女」の記号が刻まれた実体詞の自己把握《アイデンティフィケーション》——すなわち所与の言語体系のなかでの対象関係——の境界を揺るがして、既存の言語をべつの形態で再構築していくこと、つまりオルタナティヴな母‐娘関係を再生産して、現在の性の制度を「脱‐再生産」することになるのではないだろうか。

記憶が忘却から立ち現れるとき

わたしたちは誰も、母か娘かの「どちらか」なのではない。驚き、困惑し、ひどく混乱させられることだが、わたしたちは、そのどちらでもある。

——アドリエンヌ・リッチ

わたしはあなたを忘れない。あなたがわたしを抱き寄せていたときのことを。あなたの身体がわたしに向けられ、あなたの視線がわたしに注がれ、あなたの手がわたしの命の熱さに触れていたときのことを。わたしを抱くあなたのこころのなかにどんな思いがめぐっていたのか、わたしは知らない。わたしはたぶん温かい塊、命であると同時に、命を吸い取るもの。あなたのなかの忘れてしまった遠い日々を、もどかしく思い出させる／思い出させないもの。あなたはそのとき、わたしであったのかもしれない。

わたしたちはいつから愛することに恥じらうようになったのか。いつから愛することを、心配りやそれに応える控えめな感謝に変えたのか。あるいはあまりに大きな心配り――まるでわたしがあなたで、あなたがわたしであるかのような心配り――と、その重荷への恐怖と反発に変えたのか。あなたとわたしを同質のものとみなして二人のあいだを往還する心配りが、そうでなければ生まれなかったかもしれない過度の依存と期待と、そしてそれがもならす限りない残酷さや罪意識、後悔の念をよびおこす。けれども、あらかじめ失われたときにわたしたちのあいだにあったものは、心配りだけではなかった。

ある人はこう言っている――「母に母乳をふくませてもらって以来、女友だちと抱擁したのは一度だけで、それもほんの一瞬のことです。他の女性に触れたのは、護身術のクラスで抱きつかれたのを振りほどく訓練をしていたときぐらいでした」(ハイト四二)。もしかしたらあなたから学んだのは、あなたに無関心でいること、あなたの身体に無関心でいることだったのかもしれない。あなたの身体を脇において、あなたの魂の心配りの方を受けること。あなたの身体によって意味されているものをすべて「もうひとつの性」に譲りわたし、わたしの手の届かないものにしておくこと、そしてわたしの身体をあなたと同じ「性」の身体にすることだったのかもしれない。あなたの身体に触れることは、恐ろしいこと、おぞましいこと、危険なこと、あなたの秘密に触れること、あなたがわたしに示す心配りとはべつの、恍惚や失意や妥協や渇望や……つまり他者というあなたの身体に触れることなのか。けれどもいつからわたしは、あなたとのあいだにはそのような恍惚や失意や妥協や渇望や……つまりは他者としてのわたしと、他者としてのあなたの関係はありえないと思うようになったのだろうか。わたしはあなたへの愛を、憧憬と挫折に変えたくはない。

わたしはあなたを忘れない。わたしがずっと昔に触れていたあなたの身体を忘れない。今にも奪い去られるかもしれない恐れに怯えながら、あなた自身がわたしから逃げていくのではないかという不安におののきながら、わたしが触れていたあなたの身体を忘れない。それは、わたしではない人にあなたが向ける身体と、まったくべつのものだと言えるのだろうか。あなたのこころはあなたの身体と交じり合う。わたしの渇望とためらいは、わたしの知らないあなたの物思いとは、まったく異質なものなのか。忘却のなかからわたしがいつも引き出してくるあなたへの愛は、わたしとあなたを、二つの存在、二つの不確かな存在にする。そばにいることと離れること、求めながらも恐れているもの、わたしのなかにありながらわたしのそとにあるもの、同じようでいて異なるもの、身体はこころであり、こころは身体であるもの。それはあなたとわたしだけの特別な物語なのではなく、愛というものの物語。愛というものが、そのなかに隠し持っている物語。

わたしは、あなたとわたしを同質性という囲いのなかに閉じ込め、その囲いのなかでわたしとあなたを引き裂くすべての言語に抵抗する。けれどもわたしはまったくべつの言語を語っているのではない。わたしは他の人が他の場面で使う愛の言葉を、あなたとわたしの関係に使っているにすぎない。だから愛はときにわたしを窒息させ、ときにわたしを麻痺させ、ときにわたしから逃げ去り、ときに愛そのものがわたしを裏切る。あなたとわたしのあいだにも、愛の多様な局面が到来し、ときにそれは失意や妥協に変わることもある。

けれどもわたしは、あなたのなかにつくられたものを、変わらぬあなたそのものと錯覚して、あなたを侮蔑したりはしない。あなたを侮蔑し、わたし自身を侮蔑することはしない。それはわたしたちにかけられた罠――わたしたちの身体を「女」の身体というひとつの解釈のなかに閉じ込めておくことである。わたしは、あなたを愛のひとつの局面では愛さないことによって——心配りという局面だけでは愛さないことによって——この罠から逃れ出る。わたしは、あなたをわたしのなかに取り入れてあなたをわたしにしてしまったり、わたしをあなたにしてしまうことはない。わたしたちがよく使う言語では、わたしとあなたは同じものだと言われているが、わたしはあなたではない。わたしたちのあいだには、「分離」から始まる愛がつねにすでに存在していた。だからわたしは、あの言語ではあなたと同じ「女」であって、この言語では「女」ではない。あの言語ではあなたと同じ「母」であり、この言語では「母」ではなく、「娘」でもない。しかし言葉はいつも混じり合う。わたしは「母」や「娘」や「女」でありながら、「母」や「娘」や「女」を少しずつずらしていく。

記憶はいつも忘却のなかから、忘却されたもののべつの形となってあらわれる。だからわたしが愛しているあなたは、厳密には「女」そのものではない。忘却と記憶のはざまであなたに語りかけるわたしも、「女」そのものではない。だからわたしが経験していく愛は、「女」としての愛ではない。たとえその対象が、いわゆる「男」であろうと、いわゆる「女」であろうと。わたしはあなたを愛したことを忘れないから、わたしにはたくさんの可能性とそのかたちが、愛という名のもとに広がっていく——そのような場所へとわたしは足を進めていく。

けれどもわたしとあなたのあいだには、幾年かの隔たりが初めに存在していたと人は言う。子供と大人。母と娘。そしてこの分割は、そのほかのさまざまな隔たりを呼びよせる。非‐性的な存在と性的な存在。正しい発達とまちがった脇道。男と女。父と母。触れてはいけない身体と触れてもよい身体。存在すべき愛と存在してはいけない愛――あるいは愛ですらないもの。そしてあなたとわたしのあいだに横たわる年月を過ごして、わたしがあなたになればあなたがわたしを導き、わたしにそれ以外のことを語りかけず、わたしもそれ以外のことを尋ねなければ――こういったすべての〈分割〉の秩序は永久不変に継承されていくのかもしれない。わたしたちの身体に、わたしたちの魂にしいるしづけられることによって。

いつかわたしはあなたになると人は言う。けれどもわたしはわたしを見るあなたの眼のなかに、母の娘としてのあなたを見る。母となったあなたの眼のなかに、娘の忘却と記憶を、娘のゆらぎを、娘のメランコリーを、メランコリーに気づいたときの娘の驚愕を見る。通時的な母‐娘の物語は、母と娘のこころのなかで共時的な出来事に変わる。「母の愛」は「母への愛」と混淆し、行為のなかで記憶は語り直される。あなたは母であり、娘である。そしてわたしは、あなたの娘であり、娘であるあなたを見つめる母でもある。娘がときおり見せる保護者的な態度。愛の忘却からではなく、愛の記憶から立ちのぼる娘のまなざし。「娘の愛」は「娘への愛」に交じり合い、淋しさ《ミッシング》は希望をはらんで、二人のあいだをたゆたう。通時的な「発達」の物語は、共時的な「経験」の物語に変わる。過去の時間は現在の時間を押しひろげ、「分離」を糊塗した〈不在〉は、「分離」を内包する〈存在〉をつねに喚起し、新しい意味の生成がはじまる。

たとえ「母なるもの」「女なるもの」が空無を土台にしてつくられた堅固な建造物であったとしても、その建物にはかならず人が住まい、人は建物の窓を開け、扉を開け、いつしか招くべきでない人も招きよせ、また招くべき人を招くべきではない方法でもてなし、わたしの住居はその外観を変えて、さらにはわたしの住居に面した通りの名前も変わるかもしれない。そのときわたしを説明する《名前の法》はその地勢を変えて、わたしはべつの名前で呼ばれるようになるだろう。だからわたしがいる場所は、そしてあなたがいる場所も、この街並みの向こうの原初の森のなかでも、空中に浮かぶ楼閣のなかでもない。わたしたちは《名前の法》が地番を刻む——刻みつづけている——そのただなかに住みながら、その〈住所表示／呼びかけ《アドレス》〉の名前を変えていく。

わたしはあなたを「地下納骨堂」にほうむりはしない。あなたの声は、暗い地下から同じ言葉を繰り返す谺ではない。あなたの姿は、天上で微笑むイコンでもない。だからわたしは忘れない、あなたの身体を、あなたへの愛を、愛がもたらす階調のすべてをわたしが感じていたことを。忘却は記憶を呼びよせ、記憶は過去を現在の物語に変える。記憶は、現在刻々の「行為」であり、そのなかで新しくよみがえるあなたは、幾重にも増幅し幾多のかたちに姿を変えて、「母なるもの」「女なるもの」の名前を無効にしていく。「思い出が消え去るときに、忘却がそれ自身を記憶する」(Irigaray, c 65) のではなく、記憶は忘却のなかから立ち現れ、あなたの〈不在／存在〉はわたしのいまの出来事になり、時間の連なりはわたしのなかで大きく弧を描いて、眼前の「水平線」をさらに遠くへと広げていく――性の制度はいま、ここで、あなたを忘れないわたしのなかで変貌を遂げはじめている。

第四章　アイデンティティの倫理
——差異と平等の政治的パラドックスのなかで

位置づけのはっきりしない文脈での差異は、アイデンティティという概念そのものを空洞化し、〈わたし〉というものを総体として形成している多数の層を、無限にまで引き延ばすものである。

——トリン・T・ミンハ

アイデンティティ、差異、主体の解体、位置性、行為体、自由、平等、正当性、承認、アゴーン……。多彩な概念が、抑圧からの解放をめぐって議論される。透明で客観的な普遍性の物語に疑義がつきつけられ——支配的な物語であれ、解放的な物語であれ——それが誰によって、誰に向かって語られているかが問いかけられる。

語ることから無縁な者は、一人もいない。語りはかならずしも語り手の意図から生まれるものではない。語りは語り手の意図を超え、意図を裏切り、あるいは意図のないところ、意図が持ちえない場所からも発せられる。語りは生であり、「語ることができない」者も語る——語らないことを、あるいは聞き手を持たぬ事柄を。(1) 語りは慣習の反復と、慣習の亀裂の両方を出現させる。語りがつねに語り手の意図を超えるものならば——ときに語りが聞き手をもたぬものならば——語り手は誰か、語り手はどこから語るかという問いに、確定的な答えが与えられるだろうか。語り手を何と名づければよいのだろう。

語りが語り手の意図に同一化しえないように、語りが聞き手にすべて届くわけではない。しかし語りは、聞き手に届かないかぎり存在しない。聞き手は、聞き取り可能なものだけを聞く。語りは、聞き手に届いたとき、聞き手にとっての語りとなる。だから聞き手は、聞くことができるという潜在性のゆえに、聞く以前に存在している。しかしまた語りなしに、聞き手は存在しない。聞き手は、聞くことと同時に出現するものでもある。そして聞く行為がもつ被傷性を、受け入れる。聞く行為によって、みずからの聞くことの潜在性を広げていく。そのような聞き手を誰と特定することは、可能だろうか。誰に向かって語るかという問いは、有効なのだろうか。そのときの聞き手をどう名づければよいのだろう。

わたしたちは名づけられること(あるいは名づけられないこと)——さらにはみずから名づけること——の排除性と、名づけの不可避性のあいだに立ちつくしつつ語る。どのような人も語る。語れない人も、聞き手をもたぬ人も、ときに語り手が意識しないまま、あるいは語りが届かぬまま語る。だから名づけは一回性のものではなく、生成のプロセスであると、わたしたちは「〜である」と名のる(カミングアウトする)のではなく、語りによって「〜になる」(ビ)カミングアウトするのだと主張する。では「〜として」カミングアウトするときと、「〜として」(ビ)カミングアウトするときの、「〜として」のあいだにはどのような質的相違があるのだろう。はたして「〜になる」という政治が、名づけの制度を転覆させるのにもっとも効果的な唯一の手段なのだろうか。九〇年代にはいって、多文化主義や文化研究の文脈で、「アイデンティティの政治」が賛同と批判の両面で議論の俎上にのぼってきた。「アイデンティティの政治」や「(ビ)カミングアウトの政治」は、現存の抑圧的な性体制を転覆するためにかならず通過すべき、不可避の本質主義的な戦略なのか。あるいは、リスクを背負いつつ実践されるひとつの社会構築的な戦法なのか。そのとき、そこで何が起こっているのだろうか。

「わたし」を同定するアイデンティティは、「わたしでない」ものを生みだし、それとの差異化をはかる。差異はアイデンティティの前提条件なのか。それとも差異は、アイデンティティのなかに生じるもの、ドゥルーズの言葉を使えば「自己に対して生じる」(Deleuze, a 40)ものなのか。差異が「アイデンティティの可能性の条件」であると同時に「アイデンティティの構築の限界を定めるもの」(Butler, h 37)ならば、アイデンティティの「政治」は、アイデンティティの「倫理」へと——すなわち人と人の〈あいだ〉をあつかう政治は、自己のなかの〈あいだ〉をあつかう倫理へと——接続していかなければならないのではないか。

スピヴァックは、社会構築的な考え方は反本質主義のように見えるが、(2)じつは社会を本質として捉えているにすぎないと批判した。社会構築主義の考え方では、現在の資本主義社会は本質(つまり社会一般)とみなされてしまい、それを批判的に検証する作業はなされず、それ以外のものはみな「差異の〔個々の〕場所」になってしまう、と(Spivak, f 294)。だが差異は差異化された「場所」ではない。差異は、位置性やアイデンティティではない。たとえその「場所」に何か持続的なものがあるとしても——ふたたびドゥルーズの言葉を使えば——「持続とは、自己に対して差異を生じるもの」(Deleuze, a 40)である。だからこう言うことができるだろう、アイデンティティとは「自己に対して差異を生ずるもの」であると。

スピヴァックは理論の政治性を問題にし、「責任をもつ(応答する)《リスポンド》ためには、意図の可能性、さらには主体性の自由さえも想定しなければならない」と述べた。スピヴァックがあえて口にした「主体性の自由」を、「自己に対して差異を生じさせる持続」と読み変えることはできないだろうか。つまり自己への応答の持続性であると。政治の次元(人と人のあいだ)で求められる責任《リスポンシビリティ》は、倫理の次元(自己のなか)でもちえる「応答性《リスポンシビリティ》」に連動していくのではないだろうか。

語りは語り手の意図をこえ、不確定の聞き手に送られる。「語り手」は語るという行為によって過去の物語の「聞き手」となり、「聞き手」は聞く行為によって未来の語りの「語り手」となる。過去は現在のなかに侵入し、現在は未来をすでに内包する。語りは、時の持続のなかで時を引き寄せ、語り手においても聞き手においても、自己の位置をずらし、自己のなかに差異を生じさせていく[3]。語りという、語り手と聞き手のあいだの間主体的《インターサブジェクティヴ》な政治的行為は、自己への応答——自己で非ざる自己への応答——という内主体的《イントラサブジェクティヴ》な倫理的行為として体験され、そして自己の内部で生じた差異は、ふたたび語りという間主体的な係争へと連鎖していく。

言説権力と抵抗

権力が行使されるのは自由な主体に対してだけであり、主体が自由であるかぎりにおいてのみである。

——ミシェル・フーコー

ガヤトリ・スピヴァックが社会構築主義について投げかけた批判は、とくにミシェル・フーコーの〈主体化＝隷属化《サブジェクション》〉の理論以来、言語的唯名論の非政治性、解放の可能性の袋小路としてしばしば問題にされてきた事柄である。

フーコーはその権力論で、「統治／従属」という古い権力形態から変容した近代の「支配／服従」の権力機構においては、権力は主体に対してはたらきかけるのではなく、主体をとおしてはたらきかけるものだと主張した。たとえば、ある種の欲望は外在的に存在して、それが「禁止」されるのではなく、「禁止」すべき欲望として言説によって「生産」され、その言説化された欲望をみずからに禁じた人間のみが、「主体《サブジェクト》」として認知されることになると。すなわち主体とは、言説権力を内面化し、それに服従《サブジェクト》することによって主体《サブジェクト》となる者であり、もとより啓蒙主義の人間中心的な自律性はもちえない。だがそうなると、抑圧体制を再生産する言説権力の「悪循環」から、どのように人は解放されるのか、権力機構と主体と言説が同延上にあるとき、自由への跳躍を引きおこすスプリングボードをどこに求めればよいのか、という問題が浮上する。

この問題について早い時期にアイデンティティの見地から議論をたたかわせた例が、チャールズ・テイラーとウィリアム・コノリーの応酬である。テイラーは「自由と真実に関するフーコー」という論文のなかで、フーコーが「支配」と「偽装」のもとに否定した「自由」と「真実」を救いだす必要があると述べる。そのためにテイラーが着目したのは、「生命を維持し、継続させ、再生産することにかかわる活動の集合」(Taylor, b 155)としての「普通《オーディナリィ》の生活」を志向する目的論的な倫理である。だが彼によれば、この種の倫理は、規律的な権力言説だけで社会構造を理解しようとすると、つねに漏れこぼれてしまうものである。それでは「普通の生活」という目的論的な倫理を媒介する《エイジェントファイ》ものは何だろうか。テイラーはそれを、歴史のなかで獲得してきたアイデンティティ、すなわち「個人の独立性と集団的自治の二つによって枠づけられる政治的アイデンティティ」(b 178)だと述べる。むろん多文化主義の担い手となるテイラーは、単純に共約可能な政治的アイデンティティを想定しているわけではない。個人の独立性と集団的な自治を整合させることは非常に困難で、その非整合的な価値づけをめぐって苦闘がつづくが、この苦闘こそ「人間性、つまりわれわれの政治性を特徴づけている」(b 178)ものなのだと補足する。つまりテイラーは、〈主体化＝隷属化〉の閉塞的な循環から離脱しつつ、一元的な価値によって抑圧されない、差異を包含する共同体を想定しようとしたのである。

　カミングアウトを肯定的に捉える「アイデンティティの政治」を、このテイラーの主張につなげて考えることができるかもしれない。カミングアウトは、これまで負のしるしがつけられていたものをひとつの差異として主張し、その差異に積極的に自己同一化《アイデンティファイ》することによって、おぞましきもの《アブジェ》としてではなく社会的存在としての承認を求める行為である。のちのテイラーの論文から引用すれば、そもそも「個人や集団独自のアイデンティティ」は「他のすべての人からの区別」であるにもかかわらず、「その区別がこれまで無視され、言い抜けられ、あるいは支配的また多数派のアイデンティティに同化させられてきた」ために、それへの異議申し立てとして、アイデンティティの政治は、みずからの「真正さの理念」に基づいて声をあげる(d 38)。したがってレズビアンやゲイとしてカミングアウトすることは、区別ではなく差別化されてきたセクシュアリティ、あるいはクローゼットのなかに隠さざるをえなかったセクシュアリティを、みずからの「真正さ」として主張し、「普通の生活」を要求するものだと言えるだろう。

ところでアイデンティティの政治は、アイデンティティの「存続だけではなく、その価値を認めること」(Taylor, d 64 強調テイラー)を要請するものである。そこでテイラーは、多様なアイデンティティが共生するためには、「ガダマーが「地平の融合」と呼んだもの」——すなわち新しい未知の価値基準が加わることによって既存の価値基準が相対化されるような価値基準の変化——が起こらなければならないと付け加える(d 67)。たしかにこの価値基準の変化こそ、〈主体化=隷属化〉の言説権力の循環を断ち切ろうとする「アイデンティティの政治」が目標としているものだろう。だがはたして、この価値基準の変化は簡単に達成しうるものだろうか。テイラーは、平等な価値の承認を要求することがしばしば逆説的に「非真正さや同質化」に陥ってしまうこと、またアイデンティティの主張が自己中心的な基準のなかへ「自閉」していくことの危険性について語り、その「中間点」を志向すべきだと結論づける。

たしかに「普遍的な諸能力にもとづいて平等な尊厳を求める政治は、すべてを等しく同質化して」(Taylor, d 51 強調引用者)、そもそもの発端である「差異」の主張を空洞化するおそれがある。たとえば、異性愛実践も同性愛実践も、異性愛の欲望も同性愛の欲望も、性実践や性欲望という点では同じだという議論になり、両者を階層的に差別することから生じる現実的で複雑な(心的様態を含む)現存の抑圧機構を隠蔽し、いったい何を、誰を、平等にするのかという本来の目的が曖昧になってしまう場合がある。平等は、のちの節で述べるように、ヘゲモニーの観点からさらに議論する必要がある。またアイデンティティの主張のゲットー化も、極端な分離主義や暴力的抗争へと発展し、アイデンティティの「承認」の要請と矛盾する可能性をもつものである。いったい承認は、誰(何)が誰(何)を承認するものなのかを、あらためて問う必要がある。

しかしテイラーがこういった問題の複雑さや深刻さを認めたうえで、この両極端の不都合を回避しようとして提起した両者の「中間点」という解決策は、はたして真に解放的なものと言えるだろうか。テイラーによれば、その中間点は偶発的に獲得されるのではなく、「より偉大な調和をもたらすべく意図された」もの――すなわち「われわれの賞賛と尊敬に値する何か」(d 72-73 強調引用者)――である。ここにいたってテイラーは、一方ではアイデンティティの政治のアゴーン(闘争)的で価値攪乱的な過程性を称揚しつつも、他方では皮肉なことに、政治性と人間性をナイーブに調和させて、共通善という人間主義的な普遍性の基盤に立ち戻ることになった。[4]

もう一度さきほどのテイラーの論文に戻れば、彼が「普通の生活」として列挙した活動は、「生産、消費、婚姻、愛、家族」といった事柄である(b 155)。だが『性の歴史』を批判的に発展させ、「自由」の契機を模索しようとした彼の論文において、愛の交換は本来、多様に、テイラーの言葉を使えば「自由」に、現象化されるもののはずである。しかしそれが無検証の「婚姻」や「家族」という旧来のパラダイムの語彙に要約されたことは、アイデンティティの主張が何をその指示対象としているかをあらためて問いなおす必要を示唆するものである。レズビアンやゲイとしてカミングアウトするときに、「レズビアン」や「ゲイ」という名づけによって何を指し示しているのか、その名づけはどのような〈言語〉を前提としたものなのか、どのような権力配置を背後に有したものなのかを、問いかけることが必要になってくる。逆に言えば、旧来の名づけを用いつつ、それを換骨奪胎して〈名前の法〉を攪乱しようとする「〜として」という「アイデンティティの政治」は、異議申し立ての契機をさらに封じ込める既存の〈言語〉のなかに、迂回路をへてふたたび囲い込まれる危険性があることを、テイラーの議論の展開は示していると言えるだろう。

他方このテイラーに対して、フーコーの理論に準拠しつつ、その政治性を追求しようとしたウィリアム・コノリーは、むしろ規律的な権力が行使されるのは「調和」を介してであることを指摘し、このような調和的・目的論的な志向性を有するアイデンティティではなく、アイデンティティのなかにひそむ「他者性」の可能性に着目した。彼は「テイラー、フーコー、他者性」というタイトルの論文のなかで、「個人的アイデンティティを可能にする制度が、自己の統合的可能性と調和し、また自己の統合の実現は、社会秩序によって実現される共通善と調和する」という考え方を批判し、「このように制度に同一化する《アイデンティファイ》アイデンティティを追求することこそ、「規律的な社会システム」を現代生活の新しい局面に持ち込む危険な方策である」(Connolly, a 368 強調引用者)と警告する。

　コノリーによれば、権力が規制を向ける標的は、「〔自由の〕媒介としての自己ではなく、権力を媒介することに抵抗する複数の自己を有する自己」(a 371)である。だからもしもフーコーの権力論のなかに「自由」があるとすれば、その自由は「主体の自由に収斂するもの」ではなく、「主体性や規範化の鋳型に合わないものが解き放たれていくこと」(Connolly, b 371)である。したがって解放の可能性は、単に「主体としての自己」を打ち立てるのではなく、「他者性――つまり主体の基準から逸脱しているとか、それに達していないとか、それにしたがって生活することが不可能だ――と、規範的な主体によってみなされているような自己」のなかに見いだされるべきだとコノリーは分析する(a 371)。

フーコーが晩年の著作のなかで一種の転回をとげ、言説権力による主体の受動的な構築(がなされる近代)の分析から(『性の歴史』第一巻まで)、自己への配慮による自己の能動的なはたらきかけ(が称揚された西洋古代)の分析に(『性の歴史』第二巻以降)移ったことは、周知の事実である。だがすでに『性の歴史』第一巻においても、フーコーは抵抗の可能性そのものを否定してはいない。むろん彼は、人間の経験が言説によって差異化されない状況のなかに、抵抗の可能性を見いだしはしない。むしろ権力が可視的でマクロな権威として発動されずに、ミクロな個人関係のなかに不可視的に行使される〈主体化=隷属化〉の機構のなかにこそ、抵抗は存在するとフーコーは語る。なぜなら、フーコーの言う言説権力は、一回性の上意下達的な統治権力ではなく、「つねにいつもあらゆる地点で生みだされる」偏在的で可動的なものであり、「個々の動きをつかまえて、それを差し押さえようとする連鎖」(Foucault, a 93)であるからだ。したがって「権力のあるところにはかならず抵抗があり」、逆に言えば「権力関係は、無数の抵抗の地点に依存してはじめて存在する」(a 95)。

ではそのような抵抗とはどのようなものなのか。彼は「唯一の崇高な《拒絶》の場」とか「革命の純粋な掟」といったものは否定して、抵抗の複数性、個別性、多様性を主張する。彼によれば、抵抗は「可能で、必然的で、非現実的で……自発的で、野蛮で、孤立的で、共謀的で、過激で、暴力的で……すばやく妥協し、利害に敏感で、自己犠牲的」(a 95-96) といった相互に矛盾する様態を、個々の事例のなかに呈するものである。しかしこの抵抗の矛盾性、個別性、複数性は、抵抗が権力に対する対処的な「反応」や「反動」でしかない「受動的な」もの——したがって「つねに敗北する」もの——であるからではない。そうではなくて、抵抗はつねに「権力関係における片方の項目であり、(権力には) 還元できない対立物として、権力関係のなかに書き刻まれている」(a 96) ものである。そしてこの「権力には還元できない」抵抗点が、「移動する裂け目を社会の内部に生みだし、統一を破砕し、集団の再編成をおこなう」、つまり「革命を可能にする」(a 96) とまでフーコーは述べている。

しかしここでぜひ注目したいのは、この「無数の抵抗点」が「社会成層」を横断すると同時に、「個人の統一性」をも横断していると述べられていることである (a 96)。彼は可動的で過渡的な抵抗点が、「個人のなかに溝を掘り、個人を切り裂き、個人のなかに——すなわち個人の身体と精神のなかに——還元不可能な領域を画していく」(a 96) と語る。フーコーは抵抗についての議論をこのすぐあとでとりあえず終わらせ、それ以降は、権力を媒介する性欲望という装置に「「解放」の命運がかかっていると思わせている」言説権力の巧妙な「皮肉」(a 159) を暴くことの方に論議を費やしているので、個人の統一性を横断する抵抗点がどのように「解放」にかかわっていくのかについては述べていない。むしろそれは、晩年のフーコーの関心事になっていく。だが「個人の統一性を横断する抵抗点」についての数行の記述は、フーコーが最晩年に問いかけた「現在性《アクチュアリティ》」への問い——つまり「わたしの現在性とはどのようなものなのか。この現在性の意味は何なのか。そしてわたしがこの現在性について語るとき、わたしは何をしているのか」（f 36 強調引用者）という問い——を予見するものである。

抵抗点が「個人を切り裂く」ものならば、そして切り裂かれた結果、「個人の身体と精神のなかに還元不可能な領域を画す」ものならば、統一性を欠いた個人、還元不可能な領域は、「解放」への契機となるかもしれない。しかしフーコーはかならずしもそれが直接的に「解放」につながるものではないことを繰り返し述べる。

還元不可能とは、それ以上細分化つまり分節化することができないということ、既存の〈言語〉によって何であるかを説明することができないということである。「言説が権力の道具であると同時に結果であり」（Foucault, a 101）、言説権力が身体や事物を「生産する」ものならば、否定的であれ、肯定的であれ、名づけられないものは権力の網目のなかには「実体」としては存在しない——それが権力関係のそとに絶対的外部としてあるのではなく、権力の網目の内部に、権力関係によって、生起するものだとしても。それは「何か」として、いわんや解放の拠点として、実体化することはありえない「他者性」である。したがって「他者性とみなされる自己」とか、「主体の基準から逸脱していたり、それに達していなかったり、それにしたがって生活することが不可能だとみなされている自己」(Connolly, a 371 強調引用者)という表現は、適切ではないだろう。そのような「自己」は言説権力の網目のなかには存在しえず、「統一」を標榜する主体だけが、身体という事実性を備えて、言説権力の網目のなかに生存しうるのだから。言葉を換えれば、自己の「深層」として隠され抑圧されている「真正な自己の核」という考え方こそが、「自由」という幻影を与えて、〈主体化＝隷属化〉の権力関係を稼働させるものである。「権力が行使されるのは、自由な主体に対してだけであり、主体が自由であるかぎりにおいてのみである」(Foucault, b 221)。

しかし注意すべきことは、そういった「統一的な主体」という事実性がじつは言説によって構築されたものであるということだ。しかも一回性の構築ではなく、偏在的な言説権力によってそのつど再構築される、きわめて不安定なものであるということである。なぜなら「権力のあるところにはかならず抵抗があり」、抵抗点は「個人の身体と精神のなかに還元不可能な領域を画していく」からだ。したがってもしも唯名論の閉鎖的な循環を逃れ出る可能性があるとすれば、その可能性は、名前も与えられず、存在も定かではなく、ただ抵抗という「現在性」によってのみ、陰画的に、過渡的に生成するこの「還元不可能な領域」――主体とともに生成し、主体の構成要素である「還元不可能な領域」あるいは「領域」とも呼べないもの――が、主体に対して投げかける他者性の内部投影なのではないだろうか。

言説権力が行使される場として、フーコーは「告白」の伝統を挙げる。「裁判において、医学において、教育において、家族関係において、愛の関係において……また自分自身に向かって」(a 59)、人は自分の欲望を告白する。告白は「権力関係のなかで繰り広げられる儀式」(a 61)である。なぜならフーコーが言うように、そこに、透明な聞き手ではなく、「告白を要求し、指示し評価し、そしてまた裁定や処罰や赦免や慰めや和解のために介入する権威としての相手が(潜在的に)いなければ、人は告白しないからである」(a 61)。ゆえに支配権力を媒介し、告白を誘導する者は、語る者ではなく、聞き取っている者となる——たとえ聞き手が語り手を「理解」し、語り手に「同情」したとしても。(5)

したがって、これまで否定的なしるしがつけられていた名づけをつかって、その名づけを換骨奪胎するためにおこなう「アイデンティティの政治」も、その名づけが既存の抑圧的な〈言語〉による定義にとどまっているかぎり、そこには「還元不可能な」他者性はあらわれない。また「アイデンティティの政治」が、「告白」と同様に、聞き手を支配的な言説の内部にとどまらせているかぎり、たとえ聞き手が語り手を「理解」し、語り手に「同情」したとしても、支配権力の配置は変わらない。おそらく「アイデンティティの政治」が抵抗の発話となりえるならば、それは、アイデンティティの主張というひとつの権力の発生地点において、語り手と聞き手の自己を切り裂き、還元不可能な他者性を双方の身体と精神に呼び込むことが可能になったときだろう。それはいかにして可能なのか。この問いに答えるためには、アイデンティティはどの次元で問題化されるのか、アイデンティティは同一的《アイデンティカル》なものなのか、アイデンティティの形成に〈言語〉はどうかかわるのかという問いに、もう一度立ち戻らなければならない。

集団的アイデンティティと承認／再配分の政治

カテゴリーは本質的に不完全なものだと仮定することによってのみ、そのカテゴリーをさまざまな意味が競合する永遠に使用可能な場として機能させることができる。

——ジュディス・バトラー

チャールズ・テイラーは、アイデンティティの政治はアイデンティティの「承認」の問題であると主張し、承認の言説には「親密さの領域」と「公的領域」の二つのレベルがあると述べた。彼は、この二つの領域の繋がりが近年(とくに精神分析的なフェミニズム理論で)指摘されていることに触れつつも(詳述はせず)、彼自身は公的領域に焦点を絞って、「平等な承認をめぐる政治が何を意味してきたか、何を意味しえるのか」

(Taylor, d 37 強調引用者)を解明しようとした。

テイラーによれば、アイデンティティの承認の政治には、つぎのような前提がある。

> わたしたちのアイデンティティの一部は、他人からの承認、あるいは承認されないこと、ときには間違って承認《ミスレコグニッション》されることによって形成されているので、もしもある個人や集団が、まわりの人間や社会から、自分たちの姿が偏っていて、醜く、侮蔑的であると見せつけられれば、現実の被害や歪曲を被ることになる。不承認《ノンレコグニッション》や誤認《ミスレコグニッション》は損害を与え、抑圧の一形態となり、歪められ矮小化された偽りの存在様態のなかに人を閉じ込めるものである。(d 25)

承認されない、もしくは誤認されている者は、他人から蔑視されて劣位の位置に置かれるだけでなく、他人からの蔑視を自らのアイデンティティとして内面化し、この自己蔑視が「抑圧のもっとも強力な道具のひとつ」(d 26)になると彼は言う。したがって抑圧からの解放は、「真正さの理念に対する大罪」である不承認や誤認に対して、自分たち独自のアイデンティティ(つまり差異)を主張するものだが、差別化されない差異という、平等の要求は、つまるところすべての人は「普遍的に同等」という価値の同質化や、個人や集団が非共約的な差異のなかに自閉することから生じる公的領域の解体をもたらす危険性をもつものである。しかしこの二つの陥穽から逃れる手段としてテイラーが提唱した「中間点」も、前節で述べたように、その「中間点」を支えるために、さまざまな文化を通底する「善なるもの、神聖なるもの、賞賛すべきものに対する人々の(共通の)感覚」を想定することになり、「政治」は、普遍的な「道徳」、あるいは超越的な「宗教」に回収されてしまうことになる(Taylor, c 72)。その結果、ジョエル・アンダスンがすでにテイラーの『自己の源泉』について論じているように、「普遍的な善きものについて論じることと、わたしにとって善きことについて論じることをいかに区別しうるか」(Anderson 35)という問題に直面することになる。差異はどのような次元で考えればよいのか、あるいは「どのような次元で」という留保がはたして適切なのか、という問題が発生するのである。

ナンシー・フレイザーはテイラーの「承認の政治」を受け継ぎつつも、テイラーが一方で主張している価値基準の変容の方に注意を向ける。彼女は「再配分から承認へ?」と題された論文のなかで、まず、経済的/物質的なものの「再配分」と文化的なアイデンティティの「承認」のあいだにジレンマが存在していることを指摘する。承認の政治が何らかのかたちで「集団の特殊性を想定する」――つまり「差異化」を求める――ものであるのに対し、再配分は「集団的特殊性を補強するような経済配置をなくそうとする」――つまり「脱差異化」を求める(Fraser, c 16)――ものであるからだ。フレイザーはこのジレンマを克服する視点として、経済的な再配分と文化的な承認の双方に、それぞれを分割する区分をもうける。彼女によれば、再配分であろうと承認であろうと、それが「肯定的《アファーマティヴ》」な場合は、既存の集団の表面的な再配置にすぎず、各集団の差異は温存されて、そうして温存されたままの差異にもとづく再配分は、「誤認」のバックラッシュを生じさせることになる。だが「変容的《トランスフォーマティヴ》」な場合は、生産関係あるいは承認関係に深い再構造化をもたらし、集団の差異は曖昧になって、そのように液状化された差異に対してなされる再配分は、誤認形態の是正に役立ちうる(c 27-31)。

　このフレイザーの議論で特筆すべきことは、「政治」と「経済」を積極的に結びつけたことである。彼女は、承認の政治の次元だけでは解決することが困難で、さらに包括的な共約性(したがってさらに異議申し立ての契機を封じ込める共約性)に回収されてしまいがちな差異／平等の問題が、経済的・物質的配置の再構造化と不可分な関係にあることをまず確認し、その両者を分析的に分けて思考しつつ、両者の連関性を模索しようとした。いわばフレイザーは、「階級の政治」と「アイデンティティの政治」――あるいは、経済的再配分を主眼におく「社会的左翼」と、言説を問題化する「文化的左翼」――のあいだの近年の「分裂を克服して、左翼の統一戦線の基盤をつくりだそう」(h 141)としたのである。彼女が「「ポスト社会主義」の時代」における変容的な再配分を

「社会主義」と命名し、変容的な承認を「脱構築」と命名したことは、その証左である。

だがフレイザーが承認の政治において積極的な価値を与えた「脱構築」も、それがどのような脱構築であり、どの程度の脱構築なのかは検証しなければならない事柄である。たとえばフェミニズムについて彼女は、「社会主義フェミニズムの社会経済的な戦略《ポリティックス》を、脱構築的なフェミニズムの文化的戦略につなげた」(c 29)ときにどのような変容がおこるかについて、次のように説明している。

脱構築的なフェミニズムの「最終目標」は、「ジェンダーの二分法がなくなり、脱集合化し浮遊する多様で相互交差的な差異のネットワークが出現する文化」であるが、この目標は、社会主義フェミニズムが求める再配分と「なんら矛盾するものではない」。むしろ「脱構築と対立する」のは、「不公正な政治経済システムのなかで起きているジェンダーの差異を沈殿させたり、固定化しようとする」ことの方である。だから「新しいアイデンティティや差異の構築が自由におこなわれ、またそれがすばやく脱構築されるような、このユートピア的な文化のイメージが可能になるためには、かならず社会の平等という基盤がなければならない」(c 30 強調引用者)。そしてかりに、脱構築的なフェミニズムの文化戦略と社会主義フェミニズムの経済戦略をつなげることに「欠陥」があるとしても、その理由は、両者が「現在文化的に構築されている大多数の女の直接的な利益やアイデンティティからは遠く隔たっている」(c 30)ために、過渡的な現象として一見そう見えるだけである。さらに彼女は、「ジェンダーの問題は人種の問題と分離できず、またこの二つの問題はセクシュアリティや階級の問題とも分離できない。不正のあらゆる座標軸は相互に交差しあっており、各人の利益(複数形)やアイデンティティ(複数形)に影響をおよぼすものである」(c 31-32)と述べている。

フレイザーのこの説明は、現在の多文化主義の文脈ではさほど耳新しいものではなく、むしろ社会主義フェミニズムと脱構築的フェミニズムを結合させようという最初の意気込みに比べて、竜頭蛇尾に終わっている観さえある。その理由は、脱構築的な文化戦略がどのようなものかが具体的に述べられていないせいである。脱構築的な戦略は、「ユートピア的な」目的論的ヴィジョンに回収されるのを嫌い、個人や集団のアイデンティティを内部攪乱していくものである。だが不安定であるはずのアイデンティティが、どのように「平等な」承認を得て、「公正な」経済的配分を獲得していけばよいのかは、フレイザーの論のなかでは明らかにされていない。

そもそもフレイザーは、「フェミニズム理論の閉塞性の系譜」を論じたべつの論文のなかで、「脱構築的な反本質主義」と「多元的《プリュラリスティック》な多文化主義」は、ともに「社会の平等という基盤」の認識を欠いているために失敗に終わると述べている(e 186)。彼女は、「再配分から承認へ?」と題した論文のなかでは肯定的に扱った「多様で相互交差的な差異」をここでは懐疑的に用い、「「多様で相互交差的な差異」を志向する」フェミニストはラクラウやムフが主唱するラディカル・デモクラシーに傾倒していく傾向があるが、ラディカル・デモクラシーはいたずらにアイデンティティの政治を否定するばかりで、「「多様で相互に交差する差異」を民主主義的に調停するものを作りだすことができない」(e 181)と批判する。またフレイザーは、ジュディス・バトラーも、脱構築的な反本質論者と呼んで批判する。バトラーの主張——「差異やアイデンティティは言説によって構築されており、それらを主張し形成していく文化プロセスによってパフォーマティヴに産出されるものであって、プロセスのまえに存在するものではない」(Butler, e 182)——は、アイデンティティを十把ひとからげに捉えて、「不平等な社会関係を擁護することに根ざしたアイデンティティ」と「そのような関係に挑戦することに根ざしたアイデンティティ」の区別、「民主主義化に対抗するアイデンティティ」と「現在の民主主義の拡張に寄与するアイデンティティ」の区別を無化してしまうと言うのである(e 182-84)。

ということはフレイザーは、ある種のアイデンティティを留保なしに望ましいものと考えているということになる。このことが明確にあらわれているのは、たとえば、アイリス・マリオン・ヤングに対する反論のなかである。フレイザーは、「差異の政治」と「同化の理念」を対立的に捉えて前者を擁護するヤングの姿勢を二分法的すぎると批判して、差異には全部で四つの可能性があると主張する。一つは差異(差別)は抑圧の産物であるから除去すべきだという「人道主義」の考え方(たとえばキャサリン・マッキノン)、二つ目は差異を普遍化すべきだという「文化的ナショナリズム」の考え方(たとえば女という普遍的差異にもとづく歴史記述や表象やテーマやジャンルを開拓しようとするガイノセントリズム)、三つ目は差異は人間の多様性とみなすべきだという「差異の政治」(たとえばアイリス・マリオン・ヤング)であるが、つぎの四つ目の差異の捉え方こそフレイザーが主張するもので、これは前述の三つの種類の差異があることを承知し、「どれがどの差異なのかを判断し」、さらには「オルタナティヴな規範や実践や解釈の相対的な価値について規範的な判断をする」(d 203–04 強調引用者)能力を認めるものである。またベンハビブとバトラーを調停しようとした論文においても、フレイザーは、「批判能力を備えつつも、文化的に構築される主体性」(a 219 強調引用者)を擁護する。

したがってフレイザーは、テイラーの「承認の政治」に依拠しながらもテイラーの「道徳」や「宗教」からは身を引き離し、「生産関係と承認関係の深い再構造化」を求めようとしたが、テイラーとは異なる語彙を使いつつも、テイラーと同じように「相互承認」にもとづく「最終的な均衡状態とでもいうべき安定した状況」(テイラー 一〇)――「ある行為が正しいのか間違っているのかという問いに対する答えが存在する」(五)状況――を想定している。彼女は「差異の曖昧化」を「脱構築」として肯定していても、彼女の場合その差異の曖昧化を引き起こす主たる要因は、それまで同一視されていた集団

(たとえば女というカテゴリー)に、人種や階級やセクシュアリティといったべつの差異化軸が導入されるときである。

むろんこのような指摘は、たとえば「フェミニズムのなかの差異」とか「有色人のなかの差異」とか「レズビアンのなかの差異」というように、八〇年代(とくに後半)以降、それまでの白人/男性/異性愛/中産階級中心的な支配言説への異議申し立てとして、活発になされてきたことであり、その政治的意義は否定すべきものではない。しかしある集団にべつの差異化軸を導入して、集団を分割することによって集団的アイデンティティを解体しようとする戦略は、最初の集団的アイデンティティを解体することはできても、新しく細分化された集団的アイデンティティ(有色人女性やレズビアン等)は温存したままである。そしてたとえその内部分割を限りなくおこなっても、ゼノンの無限後退と同様に、ゼロの地点を越えることはない。つまり否定的な意味がつけられたアイデンティティを転覆することにはなりえない。バトラーの言葉を使えば、「「女」というカテゴリー」に「人種・階級・年齢・民族・セクシュアリティといったさまざまな要素を単純に充塡していけばよい」というのではなく、「カテゴリーは本質的に不完全なものだと仮定することによってのみ、そのカテゴリーをさまざまな意味が競合する永遠に使用可能な場として機能させることができる」(Butler, a 42)のである。

しかしフレイザーは、アイデンティティをつねに差異化の「結果」として理解しており、アイデンティティの過程性——つまり差異化の系譜——を問うことはしない。言葉を換えれば、アイデンティティ構築の不安定さ、不完全さには注意を払わず、むしろアイデンティティの虚構性を認識することを、悪しき「脱構築」として語気強く弾劾するのである。おそらくその原因の一つは、フレイザーが焦点を当てて「再構造化」しようとしているのが、「集団的アイデンティティ」であるからではないだろうか。間違った承認による搾取や抑圧からの解放のために集団的アイデンティティを内部解体していく作業は、誤承認からのさらなる解放のために、さらなる内部解体を要請し、その結果この無限の内部分割は、極小の集団や個々に差異化された個人がバラバラに住まうアトミック状態を生みだし、フレイザーが一方で求める「民主主義的な調停」の可能性をみずから奪ってしまうものになる。おそらく彼女はこの危険をつよく意識して、再配分においても承認においても「差異の曖昧化」を至上命令としながらも、「規範的な判断能力を備えた主体性」という概念に立ち戻ることになったのだろう。

しかし集団的アイデンティティは、それだけでは直接に害をなしたり、利益を与えるものではない。(ポスト)唯物論者のモニク・ウィティッグが述べているように、「(総称としての)女は単なる想像上の組成物」(「神話」)にすぎず「わたしたちにとって存在しないもの」だが、「(個々の)女たちは社会関係の産物」であって、政治的、経済的なカテゴリーとして機能する「階級」(Wittig, b 15-16)である。集団的アイデンティティを個人が引き受け、個人が内面化して、その個人のアイデンティティとなったとき――すなわち、集団的アイデンティティが個人化されたとき――権力関係は発生する。本節の冒頭で述べたように、テイラーは「承認の政治」の論文では、承認の言説が「親密さの領域」においても重要な位置を占めること、また「親密さの領域」と「公的領域」は相互に関連しあうものであることを指摘したが、それ以上に議論を発展させなかった。次節では、「親密さの領域」における承認の問題についてテイラーが指摘したいくつかの点を勘考し、それが「公的領域」の承認の問題とどのようにかかわるかを検討したい。

個人的アイデンティティと私的領域

フェミニズムの政治は、アゴーン的でパフォーマティヴであることによって新しい関係性を創造し、新しいリアリティを樹立するが、それだけではなく、私的領域においてすら、旧来の関係性やリアリティを修正し、補塡するようつとめるものである。

――ボニー・ホーニッグ

チャールズ・テイラーはアイデンティティと承認の関係を歴史的に位置づけて、一八世紀末に「個人的アイデンティティ」の新しい理解が出現して、それとともに「承認」の重要性が増してくるようになったと分析している。彼によれば、前近代は階層制が固定されていたために、人々は身分や宗教やジェンダー等における各人の階層や立場――今わたしたちが言うアイデンティティ――のなかに、「何の疑いもなく暮らしていた」(テイラー 八)。ところが啓蒙主義を経て、わたしたちは「外部的な順応」や「道具主義的な自己認識」を拒否して、「自己との真正な道徳的接触を回復」(Taylor, d 30-31) しなければならないという自己把握についての新しい理念をもつことになった。だが自己の内なる声を聞くという自己の「内面形成」は、けっして自己のなかだけでおこなわれる「独白的」なものではなく、「対話的」なものであると彼は言う。なぜなら「人は自己定義に必要なさまざまな言語を自分一人で獲得するのではなく、自分にとって重大な他者との相互関係によって、そうした言語に導かれていく」(d 32) からである。自己の内面に由来するアイデンティティが承認の問題に深くかかわるのは、まさにわたしたちが「他者と――一部には公然の対話をとおして、一部には内面の対話をとおして――自分のアイデンティティを取り決めて」(d 34) いかなければならないからである。

対話的、過程的、変容的なアイデンティティ形成を説明するとき、テイラーは用心深く、対話する相手を「自分にとって重大な他者」とか、(ジョージ・ハーバート・ミードの用語を使って)「「大切な他者」」と表現して、それが「親密さのレベル」でとくに重要なものであることを強調する。その理由を彼は、「近代文化が日常的《オーディナリィ》なニーズを一般に強調する」ようになったせいではなく、「愛情関係が、アイデンティティを内面的に形成するときの坩堝となっている」(d 36)ためだと説明する。だが、私的領域の愛情関係のなかで「対話的」に形成される個人的アイデンティティは、公的領域の社会的・経済的関係のなかで主張される集団的アイデンティティと、同延上につながっているのではないだろうか。愛情関係は、それ自体がすでに「日常的なニーズ」[6]という名の文化的必然によって不可視の偏向を被っているもので、アイデンティティを形成するときの「坩堝《クルーシブル》」であると同時に、アイデンティティを形成するときの「鋳型《マトリクス》」ともなっているのではないか。

テイラーは親密な愛情関係に、幼児期の両親との関係を含めつつも、私的領域と公的領域の連動を〈言語〉の次元で解明しようとする精神分析フェミニズムについては、註で簡単に触れるだけである。しかしそもそも「人は自己定義に必要なさまざまな言語を自分一人で獲得するのではなく、自分にとって重大な他者との相互関係によって、そうした言語に導かれていく」(d 32)のならば、人は何らかのかたちのアイデンティティをすでにもっていて対話によって漸次的にそのアイデンティティが変容していくのではなく、他者との対話によって、「ある種の」言語に、アイデンティティを形成しながら導き入れられていくと言えるだろう。そのとき対話の一方の項である自己は、たとえ言語獲得

るのだろうか。の個別的な場面で「葛藤」を経験するにしても、どの程度、その言語から自由でいられ

「他者との相互関係」によって獲得される「言語」を、テイラーはおそらく流動的で変容するもの、「新しい語彙を発達させていく」(d 67)ものと見ているのだろう。だが個別的で私的な場面で自己を表現したり、「大切な他者」から(不)承認されるときに使われる言語は、社会的な権力関係から切り離されて存在しているのではない。むしろ近代の権力は、言説のかたちをとって、個人の内面把握や身体把握において行使されるものである。したがって、「新しい語彙」はどのように出現するのか——承認が先なのか、〈言語〉の変容が先なのか——もしもどちらかがどちらかの動因ではなく、同時になされるものならば、両者をともに引き起こす動因は何なのか——といった問題が浮上する。

ゆえにアイデンティティ/承認の言説において、承認をはさんで他者(他の人々)と自己をあらかじめ分離し、そうして分離した他者と自己の承認の場面だけに、支配言説の民主主義的な解体を求める姿勢は、そこで双方によって使われる言語自体の産出性や拘束性や抑圧性に対して、あまりにも無頓着であると言わざるをえない。それは結局、「善き生活」や「より偉大な調和」(Taylor, d 72)が支配権力から免れているという保証もないままに、個人には「何が善き生活を作りだすかの判断力」(d 61)を与え、共同体には「より偉大な調和を生み出す」目的性を与えることになってしまうものである。むし

ろわたしたちが焦点を当てて考察しなければならないことは、私的な領域においてさえ、はたしてテイラーが言うような「対話」が成立しうるのか、成立するとすれば、どのような意味でなのか、また「自己の独自性」を独善的に表白しているはずの、テイラーの言う「独白的なアイデンティティ」がいかに社会の階層秩序を反復しているのかである。

テイラーとは違った意味であるが、アイデンティティ組成において、私的領域と公的領域を分けた思想家がいる。ハンナ・アーレントである。彼女はまず私的領域と公的領域の区分を論じ、私的領域は家庭の領域であり、人が「個体の生命と種の保存」という「他の動物の生存形態と同じ生物学的な生存の必要《ニーズ》」に駆り立てられて「共に生活している」場所であるので(Arendt, a 24-30 強調引用者)、個々の人間の「多様さと特異性《ディスティンクトネス》」は私的領域からは排除されていると述べる。これに対して公的領域は、「この生命の必然を克服することを条件」にして得られる「複数性」の領域であり(a 30)、「特異性を表明して自分を他の者から区別する」(a 176)という「政治的なもの」を追求する領域である。

さらにアーレントは私的領域と公的領域の区分に歴史的な視座をもちこんで、近代における「社会的なもの」の勃興と浸食力について語る。彼女によれば「社会的なもの」は、「政治的なもの」とは別物で、差異の表出がなされる公的領域ではなく、私的領域に属する事柄である。ところで私的領域の範例として彼女があげた家庭の領域は、生物学的決定論によって成立しているだけでなく、「家長によって代表される共通の利益と単一な意見」(a 39)によって組織化されている「一人支配《ワンマン・ルール》」の組織体である(ここでアーレントは生物学決定からイデオロギー決定へと、微妙に私的領域の性質をずらしていく)。そして近代の資本主義社会(あるいはその陰画としての共産主義社会)もまた、その存続のために社会全体の単一な利益を追求する均質な権力組織である。したがって社会的領域とは、公的領域を私的領域化したものであり、特異性をパフォーマティヴに表現する「活動」ではなく、単一な規範《ノーム》にしたがって「私的に」身を処する「行動」が推奨される場所である。そこでは、規範に従わない者は「非社会的」とか「異常《アブノーマル》」とみなされる(7)(a 42)。彼女によれば近代の均質な平等主義は、社会的なものが公的領域を浸食している状態――すなわち「区別と差異を個人の私的な問題に」して、「その事実を政治的・法的に承認している」(a 41)状態――である。

アーレントによれば、「利害と意見はまったくべつの政治的現象」であり、「利害は集団の利害としてのみ意味をもつ」が、「意見は集団に属さず、「冷静に自由に理性をはたらかせる」個人だけに属する」(b 229)ものである。利害にしか関心がない近代の「暗い時代」においては、人々は「自分たちのあいだに横たわる世界には注意を払わず」――すなわち、人と人の「あいだ」を保持する複数性には関心をもたず――「仲間の人間との相互理解に到達する」ことにのみ汲々としている(c 12)。だから「個人的な親密さのレベルの友情」は、彼女にとっては「政治的な妥当性」をもつものではない(c 24 強調引用者)。

アーレントが私的領域(社会的領域)と公的領域をはっきりと区別するときの硬直性の弊害については後述するとして、私的領域の親密さに対する彼女のこの否定的な見解は、テイラーが提唱する私的な愛情関係における「対話」が、かならずしもアゴーン的なものにはならないことを語っている。なぜなら、対話による「交渉」がつねに現在的で偶発的なものでないかぎり、それは、他者と自己との「あいだ」(差異)を顕在化させることではなく、他者と自己の利益を重ねてひとつにして《アイデンティファイ》、その他者との関係に帰属することによって自己のアイデンティティを形成するものとなってしまうからだ。いみじくもテイラーはその危険性を、彼自身は肯定的に捉えて、次のように語っている。いわく「わたしがもっとも重要だと思うもののいくつかは愛する人との関係によってのみ得られるのなら、そのとき彼女《(ママ)》はわたしのアイデンティティの一部となる」(Taylor, d 34)。しかしその結果は、二人のあいだの差異の融合であり、差異の承認ではなく、同一性の形成と確認になってしまう。「愛は公的に示された瞬間に殺され、あるいは消滅してしまう(「汝の愛を語ろうとするなかれ／愛は語りえぬものなり」)」(Arendt, a 51–52)という、愛の関係(親密な領域)の非＝言語性や内密性のイデオロギーに再回収されてしまうことになるのである。

むろんこのような差異を抹消した同一化は、テイラーの意図するところではないだろう。だが、たとえ「対話」が何らかの「価値」を目的とするものではなくても、それが「承認」を目的とするものであるかぎり、この目的性は右に述べたような同一化と単数化の危険につねにつきまとわれる。なぜなら「承認」にはそれを媒介する(広義の意味での)〈言語〉が必要であり、対話が成立して承認がなされるということは、リオタールが言うようなある種の「文の体制」が支配していることを意味するからだ。たとえば「彼女はわたしのアイデンティティの一部となる」と無意識に語ったテイラーの「対話」の背景にある「文の体制」は、異性愛主義という体制である。そしてこのことは、個別的で特殊な個人的アイデンティティが「対話」によってパフォーマティヴに形成される場所――したがって集団的利益の規制力と画一性から逃れ出ている場所――であるはずの私的領域が、いかに不可視の集団的利益に包含されているかということを物語るものである。

だがこのことは、私的領域を単一性がはびこる領域だとアーレントのようにみなして、それらの領域から政治的なものの考察を除外するということではない。彼女は私的領域における生物学的決定という本質主義的アイデンティティと、社会的領域におけるイデオロギー決定という社会構築的なアイデンティティを、家庭領域を仲介させることによって巧妙につなぎ合わせて、私的領域／社会的領域に関してきわめて反動的な決定論的解釈をほどこし[8]、社会的領域とは、公的領域を私的領域化したものだと主張した。だがそうではなくて、逆に私的領域は、公的領域を社会領域化したものと読むことはできないだろうか。

　おそらくアーレントが言うように、私的《プライヴェイト》な領域は「欠如している《プライヴァティヴ》」状況、「何か《ディ》が奪われている《プライヴ》」状況なのだろう。それは自己の複数性と内的不整合を抑圧して、ある種の「親密さ」に、つまりある種の利益の共有に、ある種の「文の体制」に同一化している状況である。その意味で、私的領域はつねにすでに社会的領域であり、わたしたちの社会的(集団的)アイデンティティは、個人的アイデンティティとして表明されるものである。

　ところがアーレントは、複数性を顕現させる「活動」のみが「言葉」によって媒介されるものだと主張して、「言葉をともなう」活動と、「獣的な身体的外観」で示される行為を区別しようとする(a 178–79)。彼女は、「人は、活動と言論をつうじて自分が誰であるかを示し、その人独自の人格的アイデンティティを積極的にあらわす」ことができるが、「身体的アイデンティティは、その人自身の活動がなくても、その人独自の身体の形や声色であらわれ出る」(a 179)と述べて、公的領域における「人格的アイデンティティ」と、私的領域における「身体的アイデンティティ」を分けて考えようとする。

　しかし私的領域が公的領域の社会領域化であるかぎり、肌の色や欲望や性向や身体の形状や声色(身体的アイデンティティ)は、文化(すなわち言語)の「見えざる手」によって意味が与えられて、生得化《ナチュラライズ》＝自然化されたものにすぎない。したがって、そのように文化(言語)によってもたらされた身体を、普遍的で不変で単一な「自然」としてそのまま無検証に引き受けながら、「冷静に自由に理性をはたらかせて」言語を駆使する批判的な「個人」でいることは、一種の撞着語法である。

　政治的自由を有する人格的アイデンティティは、現実の政治にまみれた身体的アイデンティティと切り離して存在することはできない。だから、もしも文化という「集団の利益」を代弁するのではなく「政治的意見」を表明しうる差異化された個人が存在するとすれば、その可能性は、親密な関係のただなかで自らの身体的／人格的な同一性《アイデンティティ》のなかにひそむ不整合を呼び起こし、私的領域の「親密さ」を脱虚構化することによってのみである。言葉をかえれば、「私的領域」のそとにわたしたちの独自性としての自由の可能性も、複数性の可能性も見いだすことはできない。だからアーレントの言う「公的なもの」「政治的なもの」が現れる可能性は、私的領域において「欠如している」ものを、私的領域そのものの再配備によってあらわし出すことにあると言えるだろう。

　したがってわたしたちにとって残されていることは、テイラーのように「承認」という目的へ向かう対話を主張することではなく、あるいはアーレントのように私的領域を生物学／イデオロギー決定されたものとして切り捨てることでもなく、親密さの領域におけるアイデンティティ形成を、「承認」以外の観点で捉えることである。それはアイデンティティを、自己のそとの他者との関係ではなく、自己のなかの他者との関係で再考すること——すなわちわたしのなかの「欠如しているもの」、「(公的事柄としては)不適切と考えられ自動的に私的事柄にされて」排除されたものの発現として捉えること——である。そのとき差異は、他者(他の人)との差異でなく、自己のなかの差異というかたちで現れ、おそらくそうして発現する自己の内部の「文の係争」(リオタール)こそが、承認という「文の体制」を組織化することなしに、人と人の「あいだ」に現在的で偶発的な交渉の可能性——つまり永遠に係争中のアイデンティティ形成——をもたらすものとなるだろう。

非-在としてのアイデンティティ

他者を承認するときの条件を勘考するさいには、自己の内部に根深い障害が存在していることを理解すべきであり、認識力を備えた自律的な理性という考え方が、この障害物の力を——助長させているとは言わないまでも——見えなくさせてきたことを認識すべきである。

——ジェシカ・ベンジャミン

アイデンティティ形成において私的領域と公的領域が不可分であるのは、とりもなおさずアイデンティティが、そもそものはじめより承認と否認によって形づくられるものであるからだ。わたしはどのようなものかという自己の像を得る作業は、自己以外のものとの相互作用のなかで進められる。近代社会において、人はその人自身の「人格《パーソン》」であることが求められるが、その人格は、自己以外のものとまったく無縁に自律的に発生しているのではない。自己を構成するさまざまな要素は、自己のそとにあるものとの関係によって作られる。その意味で、自我形成における承認／否認の問題にいちはやく着目したのは、フェレンツィやフロイトといった精神分析学者たちである。またポストモダンな社会のなかのフェミニズムの主体の問題について各自の主張と応答を記録した『フェミニズム議論』の寄稿者に、ベンハビブ、バトラー、フレイザーに加えて、当初のシンポジウムには参加しなかった精神分析派フェミニスト、ドゥルシラ・コーネルが加わったことは、アイデンティティの政治の議論に精神分析の視野が必要であることの証左だろう。

フロイトは「本能とその運命」のなかで、自我形成に「取り入れ《イントロジェクション》」と「投影《プロジェクション》」の二つの作用をみた。フロイトによれば「自我は、提示された対象が快楽の源泉になるかぎり、それを自我のなかに入れる、(フェレンツィの言葉を使えば)それを「取り《イント》入れる《ロジェクト》」が、自我の内部で不快の原因になるものはすべて、自我の外に押し出してしまう」(Freud, e 136)。そして後者の作用を、フロイトは「投影」と名づけた。良い対象を自我の内部に「取り入れ」、悪い対象を自我の外部に「投影」するこの二つの作用には、自己と外界の分離がすでにそれ以前になされているのか、それともこの作用によって自己と外界が分離されていくのかという発達論的な問題が浮上するが、それについてはフロイトの理論では未決定のまま、それ以降、前者の立場をとるアンナ・フロイトと、後者の立場をとる対象関係理論に分かれていった。だが精神分析を、歴史を横断する超歴史的な普遍的心性を扱うものとは考えず、時代決定された社会のなかで自己がどのように形成されるのかを分析する方法とみれば[9]、良い対象か悪い対象かの判別基準は文化によってもたらされるものであり、したがって「取り入れ」と「投影」の作用は、外界との交渉がおこなわれ自我が立ち上がりはじめる一次過程より始まって、生涯をつうじてなされると考えられる。言葉を換えれば、良い対象は「承認」されて内部化され、悪い対象は「否認」されて外部化されることによって、自己と外界の分離が発生、進行し、自己の形成――わたしはどのようなものかという自己認識――がなされていく。その意味でテイラーが、「大切な他者からの関与は、それが人生の初期に与えられたものであっても、無期限に継続していく」(Taylor, d 33)と述べたのは――彼自身は精神分析にほとんど言及しておらず、むしろ懐疑的だが――対象関係理論をさらにラディカルに押し進めたものと言うことができるだろう。[10]

だがここで注目すべき点は、アイデンティティが、自己承認(わたしは〜である)によって成り立っているだけではなく、自己否認(わたしは〜でない)によっても形成されていることである。自己の外延を定める境界は、自己で非ざるもの(非‐自己)が存在しないかぎり画定できない。まさにヘーゲルの主人と奴隷の弁証法にあらわされているように、主人は奴隷に依存して——しかし否定的に依存して——はじめて、主人たりえるのである。社会的に承認されているカテゴリーは、承認されないものを自己の外部に放出し、それを否定的なカテゴリーとして生産することによって、自分自身のアイデンティティを形成する。白人は黒人によって、男は女によって、異性愛者は同性愛者によって、それぞれ白人、男、異性愛者であることができる。

しかし他方で、「そんなことは考えたこともない」「そんなものは自分のなかにはない」「わたしはそんな人間ではない」と否定的に「言う」ことは、自己のなかで「抑圧しているものを認知する方法」(Freud, I 235 強調引用者)でもある。自己の外部に棄却したもの——否定的なものとして嫌悪し恐怖するもの——は、否定(嫌悪、恐怖)することによって自己のなかにふたたび回帰してくる。フロイトの言葉を使えば、「抑圧されている心象や概念は、それが否定されるという条件のもとで、意識の世界のなかに入り込んでくることができる」(I 235 強調フロイト)。したがって、女性蔑視や同性愛嫌悪や人種差別等は、女性性やホモエロティシズムやトニ・モリスンが言う「黒さ[11]」を、嫌悪や恐怖という防衛機制をつかって「認知する」ことである。フロイトは否定について、「それは実際にはすでに抑圧の解除なのだが、抑圧されているものをむろん認めているわけではない」(I 236)と語って、「承認」と「否認」を画然と区別しようとする。だが他所でフロイト自身が「内部で抑制されていた感覚が外部へ投影されるという言い方は正しくなかった」と訂正しているように、「内部で抹消されたものは、外部からふたたび戻ってくる」(c 17 強調引用者)のである。だから性差別者や異性愛主義者や人種差別者は、女性性やホモエロティシズムや「黒さ」を知っている人間であり、それらは彼／女たちにとって未知《アンファミリア》なものではなく、非常に親しい《ファミリア》もの――だからこそ、親しさの領域からは何としても排除しなければならないもの――なのである。

ひるがえって、女、同性愛者、有色人という、いわゆる承認されないアイデンティティをもつ者は、自己の外部に放擲すべきものを、自己の内部にとどめおく(状況に陥る)ことによって、嫌悪や恐怖を自分自身にふりむけていく。テイラーが言う「自己卑下」や「低い自己評価」や「劣等的自我像の内面化」(Taylor, d 25-26)をおこなうのである。だがここでさらに考慮すべきは、承認されないアイデンティティをもつ者は、外部に投影されるべきものを自分自身の身に帯びることによって、逆に、規範として承認されている内部性には、けっしてアクセスすることができないと解釈されることである。外部性という負のしるしがつけられた者は、内部的な属性をもつ能力はないとみなされる——二流市民ゆえに、病人ゆえに、犯罪者ゆえに。女は男の属性をもちえず、同性愛者は異性愛者のような家庭を営むことはできず、有色人は自立した市民にはなりえない等々と断定されていく。

したがって平等な承認の政治は、承認されている者と承認されていない者がそのアイデンティティを保持したまま、その独自性を美学や文化や習俗や風習として本質主義的に主張して、優位―劣位という既存の価値基準のみを変容させるのであれば、自己と他者を分かつ切断線はますます強固に固定されることになる。そのような前提での平等な承認、平等な権利、平等な配分という政治においては、男はけっして女ではなく、異性愛者はけっして同性愛者ではなく、白人はけっして有色人ではない。逆もまた真なりである。その結果、女性性を主張するには男性性が、同性愛を主張するには異性愛が、有色人を主張するには白人というカテゴリーが必要になるという逆依存の皮肉な事態が生じてくる(12)。

このようにカテゴリーを閉じたまま共存させる政治においては、嫌悪や恐怖といった防衛機制の代わりに、承認され固定された「差異」という防衛機制が、自己の内部の不整合を縫合すると言えるだろう。強迫観念のように「外部」を嫌悪・恐怖していた「内部」は、「外部」を「承認された他者」——それゆえに恐怖や嫌悪として自己に回帰することのない他者――としてさらに遠くに放逐し、それによって逆説的に、「外部」に安全に近づくことができるようになる。たとえばその他者に、「自己決定権」という「自由」を与えることによって。

棄却された自己の「内部」であったはずの「外部」は、自己とは完全に別個の自律性を備えた「他者」となり、自己は恐怖や嫌悪や痛みを感じることなく、「他者」を看過することも、搾取することもできるようになる。この状態こそ、まさにアーレントの言う「区別と差異を個人の私的な問題」にして、「その事実を政治的・法的に承認した」(Arendt, a 41) 均質な平等主義だと言えるだろう。自己の内部の「おぞましきもの」を自己の外部に投影することに始まった「他者性」は、「承認された差異」となり、「平等」の理念は、個人や社会の内部にひそむ嫌悪や恐怖や痛みを、さらに奥深くに隠蔽していくのである。

したがって他者の承認という政治を考えるときには、ジェシカ・ベンジャミンが言うように「自己の内部に根深い障害が存在していることを理解すべきであり、認識力を備えた自律的な理性という考え方が、この障害物の力を――助長させているとは言わないまでも――見えなくさせてきたことを認識すべきである」(Benjamin, b 84 強調引用者)。その意味で、「冷静に自由に理性をはたらかせる個人」(Arendt, b 229) を信奉して、「理性」のアゴーン的で複数的なはたらきを語りつつも、「理性」の系譜を問わないアーレントの主張は、彼女自身が否定する悪しき平等主義にあやうく横滑りする危険性をもつものである。では先に述べたように、アイデンティティの承認の政治において、表面的な平等と差異という予定調和が発生してしまう原因はなんだろう。それについて考えるためには、他者の承認／否認が自己の承認／否認の問題に深くかかわっていること、すなわち自己形成における取り入れと投影のさいに、どのように〈言語〉が介在しているのかを、考慮する必要があるだろう。

取り入れは差し出される対象――すでに言語化されているもの――の内部化であるので〈象徴的なもの〉である。フロイトの言葉を使えば、「自我は、提示された対象が快楽の源泉になるかぎり、それを自我のなかに入れる」(Freud, e 136 強調引用者)。文化の認識格子によって承認された対象――したがって「快楽」として認知されたもの――を、人は自我のなかにみずからの欲望として取り入れる。だから欲望はつねにすでに他者の欲望であり、他者が自分に対して望むものを、みずからの欲望として、みずからの身体として、みずからの自我として差し出す。内発的で本能的なものとみなされる欲望(身体性)が、じつは言語によって構築される自我像であることをさらに明瞭に示したのは、ラカンの鏡像段階の比喩である。幼児は自分の身体の全体像を、経験的な個別的部位の認識を加算した結果、獲得するのではなく、鏡に映った像によってそれを先取りする。

鏡は、すでに言語の網目のなかに存在している者によって掲げられたものであり、鏡の比喩は、幼児を気にかける他者のまなざしである。だから自我はつねにすでに他者であり、他者を「真似る」ことによって、自我は構築される。したがって取り入れは、〈言語〉という象徴界に、自己を言語化することによって適合するプロセスだと言うことができるだろう。

　他方、投影は、自我の内部で説明できず納得できないもの(おぞましきもの)を棄却《アブジェクション》することであるので、本来的には〈想像的なもの《イマジナリィ》〉である。棄却は、自己(自己の輪郭をいまだ有していない段階を含めて)と外界が接触するさいに、外界の言語(文化の認識格子)ではどうしてもすくい取れず、不安な残余として滞留するものを、自己の統合性を得るために、自己のそとに放出することである。したがって棄却されるものは、本来は言語によって分節化されえない未知なるもの、不安にさせるもの、恐ろしいもの――つまりフロイトの言う「不気味なもの」――であるはずだ。

　しかし投影は、不気味なものを自己の外部へ棄却するのみならず、他の人か物にそれを「投影」する――形象化する――ことでもあるので、自己の内部で分節化しえない想像的なものは、投影によって、象徴的に対象化されることになる。不気味なものには、否定される「何か」としての形象(名前)が与えられるのである。逆に言えば、不気味なものが放出される外界は、〈言語〉が支配するシステムであるので、分節化しえない想像的なものは、言語化されて象徴的なものに形質変化しなければ、外界に放擲することはできない。それには——人というカテゴリーであれ、気質というカテゴリーであれ——女とか女性性とか、同性愛者とか同性愛とか、有色人とか有色性という、シニフィアンが与えられる。ゆえにこれらのシニフィアンは、言語のなかで「否定される実体」として存在可能になった不気味なもの、いわば「構造的な外部」にすぎない。それは内部を安定化するために、言語のなかで、「外部」として周縁化されている法の補完物なのである。

自己の内部の不気味なものが、言語のなかにシニフィアンを背負って放出されるかぎり、それを放出した自己は、自己を語るのと同じ言語によって、その「外部」を語ることができる。たとえ否定的な言葉を使おうとも、それを認識することができるのである。だから、性差別者や異性愛主義者や人種差別者は、女性性やホモエロティシズムや「黒さ」を知っている人間であり、さらに言えば、(意識的には否定するにせよ)それらが自己の内部にあることを知っている人間ではあるが、その理由はとりもなおさず、自己の内部の不気味なものが、女性性やホモエロティシズムや「黒さ」という記号によって代理《レプリゼント》/表象されることによって認識可能なものになり、安全化されたからである。それは「外部から」到来するがゆえに、象徴界の言語によってすでに説明されたものである。したがってそれは、自己のなかの「おぞましきもの」の現れ(現前《プレゼンティション》)ではなく、その表象《レプリゼンテイション》(再‐現前)である。自己のそとに放出されて、「否定されるもの」として存在する外部(構造的他者)は、自己のなかの不安な残余と同一《アイデンティカル》ではない。だから自己のアイデンティティとしてであれ、他者のアイデンティティとしてであれ、構造的外部のカテゴリーを自明化して語るかぎり、人は、語ってはいても、自分が何を語っているのか(その指示対象)を知ってはいないということになる。

ゆえにアイデンティティの政治が求められるならば、それは、構造的外部を他者のアイデンティティ・カテゴリーとして承認することでもなく、また構造的外部を自己のアイデンティティの抑圧された基盤として再‐摂取することでもない。そのようなことは、言説可能な次元——すなわち既存の法——のなかで、承認をめぐってアイデンティティの布置を再配備しているにすぎない。アーレントの用語を使えば、わたしは「何か」を——言語の網目のなかで分節化されたものを——語っているだけで、わたしは「誰か」を問いかけているのではない。その結果は、先に述べたように差異の承認の名のもとに「おぞましきもの」をさらに遠くに放逐するか、あるいは「外部」を経由することによって代理/表象された「内部」を再度、内部化することによって、さらに入り組んだ「自己‐誤認《セルフ・ミスレコグニッション》」を発生させることになる。では言説不可能な「おぞましきもの」は、いかにして現実の政治に現れ出ることができるのか。いったい言説不可能なものは、「何か」として存在しうるのか。そもそもそれは「存在」しているのだろうか。非‐在としてのアイデンティティは、どのように差異／平等の政治に関与することができるのだろうか。

〈同一性の中断〉の倫理

おそらく何らかの自己中断なしに、責任も決定もありえないのと同様に、もてなしもありません。主人でありホストである自己は、他者を歓迎するときに、自分自身を中断し、分裂させなければならないのです。自分自身を分裂させること、それがもてなしの条件なのです。

——ジャック・デリダ

自由と権力の問題について、フーコーは「自由は、権力の行使の条件としてあらわれる」(Foucault, b 221)と語った。「もしも反抗の可能性がなければ、権力は物理的な決定と同じものになってしまう」(b 221)からである。だから「権力関係の核心にあって、しかもたえずそれを挑発しているものは、意志の反抗と自由の非妥協性であり」、ゆえにわたしたちが語らなければならないことは、「本質的な自由は何か」ということではなく、権力と自由の「アゴーン」(闘争)であり、両者が「相互に駆り立て合いつつ、格闘しあう関係」だと語った(b 221-22)。ではそのようなアゴーン的な関係のなかで――その関係によって――構築される主体は、どのように抵抗を現実化し、権力関係の布置をラディカルに再配備することができるのか。晩年のフーコーは、「自己への配慮」あるいは「自己の実践」が「権力の転換」(d 7-8)の契機になりうると考えた。自己の実践とは、人が「自らの行動を問いかけ、それを見張り、それに形を与え、そして自らを倫理的主体として形成する」(Foucault, c 13)営為である。権力が統治的な権力ではなく、ミクロな場所で発生して、主体を参与的に形成する言説権力であるかぎり、それに対する対抗＝形成がなされるのは、まさにそのときにその場所で、自己が自己に問いかけ、自己に向き合うときである。それは「今自分がしていること、今自分であるものを使って、自分が考えていることや、語っていることと、その瞬間瞬間に、向き合う」(Foucault, e 374)ことである。(13) フーコーはこれを、「「倫理的で詩的な」機能」(c 13)と呼んだ。

そのような「倫理的主体」は、統一性や体系性や目的性をそなえた価値基準や宗教信条や理論秩序を背後に有するものではなく、また倫理的主体そのものも、首尾一貫性をそなえたものではない。倫理的実践とは、「今この行為」という現在性《アクチュアリティ》のなかで自己にはたらきかけ、自己に重ね合わせることである。何を――「つねなる他者、あるいは非－我」(Deleuze, b 98)を。自己への倫理的な関与は「自己への支配」であり、だがそれは、他者との関係の強度に裏打ちされた自己との対峙である。だからフーコーについてドゥルーズが語ったように、「わたしは外部でわたしに出会うのではなく、わたしのなかに他者を発見する」(b 98)。幾重にも折り畳まれた他者を、幾重にも折り畳まれたわたし自身を。他者との関係、たとえばその愛の駆け引き《ゲーム》――求愛や、愛の存在の問いかけや、能動性と受動性、愛を統御する力の行方――は、愛する者としての自己への問いかけとなる。

「遠くまで旅したはずなのに、真上から自分を見下ろしていることに気づく。旅は事物を若返らせ、そして自分自身との関係を老成させていく」(Foucault, c 11)。言説権力とのアゴーンをとおして言語によって形成される主体は、言語のなかに堆積した慣習と、言語のなかから排除された過去を背負う。だからそのような自己がおこなう自己への「倫理的で詩的な」問いかけは、自己のなかに折り畳まれている時間を、今このときの言葉で語ることとである。ウィリアム・コノリーが言うように、系譜を問う作業は、「他のパースペクティヴが現在性を無意識のうちに存在論的に解釈して隠蔽しているものを、(議論を継続させながら)暴いていく」ことなので、「系譜学は倫理性には不可欠の道具である」(Connolly, b 184)。それは「事物を若返らせる」こと、すなわち「すでに知っていることを正当化するのではなく、違った風に考える」(Foucault, c 9)ことである。

だが他方で、自己のなかに折り畳まれている時間――堆積している／堆積していない過去――にはたらきかける自己への問いかけは、「自分自身との関係を老成させていく」。しかし「自己への配慮」が「自己の実践」であるかぎり――実践が「今このとき」の言葉で語られるかぎり――自己は自己の全体を摑んで、自己認識を完了することはない。自己の全体という概念、かつて語られなかったわたしは、今このときに、現前化することはありえない。倫理的主体は、首尾一貫性や完全性とは無縁な主体である。首尾一貫性や完全性は、「認識力を備えた自律的な理性」(Benjamin, b 84)の語彙である。だから「主体」という命名も、適切ではないだろう。おそらくそれは、倫理的な「行為体《エイジェンシー》」とでも言うべきものだろう。[15] 倫理的な問いかけは、自己への行為であり、実践であり、運動であり、主体が生起する瞬間の自己の自己に対する姿勢である。だから自己との関係は、それが明示された瞬間に瓦解する。

『自己のテクノロジー』のなかで、フーコーは「罪の悔い改めは、何らかの自己《アイデン》同一《ティティ》性の確立を目標とするのではなく、自己の拒否や自己からの脱出を特徴づけるのに役立つものだ」(Foucault, g 56)と語った。罪を悔い改めた人は、その罪を犯した人と同一ではない。語ったときに、語った対象は自分から離れていく。悔悟者は、罪の侵犯力を告白によって置換した人である。自己を語ることは「みずからの過去との同一性《アイデンティティ》からの訣別」(g 56)である。だからこうも言えるだろう、自己のアイデンティティはつねにすでに自己とは同一《アイデンティカル》ではないと。

それでは、何かではないと語ることによって、アイデンティティは完成するのだろうか。「わたしはその罪を犯していない」と語れば、罪を犯していないときのわたしと、それを語るわたしとのあいだに、同一化《アイデンティフィケイション》が成立するのだろうか。もしもアイデンティティの要求が、罪を罪たらしめている〈言語〉の内部にとどまっているかぎり、その発言はアイデンティティの表明になるかもしれない。だが自己への問いかけが、その問いかけのなかで「何が変わりうるかという探究」であるならば、つまりそれが、「自己が変化するための企てであり試練であって、コミュニケーションを目的として他者を単純化して占有することではない」(c.9)ならば、「わたしはその罪を犯していない」という表明は、〈わたし〉に近づくことではない。

では「わたしはその罪を犯していないが、その罪を犯す潜在能力をもつ」と言えば、〈わたし〉を十全に説明していることになるだろうか。その発言は、わたしの位置性のすべてを覆って、わたしに同一化するものなのか。それは、「他者を単純化して占有する」ことなく、他者と新しい関係性を結び、わたし自身も「変化する」ようなアイデンティティの表明になるだろうか。だがこれもまた、他者を他者たらしめている言語のなかにとどまった発話でしかない。なぜなら、ある行為に「罪」という名称を与える〈わたし〉は変化せず、その行為をする者は、罪を犯す者と呼びかけられるままであるからだ。ゆえにいかなる様式でアイデンティティを形成するにせよ、アイデンティティは形成された瞬間に、その同一性を失うものである。しかしわたしたちは、どのような形であれアイデンティティをもたずに、〈わたし〉であることはできない。わたしは「何かである」（あるいは「何かではない」）ことによってはじめて、〈わたし〉であることができる。「何者でもない」わたしは、〈わたし〉ではない。だから人は、いつも自分が何かである（何かではない）と語っている──アイデンティティを形成している──が、その瞬間に、「何か」と語らなかった（語りえなかった）ものに対峙する。だからその無名称のものは、語りのまえには存在しない。たとえばそれは、地下水脈のように自己の奥深くに恒常的に潜んでいる自己の「内奥の真実」ではない。それは語りによって──語りのなかに──走る亀裂である。だからアイデンティティは非‐在としてのアイデンティティを、アイデンティティの形成と同時に抱え込む。

しかしアイデンティティは、アイデンティティをもたずに自己であることは不可能なので、非‐在としてのアイデンティティは、自己を恐ろしい不安に陥れる。それは亀裂に対峙することであり、何かに投影され言語化された「おぞましきもの」に出会うことではない。いわばそれは、あらゆるものであり、あらゆるものでない〈わたし〉に出会うことである。したがってアイデンティティの問いかけは、言語の臨界点に連れていかれること、言語が無限に集積しているがゆえに何も語ってはいない恐ろしい孤独の場所に身を置くことである。「わたしは誰か」という問いは、答えることの恐怖に身をすくませる問いかけである。

自己は自己であるかぎり、「わたしは誰か」という問いに十全に答えることができない。自己はいつも言語の臨界点の内側、言語のなかに存在しているものである。わたしが誰であるかを言わない――言えない――という、このアイデンティティの否定は、脱構築やポストモダニズムの悪しき不決定性なのか。ナンシー・フレイザーが批判する「あらゆるものを懐疑的に見る……脱構築の反本質主義」(Fraser, e 182-84)なのか。自己は自己を説明《アカウント》せず、自己に対して責任《アカウンタビリティ》をとらずに、[16]〈言語〉の法のなかで他者を抑圧しつづけるのか――思索者という名のもとに。もしもそうであるなら、アイデンティティの否定は、自己に対してのみならず、他者に対しても、暴力をはたらくことになる。

エルネスト・ラクラウは、ジュディス・バトラーと交わした往復書簡のなかで、決定の前提には決定不能性があると語った。決定が決定であるためには、「構造的に決定不能という領域」(Laclau, b 6)がなければならないと。もしも決定可能な領域のなかで決定がなされるのであれば、それはあらかじめ段取りがつけられている事柄の単なる帰結にすぎず、決定ではない。「知っている」事柄は、「決定」される必要がない。だから「今このときの《アクチュアル》決定は手続き的にどのような予示もまえもってなされていない」(b 6)ということが、決定の前提条件である。

決定は、一義的には名前を与えることだと考えられている。[17]アイデンティティをもつことは「わたしは何かである（何かではない）」と言うことである。だがその決定（名づけ）に正当性《ジャスティス》を与える因果関係（名前とそれによって意味されるものの正当《ジャスト》な参照関係）を探そうにも、「原因」はつねにすでに、何かべつのものの「結果」である。なぜなら原因（意味されるもの）もまた、名前（意味するもの）として言語の体制のなかにあらわれているからだ。だから主体《サブジェクト》の名前を決定しようという作業――「わたしは（主語《サブジェクト》）～である（述語）」と語ること――は、当初の試みに反して、主語と述語が正当に呼応する統語法に則った因果関係の文の体制を崩していく。その文には、べつの文が重なり、それにはさらにべつの文が重なる。複数の文が係争しあって存在し、一体いくつの文が競合しているのかわからない――決定がなされる領域がどこから始まり、どこで終わるのかもわからない――眩暈をおこさせる文の連鎖と係争が押し寄せる。だから不決定性は、名前がないことではない。不決定性とは、決定の否定（名づけないこと）ではなく、名づけが過剰に存在していることである。逆にいえば決定は、この名づけの過剰さに身をさらすことである。決定するとき、人は、名づけないものを他者として排除する暴力を行使するだけではなく、名づけの過剰さという戦慄的で圧倒的な力を、自己のうえに到来させることになる。

　したがってアイデンティティの脱構築とは、フレイザーが言う「アイデンティティの否定」ではなく、わたしは誰かと問いかけることによって、「アイデンティティの過剰さに対峙する」ことである。それは慣れ親しんだひとつの文の体制のなかでわたしは何かと決定することではないので、そこには、(他者を否定するのであれ、肯定するのであれ)他者と同じ体制のなかにいることの、共存の安堵感はない。アーレントの言う、親密さの領域の同質性はない。知っている事柄は決定の対象ではないので、決定は、見知らぬもの、不気味なもの、錯綜しているもの、真の意味で誰とも共有できないものに向き合うことである。それは共約可能な制度や慣習によっても、読解可能な物語によっても、あるいは聞き手と語り手が合意を形成する発話によっても、代理《レプリゼント》/表象されない過剰さに直面することである。決定は、決定であるかぎり、つねに孤独になされなければならない。だからアイデンティティの問いかけは、眩暈をおこさせる名づけの過剰さに、一人で向き合うことである。それは自己の自己へのはたらきかけという、内主体的な行為である。

しかしこの孤独こそ、逆説的なことに、親密さにもっとも近づくことができるものであり、この自己へのはたらきかけこそ、自己が他者にはたらきかけるための唯一最良の方法である。なぜなら、自己は他者と無縁に「独白的」に存在しているのではなく、取り込みと投影という「対話」をつうじて——すなわち自己の言語化をつうじて——形成されるものであるからだ。だから自己の内部の「あいだ」への配慮は、自己のなかに折り畳まれている無数の文の体制の「あいだ」を配慮することである。逆に言えば、独善的に表明される独白的なアイデンティティ・カテゴリーの体制をずらしていくためになされる「政治的な活動」――人と人の「あいだ」の間主体的な行為――は、自己の「あいだ」の内主体的な行為として、実践化されるものである。だから「自分自身を中断し、分裂させる」ことは、「〔他者を〕もてなすための条件」(Derrida, b 81) である。「アイデンティティ（自己同一性）の中断」は、自己に応答する《リスポンド》（責任をもつ）ことであると同時に、ひるがえって他者に応答する（責任をもつ）ことと同義になる。

　アイデンティティ・カテゴリーをめぐるシニフィアンとシニフィエの再定位が、「アイデンティティの中断」という自己への関係性の再定位として実践化されるかぎり、アイデンティティは持続的なものにはなりえない。だがこのことはアイデンティティ（自己同一性）を単に否定し、アイデンティティから目を背けて、責任を負わない「浮遊するアイデンティティ」を奨励することではない。「浮遊するアイデンティティ」は、現実の政治を容認する――さらに言えば、現実の政治を裏書きする――理論になりかねない。「アイデンティティの中断」は、判断停止や麻痺を意味するのではなく、今このときになされる現在的で偶発的な実践なので、逆説的に、それは継続的なものである。なぜなら「アイデンティティの中断」を継続せず、どこかで何かの名称にとどまれば――たとえば女とか、女の同性愛者とか、女で有色人の同性愛者という名称にとどまれば――そこでアイデンティティは固定化し、その時点での文の体制が出現して、他者の歓待はありえなくなるからだ。だから自己同一性の中断の不断の実践こそが、差異を表面的な平等に取り込まないアイデンティティの政治的実践だと言えるだろう。

それでは「アイデンティティの中断」という内主体的な倫理的な実践は、人と人のあいだの間主体的な政治的な実践に、現実的にどのように再‐接合していくのか。それを考えるためには、自己が言語で形成されると言うときの言語について考察しなければならない。むろんこれまで語ってきた言語は、「純粋に言語学的な現象」ではない。フレイザーが「アイデンティティの政治」と「階級の政治」を結びつけたように、わたしたちを構築している言語は、ポストマルクス主義のイデオロギー概念を前提としたものである。すなわち、唯物論的な理論化をさらに押し進めたグラムシやアルチュセールから、ラクラウ、ムフ、バトラーらに続く、そしてフーコーを加えた理論的連鎖のなかでは、言語は、「ある言説編成が構造化されるさいの多様な制度や儀礼や実践が物質的に稠密に集積している」(Laclau/Mouffe 109 強調引用者)場所として捉えられている。

だがラクラウとムフが指摘しているように、このように言語を抽象的な観念体系ではなく、物質的な性質を有するものと考えるとき、「物質性の分散に対抗するためのア・プリオリな統一〔観念〕」(a 109)を措定してしまいがちになる。そうしなければ、個々の制度や儀礼や慣習は、まったく不規則に脈絡もなく集合していることになり、それらの集合体が一定の規制力を行使して、主体をある方向に構築することができなくなるからだ。言語は単なる事物の集合場所にすぎなくなり、産出権力を行使する磁場にはなりえない。意志が介在しない多数の物質性の集合でありながら一定の規制力をもつという、この言語の両義性を説明するために、「ある階級の統一化役割（グラムシ）とか、再生産原則の機能的な強制力（アルチュセール）」（109）とか、言説権力の規範化機能（フーコー）とか、パフォーマティヴィティにおける異性愛のマトリクス（バトラー）[18]という概念がつくられる。だがこれらの概念は、言語に「先行して、あるいはその外部に、構築のための次元」（109）を設定してしまうものである。それは言語に、統治権力とも言うべき単一の収束点を与えることになる。

しかしイデオロギーは物質的・事実的な形態をとってはいても、いわゆる「物質」や「事実」ではない。それは物質性や事実性という「意味」が与えられた「記号群」にすぎず、だからこそそれは、言語である。したがって各記号のシニフィアン（S）とシニフィエ（s）のあいだには、それを切断する切断線（S／s）がつねにすでに存在しており、権力はこのシニフィアンとシニフィエを繋ぐ／分ける切断線において動的に行使される。だがシニフィアン（意味するもの）はひとつの文（権力システム）の内部のシニフィエ（意味されるもの）に同一化されることはなく、その文に折り重なる多数の文（権力システム）を横断することによって、意味作用がなされている。たとえば、女というシニフィアンによって意味されるシニフィエがかりに女性性だとしても、女性性は男／女というジェンダー・ポリティックスの次元だけではなく、「無賃労働」の搾取という階級構造によっても、性欲望の様態というセクシュアリティによっても、異文化のエロスというコロニアリズムのまなざしによっても構成されているものである。

したがって自己が言語的に形成されるということは、自己のアイデンティティがひとつの文によって分節化されると同時に、それを横断する多数の文によって脱分節化されるということである(これをラクラウとムフは「ヘゲモニー的な分節化」と呼んだ)。自己は、あるアイデンティティとして自己を分節化したとたんに、そのアイデンティティを横断するべつの差異化軸によってそのアイデンティティが脱分節化され、曖昧にされる。この分節化／脱分節化の双方向作用というヘゲモニーの新しい概念化によって、言語的な統治権力(言語中心主義)の陥穽におちずに、主体の言語的構築というポストモダニズムの理論と、規範的な主体からの解放という民主主義の可能性が両立しうることになる。

直接にはニーチェとフーコーに、間接的にはおそらくこのラクラウとムフのヘゲモニー概念に依拠しつつ、ウィリアム・コノリーは、「アイデンティティ＼差異」のジレンマを克服する手段として、「アゴーン的な民主主義」を提唱した。彼によれば、自由とは「自己《セルフ》への応答／責任《リスポンシビリティ》の意志をもつこと」であり、「不在や差異や、そういったものが自己のなかに喚起する可能性から生命を引き出しつつ、他者と出会いながら自己を超えて広がっていく」(Connolly, b 197) ことである。まさにそれは、他者をもてなすために「アイデンティティの中断」を持続していくことだが、その具体的な行動を、彼は次のように語っている。

〔それは〕敵対者を自分と同一のものにしてしまうのではなく、敵対者と交戦し、抵抗し、挑戦することによって、敵対者を尊敬することである。敵対者としてまっさきに尊敬する人を、ときには友に選ぶことである。相互依存を争いで満たし、争いを尊敬で満たすことである。(b 197)

おそらくアイデンティティを中断して他者を迎えるということは、「敵対者」として位置づけられている者を「友」に選び、「友」であるはずの者を「敵対者」として遇することだろう。たとえばそれは、性差別の文脈で闘っている女が、強制的異性愛への異議申し立てのために(ときとして女性蔑視の)ゲイ男性を「友」とすることであり、人種差別に対して有色人の男と連帯して闘っている有色人の女が、性差別の文脈で彼と抗争することである。あるいはそれは、シェイン・フェランが「(ビ)カミングアウト」として語っているように、「固定した不動のアイデンティティをもつ大文字の「レズビアン」

としてではなく、刻々レズビアンになりつつある者、つまり異性愛の社会のなかで暫定的な主体位置を占める者として」(Phelan 237)、「わたしたちの目のまえにある不正を見据え」(246)、公的言説に参与することかもしれない。あるいはアイリス・マリオン・ヤングが言うように、統一的なアイデンティティをもつ「集団的差異」ではなく、実践的＝物質的な行動や社会的意味づけで繫がっている「連続的差異」のなかで自己を捉え、その差異のなかで「他者を経験すると同時に、自己を〈他者〉として、つまり名前のない誰かとして経験すること」(Young, c 24)なのかもしれない。あるいはバトラーが留保をつけながらも言及している「とりあえずの連帯」のなかで、「〔利害の反する〕さまざまな立場の女が、各々のアイデンティティを表明しうる対話的な出会いの場」(Butler, a 41)を形成することかもしれない。

だがここでなおも強調しておかなければならないことは、「アゴーン的な民主主義」や「(ビ)カミングアウト」や「連続的差異」や「とりあえずの連帯」等の政治において、アイデンティティの多重決定や過渡性や不定性が明確に述べられ、それを根拠にこういった政治が主張されているが、その政治が政治実践となるには、結果としてのアイデンティティの変容だけではなく、現在性としてのアイデンティティの中断がかならず同時におこなわれていなければならないことである。なぜなら、たとえばいわゆる女は、自己を分節化している「女」というアイデンティティ・カテゴリーの指示対象——その記号に堆積している慣習とそこから排除されている過去——をずらし、指示対象の圧倒的な過剰さに向き合わなければ、女はゲイ男性を「友」とはみなせないからだ。アイデンティティ・カテゴリーを保持したまま、ゲイ男性と連帯することは、ゲイ男性の搾取でしかない[19]。

さらにまたアイデンティティの中断は、合意の保留、合意の変質、ときに合意の瓦解、をかならず生み出すということである。「アゴーン的な民主主義」や「(ビ)カミングアウト」や「連続的差異」や「とりあえずの連帯」等の政治は、過渡的で、不定で、多重決定のアイデンティティをもつ人々が、集団内部の係争を抑圧することなく何らかの「連帯」をする、あるいは係争のなかでも何らかの「敬意」をもつという文脈で語られることが多い。連帯の暫定性は前提とされつつも、多くの場合に強調されるのは、連帯の暫定的な組織化の方で、連帯の変質や瓦解が述べられることは少ない。だがアイデンティティの中断は、見知らぬ者《アンファミリア》(他者)を迎えることであると同時に、それまで(集団的アイデンティティのなかで)同一化していた見知っている者《ファミリア》(友)を異化する《ディファミリアライズ》ことでもある。

アイデンティティの分節化がかならず脱分節化をともなうならば、それは集合と同時に離散を、親密さと同時に困惑や敵意を、生産する。しかしわたしたちは、離散や困惑や敵意をさらに包摂する何らかの共通理念や共通心情に頼ることはできない。なぜなら脱分節化(切断)は、そもそも分節化(接合)とは対蹠的な運動《エンジン》であり、この双方向の作用を、目的論や気質論——人間社会の自動収束能力や人間主義的な感情——によって、弁証法的に止揚することは不可能であるからだ。しかし「アイデンティティの中断」がもたらすこの二律背反は、アイデンティティの中断という実践が現在的なものであるゆえに、たえまなく出現している。なぜなら現在的な実践は、堆積している/堆積していない過去(物語/非物語)に向き合い、それを現在の言葉で語ることだが、現在は語られる瞬間に過去(物語)になり、それによって語られるものと語られないものをさらに新しく生み出して、次の「アイデンティティの中断」を呼び込んでいくからだ[20]。だから「アイデンティティの中断」は、その実践の現在性のなかに時間性を内包しており、この時間性がわたしたちの倫理的自由の可能性を保証していると言うことができる。

複数の文が係争する自己の「あいだ」を注視して、アイデンティティのシニフィエの破壊的な過剰さに持続的に身をさらすことなしに、友を敵とすることも、敵を友とすることも、とりあえずの連帯を結ぶことも、とりあえずの連帯を保留・変質・瓦解することもできない。平等/差異の政治的ジレンマは、公的領域に存在するジレンマというだけでなく、私的領域で——もっとも〈わたし〉に近接している場所で——〈わたし〉が経験するアイデンティティの分節化/脱分節化として実践化されるものである。それは、連帯の場、「大切な他者」との対話、愛の関係のなかで、集合と離散、親密さと困惑・敵意の二律背反を引き受けつつ、自己が自己に対峙するときの倫理的で、詩的で、孤独な自己への問いかけの緊張だと言えるだろう。だから「アイデンティティの政治」は、自分自身に対してであれ他者に対してであれ、アイデンティティを分節化する、その瞬間に、自己のアイデンティティの脱分節化に向き合う——同一性を中断する——その逆説的な「アイデンティティの倫理的実践」の持続的な強度にかかっているのではないだろうか。

第五章　〈普遍〉ではなく〈正義〉を
――翻訳の残余が求めるもの

正義の始まりには、すでにロゴス、つまり言語活動または言語があるのだろう。
――ジャック・デリダ

一九九二年のロス暴動のさいに、アフリカ系アメリカ人がＣＮＮの報道カメラに向かって、「この国に正義《ジャスティス》はあるのか」と口々に怒号していたのを鮮明に覚えている。そのときには、同じことが起きたとき、わたしは同じ言い回しをするだろうか、「正義」という言葉を使うだろうかと、咄嗟に考えた。しばらくして、「正義」とは自分の声が聞き取られることではないかと思った。しかし「自分の声」とは何だろう。「聞き取られる」とはどういうことか。また「声を発する」ことと、「聞き取られる」こと、「聞き取る」ことは、どのように結びついているのだろう。さらに言えば、そのようなことがなされる場を、どこに求めればよいのだろうか。そもそも正義とは、「正しくあること」、すなわち状況なのか、それとも「正しくすること」、おこないなのか。

むろん正義については、すでに古代ギリシアで精密に慎重に思考され、「国法の遵守」との関係や、正義の普遍性の問題、また「共同体的な徳」(共通善)や「平等」や「配分」の思想が練り上げられていた。そして政治・経済・宗教などの旧体制がくずれ、個々の人間が理念的にはおのおの屹立する体制になると、正義の問題は、社会をどう組み立てるか、個人をどう規定するか、富の偏在をどう調停するかという、広く日常の生を左右する重要課題となった(1)。さらに近年では、多文化主義とアイデンティティの政治のなかで、正義の議論は、新しい火急の様相を呈するようになってきた(2)。フェミニズムの文脈においても、ここ一〇年あまり、スーザン・モラー・オーキンの『正義・ジェンダー・家族』(一九八九年)や、アイリス・マリオン・ヤングの『正義そして差異の政治』(一九九〇年)、ナンシー・フレイザーの『中断される正義』(一九九七年)など、著作に「正義」の語を含むものが多くなっている。

正義が絶対主との関係によって説明されるのではなく、政治的にであれ倫理的にであれ、社会関係の用語として理解されるとき、正義は「表象」や「発話」に密接にからんだものとなる。なぜなら、社会のなかで正義が〈存在する/なされる〉さいには、社会の成員がみずからを語り、またその声を聞き取ることが必要になってくるからだ。しかしことはそう簡単ではない。正義は、つねに不正義の可能性を前提にしている。すべてのコミュニケーションが「正しく」おこなわれるとき、正義という概念は必要ではない。

むしろ正義が重要なのは、正義が存在していない／なされていない状況が常態であるためだと言った方がよいかもしれない。そして正義が存在していない／なされていない状況で、わたしたちの声が発せられ、言語活動が進行し、理解可能性の領域が日々、再認識《レコグナイズ》＝承認されている。

慣習的な約束事なしに機能することができない言語活動は、わたしたちの声を――わたしたち自身の声であるはずなのに――いつも、どこかべつの場所からの声にしてしまう。そしてわたしたちに、「正しい」声が「正しく」送り届けられない。受け取られない焦燥感、苦痛、屈辱、悲憤、あるいは瞞着や安堵さえも、もたらしている。発話はかならず、言語に仮託された、むしろ言語そのものである権力の洗礼を受けている。正義は、だから、つねに言語活動からすり抜けていく。しかし正義が社会関係の申し子であるかぎり、それにはコード(法／言語)が不可欠であり、言語活動を介さない正義はありえない。したがって正義には、いつもパラドックスがつきまとう。デリダの言葉をもじって言えば、力の行使としての言語活動がそれ自身の「武装解除をおこなう運動」(Derrida, a 23)、それが正義である。だから正義は、逆説的な行為――それ自身の基盤的前提を突き崩しながらおこなう行為――のかたちでしか、存在することはできない。それはゼノンのパラドックスのように、その到達点がつねに先送りされるものである。だが先送りされる到達点は、普遍的で抽象的な正義という究竟ではない。正義を奪われた者が現実的に、切実に求める「正しさ」のあらわれ、「正しさ」の実行である。

殴打する白人警官と殴打されるアフリカ系アメリカ人のあいだに発生した不正義は、二つの異なる文法、二つの異なる言語のあいだに起きた不正義である。そして二つの言語のうちの一方が支配的であるとき、それらを統治する公正《ジャスト》なメタ言語はありえない。むしろわたしたちは、公正なメタ言語と詐称されている支配的な言語に対して／そのなかで——すなわち、その「翻訳」をつうじて——メタ言語の非‐公正さを訴えていかなければならない。

ジェイムズ・ボイド・ホワイトは『翻訳としての正義』のなかで、翻訳とは、「不可能なものに直面する技法であり、テクストとテクストのあいだ、言語と言語のあいだ、人々のあいだにある架橋できない非連続に対峙する技法である」(White 257)と語っている。だが翻訳は、二つの確固とした言語のあいだのシニフィアン(記号表現)の交換ではない。たとえ抑圧された言語が言語であることすら奪われているほど、もう一方の言語が支配的な場合も、その支配的な言語が磐石で、シニフィアン(記号表現)とシニフィエ(記号内容)が適確に連続しているわけではない——そう見えてはいても。

翻訳は、二つの言語のあいだの非連続にかかわるだけではなく、各々の言語のなかの非連続、「各々のテクストのなかの攪乱的な異質性」(Johnson, a 148)に直面するものである。その意味で翻訳は、双方の言語に対して、暴力的な力を行使する。そして正義が、安定したコード(法/言語)にもとづく裁断《ジャッジ》(判断)ではなく、それ自身の武装をいやおうなく引き剝がしていく言語活動であるかぎり、安定したコードのなかで「不可能」と命名され沈黙させられている声に行き当たり、それを引きずり出す翻訳は、まさに「正義への技法」と言うことができるだろう。それだけでなく、支配言語に切り込みみずからの言語の非連続にも対峙せざるをえない翻訳——いわば、翻訳そのものの成立の(不)可能性の直面する翻訳——は、つねに先送りされる正義の逆説的な実践、しかし正義という名でおこなえる唯一の実践だと言えるのではないか。では、翻訳という(不)可能な技法による正義の逆説的な実践は、どのようになされていくのか。

発話のアポーリア

思想がテクストの空白である……ならば、その思想は、歴史の《他者》に引き渡されなければならない。

——ガヤトリ・C・スピヴァック

ガヤトリ・C・スピヴァックが「サバルタンは語ることができるか」という論文を発表したのは、一九八五年のことである。[3] 同年に「サバルタン研究——歴史記述の脱構築」や「シルムールの王妃《ラーニー》」「三人の女のテクストと帝国主義批判」を世に出し、ポストコロニアル批評家としての彼女の位置を印象づけたが、「サバルタンは語ることができるか」の論文の骨子がすでにその二年前に「マルクス主義と文化解釈」のシンポジウムで発表されていたように、またマハスウェータ・デヴィの「ドラウパーディ」の英訳が一九八一年になされたように、八〇年代初頭よりスピヴァックの関心は、狭義に解釈した文学や文学研究の非政治性や非歴史性を否定して、むしろそこに刻まれている「価値をめぐる問題」や表象権力を明らかにすることに向かっていた。文学テクスト(そこに彼女は記録文書も含める)は、高踏的で審美的な文学性(記録文書の場合は明示的な客観性)を尺度に解釈されるのではなく、表象の生産に介入する権力の道程として読み解かれるものとなった。

しかしこのことは、スピヴァックが七〇年代にジャック・デリダの『グラマトロジー』を英訳し、それに明哲で長大な序文を付して、脱構築の旗手の一人と目されていたことを考えると、注目に値する事柄である。なぜなら、文学テクスト(あるいは広くテクスト)が体現している利害《インタレスト》/関心に着目することは――とくにそのテクストの生産条件にさかのぼって、声の表象の政治性を取り上げることは――脱構築の主張のひとつである「不決定性」や「差延」の原理にまっこうから対立するものであり、それだけでなく、ポストモダンの批評理論の傾向と一般に目されている「文化相対主義」に異を唱えるものでもあるからだ。事実、ポスト植民地主義とフェミニズムの問題意識が重なり合うところで書かれた彼女の一連の著作はすべて、社会的・文化的・経済的な「不正義」が表象テクストを根城に再生産あるいは拡大生産されることに対する、切迫性に駆られた異議申し立てであり、けっして文化相対主義的な不決定性に収束していくものではない。

事実、たとえば脱構築と正義の関係について、のちにデリダは、「「脱構築主義者」には、正義について何か言うことがあるのか、正義とかかわり合うことなどあるのか。なぜ彼らは、それについて実際ほとんど語らないのか。結局のところ、彼らはそれに関心をもっているのか」(Derrida, a 14)と疑問を呈している。実際には彼はここで、脱構築が正義をどう取り扱いうるか、いや取り扱わなければならないかについて丹念に考察しているが、脱構築と正義は、一見したところでは対蹠的な概念である。しかし脱構築にとって水と油のようなこの正義の問題に、当のデリダよりまえに、デリダの思想を使いつつ格闘しようとしたのが、スピヴァックなのではないだろうか。「正義の始まりには、すでにロゴス、つまり言語活動または言語があるのだろう」(a 23)というデリダの言葉を予測するかたちで。

先にも述べたように、スピヴァックがつねに問題にするのは、表象権力、すなわち発話の可能性についてである。「サバルタンは語ることができるか」は、「サバルタン研究

という反 - 帝国主義的な企ての内部においてさえ、サバルタンの女が無言であることが問題にされていないことを〔批評理論において初めて〕問題にした」(Spivak, a 295) ものである。たしかに、「反乱への女の参加」や「労働の性別分業の基本ルール」を記した歴史的「証拠」のなかに、サバルタンの女は登場しているように見えてはいる。だがそのさいに、その記述がすでにコロニアルな男中心のイデオロギーを根拠にしたものであるかぎり、サバルタンの女は歴史も語る声も抹殺されて、「なお深い陰のなかに沈み込んでいる」(a 287) とスピヴァックは言う。しかしだからといって、『脱構築』のなかでジョナサン・カラーが言ったように「差異化することによって、差異を作りだす」(a 295) ことをおこなえばよいのではない。なぜなら、差異化そのものが、すでに植民地主義と性差別に汚染されており、したがって、「本質的なものとして定義された性的アイデンティティに訴え、アイデンティティに結びついた経験を特権化する」(a 295) ことを奨励されても、「本質的な性的アイデンティティ」自体が、サバルタンの女ではない者によってすでに「定義された」もの、記述されたものであるからだ。

スピヴァックはこの論文でミシェル・フーコーとジル・ドゥルーズを、大衆に成り《レプ》代わって《リゼント》語ろうとする「透明な知識人」だと激しく批判する。[4] 彼女が否定するのは、そのようなヨーロッパのポスト構造主義者が、統治的主体を解体しつつ植民地主体という他者を構築し、植民地主義の権力関係を不問に付して他者の代わりに語ったり、あるいは、あたかも他者がみずからを語ることができるかのごとく他者に語らせたりすることである。「ブルジョワ社会学者たちと連携している」(a 274)かのような、この「同化」を促す自民族中心主義的で人間主義的なエピステーメと訣別して、彼女が積極的に評価するのは、デリダがみずからの脱構築思考に導入した歴史的視点である。

スピヴァックは、主体がその存在証明のために他者を生産しようとする欲望を、デリダが「一般的な問題ではなく、あくまでヨーロッパの問題」(a 69 強調スピヴァック)とみなしたことに着目する。デリダは、思考や知識の主体を「格下げ」しようとして、「思考は……テクストの空白部分である」と述べたが、それを彼は「「歴史的閉域の内部」」、つまり「ヨーロッパの自民族中心主義の文脈の内部」(a 293 強調デリダ)に置いた。したがって「テクストの空白部分」――脱構築主義者としてのデリダが、あくまでも固持しようとした「言い表すことができず、さりとて超越的でもない、逆説的な何か」(a 293)――は、デリダにとって、帝国主体という知識の主体を構築していながら、その主体が包摂しえないもの、その空白をとりまく解釈可能な記述とは異なって、帝国主体の知識によっては埋めることができないもの、つまり「歴史の《他者》に引き渡されなければならない」(a 293-294)ものとなる。

では帝国主体の歴史記述の「テクストのなかに書き込まれて」(a 294)いながら、「歴史の《他者》に引き渡さなければならない」空白は、どのように充当されうるのか。スピヴアックは「同化による《他者》の承認」、すなわち補完的で構造的な外部の領有を避けるために、デリダの脱構築的な提言、「「まったき他者」への「呼びかけ」をおこなって、「わたしたちのなかの他者の声である内なる声にうわ言を言わせる」」(a 293 強調デリダ)ことに希望を託す。彼女はデリダの言葉を二度引用し、論文の最後では、エクリチュールの起源にさかのぼるこの「濫喩」の方が、「フーコーやドゥルーズがおこなっているもっと「政治的な」問題への直接的で実質的な関与よりも、はるかに実直で有用だ」(a 308)と述べている。たしかに「テクストに書き込まれている空白」を充当する道は、エクリチュールの起源にさかのぼる「濫喩」、あるいはエクリチュールの起源の「差延」しかないのだろう。またその「濫喩」や「差延」は、つねにすでにイデオロギーであるエクリチュールがもたらすものであり、純粋に言語的で思弁的な属性というのではない。スピヴァックの文脈においては、テクストの空白は、帝国主体とサバルタンの権力布置によってもたらされたものである。

だが注意すべきことは、ここで彼女は、サバルタンの声の議論から、一転して、「わたしたち」——つまり帝国主体(アルジェリア生まれのデリダをあえて帝国主体と呼ぶとして)——のなかの他者の声にすり替えていることだ。テクストの空白を充当するはずの「歴史の《他者》」は、いつのまにか「わたしたちのなかの内なる他者」になってしまった、彼女はこの論文のべつの箇所で、フーコーやドゥルーズとは異なる批評家の姿勢として、「学んできたものをわざと忘れ去る《アンラーニング》」(a 295)ことを提案している。これは大変印象的な提言だが、その姿勢をとる批評家の位置は、ここでは曖昧にされたままである。いったいこの批評家は、脱構築主義者の帝国主体なのか、それとも脱構築主義者になったサバルタンなのか。批評家の位置をめぐるスピヴァックの曖昧さは、それを解説する論文の矛盾となって増幅される。

『スピヴァック読本』の編者ドナ・ランドリーとジェラルド・マクリーンは「序文」のなかで、スピヴァックの本領を四つに公式化し、その第一にこの姿勢「自分が学んだ特権を自分の損失として忘れ去ること」を挙げている。編者たちは最初、この公式を信奉しているアフリカ系アメリカ人の映画作家を例に出して、これを被抑圧者の姿勢として提示しているように見える。「もしもわたしたちが人種差別を学んだのなら、それを忘れ去ることもできる。なぜならまさに人種に関する先入観こそが、創造的な可能性を閉じさせ、べつの選択やべつの考え方をできなくさせているからである」(Landry & MacLean 4)。ここでは「特権」は皮肉な意味で用いられ、人種差別という教え込まれた負の遺産を忘れ去って、新しい地平を創造しようとするアフリカ系アメリカ人の姿勢が述べられている。ところがその直後で、この特権は、抑圧者の特権にすり替わる。編者たちはすぐに、「このような特権こそ、わたしたちが《他者》の知を得ることを阻んでいるもの」と解説する。したがって彼らによれば、「わたしたちの特権を忘れ去ることは、ひとつには……特権的な視点からは見えない場所にいる他者を懸命に知ろうとすることであり、またひとつには、そのような他者に向かって、その人たちがわたしたちを真剣に取り扱ってくれる仕方で、もっと重要なことは、答え返してくれる仕方で、語りかけようと試みること」(4-5 強調引用者)になる。

ここで『スピヴァック読本』の編者の反応を引用したのは、サバルタンの沈黙――つまり帝国主体が応答しえないテクストの空白部分――への脱構築的な関与がだれによってなされるかが、スピヴァックの論文においてはおそらく戦略的に曖昧化され、それによって、スピヴァックの意図に反して、サバルタンの声そのものが再度、神秘化される危険性をもつからである。彼女がこの論文で華々しく提起したことは、ブヴァネーシュワリーがおこなった「対抗サティー」の自殺の例に象徴されるように、サバルタンの誤-承認――その結果としてのサバルタンの声の抹消――という、表象にふるわれる暴力が存在していること、そしてそれが政治的・経済的な植民地支配と深くかかわることであり、それゆえ、この論文が射程に入れているのは――明言はしていないが――植民地支配からグローバルな搾取への移行という危機的状況にあって、サバルタンの声がいかに復権されうるかということのはずである。

だが彼女は、政治的に「透明な」ポスト構造主義者を弾劾する(サバルタンの側の)活動家と、(たとえ特権を忘れ去ろうとしていても)すでにそれを学び知っている「ポストコロニアルな知識人」とのあいだをレトリカルに行き来しながら、サバルタン自身の発話の可能性――「サバルタンは語ることができるか」という命題――に直接的な回答を与えてはいない。そのため、たとえばベニタ・パーリィのように、スピヴァックの「歴史的に物言わぬ主体」は、「ネイティヴを、他者とか声を持たぬ物という隷属した主体にしてしまう帝国主義の言説に、ネイティヴ自身を共謀させることになる」(Parry 35)という批判が生まれることになる。『スピヴァック読本』の編者たちの言葉を使えば、「サバルタン」という語は「概念‐比喩」となり、「永遠に後退する可能性の地平」となって、「グローバルな超過搾取が増大しつつあるときに」、サバルタンは「消滅するどころか、おそらく増加しつづける」(Landry & MacLean 292-93)皮肉が生まれてしまう可能性もある。

しかしスピヴァックの論文の、この誤解をはらむ曖昧さは、彼女自身の論理の非整合性や論述の不十分さとして片づけられるものではない。むしろ覇権的な言語の支配が圧倒的で、抑圧されている者がそれ自身の声も歴史も抹殺されているとき――そして、そのような被抑圧者を支配言語が「他者」として語るのではなく、まさにその人たち自身が「声を抹殺されている」ことを証言しようとするとき――いったいその問題提起は、どこから、どのように発することができるのかという、対抗言説がかならず直面する困難さを示すものである。しかもその問題提起は、他者表象のなかにみずからの権力を縫い込む覇権的な言語の「無意識」にまで踏み込めば踏み込むほど、ますますその言語支配の投網のなかから抜け出すことがむずかしくなるというアポーリアに陥る。

共通性と差異

応答する責任ある翻訳をつうじて共通性を辿ることによって、わたしたちはさまざまな差異の領域や、相異なる差異化作用に入っていくことができる。　――ガヤトリ・C・スピヴァック

おそらくスピヴァック自身が、今述べたような発話のアポーリアをもっともすばやく、また深く、感知したのだろう。「サバルタンは語ることはできるか」は、スピヴァックの八〇年代の仕事を代表する論文であるにもかかわらず、また「サバルタン」の位置を前景化するのに大いに寄与したにもかかわらず、その後一〇年余り自分の著作集には収録せず、一九九六年に出版された『スピヴァック読本』への転載も断った。その理由として彼女は、『読本』の最後に収録されたインタヴューのなかで、自分の論文が「あまりにも複雑なこと」(Spivak, f 287-88)、「速読すると重要な点を読み落とす危険性があること」(f 288)を挙げており、彼女自身、「議論が複雑すぎるので、べつの人にカットして

もらうしかない」と思い、そう編集者に頼んだところ、「ノーカットで出版されたので驚いた」(f 288)とも述べている。

そののちスピヴァックがこの論文の「誤読」を避けるために、「サバルタン・トーク」のインタヴューで明確にした点は、「語る《スピーク》」ことは「物が言える《トーク》」こととまったく同じではないことだ。彼女はこう述べる。

「サバルタンが語ることができない」ということは、どんなにサバルタンが必死で語ろうとしても、聞き取ってもらえないということです。語ることと聞くことによって発話行為は完成します。これがわたしが言おうとしたことで、その場所には苦悩が刻まれているのです。(f 292)

ここで彼女が発話行為《スピーチ・アクト》の成立条件として挙げているのは、語ることと聞くことの二つであるが、九〇年代になって彼女が強調するのは、「聞く」ことの方である。事実、一九九九年発行の『ポストコロニアル理性批判』におさめた最新版では、「サバルタンは語ることができない」ことを暗示する箇所は慎重に削除したが、「聞き取られず、読まれもしない」という箇所はそのまま残しておいた。(5)

たしかに八五年に『ウエッジ』誌に発表された短い版でも、八八年に『マルクス主義と文化解釈』に収録された改訂版でも、それらを注意深く読めば「サバルタンは物が言えない」という誤解は生まれない。むしろ問題は、サバルタンは語っているのに、その声が聞き取られず、スピヴァックの批判をもってしても――批判できるという条件のゆえに、逆説的に――支配言語によって「他者」として「同化」されてしまいかねないということである。だからサバルタンの沈黙化の原因は、サバルタンが語りうるかどうかという点にあるのではなく、サバルタンの声が聞かれうるかどうかという点にある。発話の不均衡を作りだしているのは、語り手ではなく、聞き手の方である。だが皮肉なことに、聞く者には、「聞かれない」あるいは「間違って聞かれる」ことの「苦悩」はなく、したがって発話の不均衡を「正さねばならない」切実な動因はない。

レイ・チョウは、ジャン・フランソワ・リオタールの「抗争」の概念を引いて、「語る」ことと「聞く」ことのあいだのこの権力関係を、「正当性／正当化」の問題だと述べた。チョウによれば、「「ネイティヴ」は、単に「語る」ことができない」のではなく、自分の語りを聞いてもらうために、自分の語りの「正当性／正当化を提示しなければならない」。しかしこの正当性／正当化――すなわち、語ることの正当性／語る内容の正当性(6)――こそ、「「ネイティヴ」が帝国主義に出会うことによって、決定的に破壊されてきたものである」(Chow, a 38)。

おそらくこの絶望的な「出口なし」を断ち切る可能性があるとすれば、それは、語る者が聞くことではないだろうか。「純粋なサバルタン」(Spivak, f 289)、アクセス不能の他者こそ、支配言語が作りだした「概念－比喩」であるならば、サバルタンのなかに、サバルタンの声を聞く帝国主体が存在しているのではないか。

べつの著作でチョウは、民族誌を考察するにあたって、「知の編成と配分が不平等で不公正な」(Chow, b 178)異文化折衝を、「視覚性に焦点を当てた民族誌の再定義」(b 180)によって打開する可能性を示唆する。通例、民族誌は、帝国主体がネイティヴを客体として見ることによって成り立っていると解釈されている。だが民族誌がそもそも民族誌的な自己記述《オートエスノグラフィ》であるならば、見ている主体は、同時に見られている客体であり、民族誌の主体の起源には、以前に客体であったことの記憶、見られるという過去の経験を含んでいるとチョウは述べる。

> 〔そうなると〕世界をわたしたちとかれら、見る主体と見られる客体の形式で分割する古典的な人類学の作業仮説は破壊される。「わたしたち」と「かれら」は、もはや完全に区別できるものではない。今や「見られる客体」が、「見る主体」を見ているのだ。(b 180)

チョウはそののち、人類学が表象の拠りどころとしてきた事実主義に着目し、客観的事実性と主観的虚構性の区別を脱構築して「寓話による構築」を主張するが、それに話をすすめるまえに、「見る主体」と「見られる客体」の入れ子構造は、「語る主体」と「聞かれる客体」の入れ子構造に対応させることができることを確認しておこう。語る正当性を与えられている主体が、客体をまったく必要としない無媒介の主体ではなく、客体(正当性を剝奪された外部)に依存していることは、主人―奴隷の弁証法によってすでに指摘されてきたことである。だが、「語ることの正当性／語る内容の正当性」を奪われ、間違って聞かれる／聞かれない客体もまた、その非対称的な発話行為に関与している。間違って聞かれる／聞かれない客体が、客体をそのように語っている主体を語っているという意味において。

　サバルタンはサバルタンであるかぎり、「純粋なサバルタン」はいない。なぜならサバルタンという位置(副次的な位置)は、主たる位置を前提にしたものであり、サバルタンは主たる文化にすでに「邂逅している」からである。(7) だからサバルタンは、主たる文化が存在していることを「知っている」。サバルタンは自分の声を、主たる文化に響《リスポンディング》かせながら、聞く。響き返ってきた声が、発したつもりの声とずれてしまっていることに気づきながら。いやもしかしたら、声を発するそのときに、響き返ってくる声のかたちに、口を開けているのかもしれない。しかしその声は、主たる文化のなかにいる人と同《アイデンティカル》じものではない。その声は帝国主体の声ではなく、サバルタンの声であり、サバルタンは帝国主体のようではあっても、帝国主体ではないからだ。

ホミ・バーバは、「〔覇権的な主体と〕ほとんど同じだが、まったく同じではない」被抑圧者の発話を、「模倣の曖昧さ」と呼んで、そこに二重の機能を読み取った。ひとつは、覇権を強化する言説機能で、もうひとつは、覇権的な主体に内在的な脅威を与える「不適切性《インアプロプリエイト》／反占有性の徴候」(Bhabha 86 強調バーバ)を示すものである。バーバは後者の機能にポストコロニアルな言説の可能性を見いだし、一種の「翻訳」である「模倣」のなかの「抵抗の要素」(224 強調バーバ)が、「文化の差異の上演としての翻訳のパフォーマティヴィティ」(227)を構成すると述べた。模倣によって発生する置換が、差異を抹消しようとする支配言語と、当の差異のあいだに、交通を引き起こす契機を生みだすのである。だが国境の内外を問わず、文化領域における他者占有が金融資本を介して進行しているときに、単に、翻訳は差異のパフォーマティヴィティを上演することができると言い置くだけでは、「聞き取られない」サバルタンの「苦悩」は「増大」しこそすれ、「解消」されることはない。むしろ、「翻訳のパフォーマティヴィティ」に〈語る―聞く〉の交通の希望を託したうえで、「聞く」者と「語る」者の入れ子構造がどのように展開しているのか、そこで交換されているのは何かという、翻訳の内的メカニズムを考えることが必要なのではないか。

スピヴァックは「翻訳の政治」という論文のなかで、「応答する責任ある《リスポンシブル》翻訳をつうじて共通性《コモナリティ》を辿ることによって、わたしたちはさまざまな差異の領域や、相異なる差異化作用に入っていくことができる」(Spivak, d 193) と述べている。ここで彼女が述べている「共通性」は、「異なった言語の異なったレトリックの戦略の内側で」(d 193) 浮かび上がる共通のジェンダー化作用である。そしてこの「共通性」を触媒に、たとえば「家族・結婚・相続・嫡出性・女の社会的活動《エイジェンシー》にまつわる現代アルジェリアのフランスの慣例とイスラムの慣例」の差異に着目することができ、また「第一世界の民族的少数派と第三世界の多数派の差異」にも着目することができるとスピヴァックは言う(d 193)。いわばジェンダー化という共通項を梃子に、文化的差異が現実的に顕然化していくのである。しかし他方で彼女は、共通性が暫定的なものであることも、急いで付け加える――「しかしここでもなお、階級が歴史的にさらに重要だということに留意しておかなければならない」。なぜなら、たとえば階級が違えば、女であっても、「読み書きができない家僕」を「同じレトリックを使った比喩」で語ることはないからだと彼女は述べる(d 193)。つまり文化的差異を際立たせる「女」という共通項は、他方で、階級的な差異化を隠蔽するものにもなる。(8)

スピヴァックが「共通性」について語っているのはここだけで、これ以上、論を展開してはいない。しかし声が聞き取られない不公正を是正する道を探ろうとするとき、この言葉は大きな示唆を与えてくれると思われる。なぜなら、沈黙化されている声を聞き取ろうとする翻訳が、「聞く」ことと「語る」ことの内的応答をつうじて辿っていく「共通性」は、次のようなものと考えることができるからだ。すなわち、(1)共通性は、それ自体が目的ではなく、差異の領域に入るための一種の触媒であること、(2)「共通性」は、抑圧される苦悩に対する親和性として現れるものであって、共通善への楽観的な志向性ではないこと、(3)ひとつの「共通性」はべつの種類の抑圧を覆い隠す場合があること、したがって(4)「共通性」によって可視化される差異は、還元的な自律的差異ではなく、差異の脱構築をかならず伴うこと、である。

　抑圧されている声を聞き取る翻訳の可能性としてわたしたちが想定しがちなのは、固定的言語という幻想や覇権的な法の支配を疑って、あたらしい理解の地平や共約可能性を再構築し、普遍を別様に定義することである。しかし聞き取られない(間違って聞かれる)声を聞き取ろうとする翻訳が丹念に辿っていく「共通性」は、それに自己を同一化して、共約基盤を構築するようなものではなく、それをとおして「差異」が鮮明に浮かび上がってくるようなものだ。たしかにジェンダー化された女の位置は、二つの異なった文化を横断する。しかし「女」というその共通性が、女たちが抱える文化の差異を、逆に明らかにしていく。あるいはタニ・バーロウが中国フェミニズムについて語っているように、中国の性体制のなかで劣位に置かれている者が、自分にふるわれる性の暴力を「女性」(*nuxing*)という西洋の語彙からの借用語で説明することで、植民地主義と性抑圧の共犯関係を逆説的に証言することになるかもしれない。

したがって共通性は、異なった文化が静態的に重なり合う共約可能性ではなく、複層化した差異を際立たせ、またあるときは差異を埋没させるもの——いわば排除や分裂と裏腹に出現するもの——である。ゆえに共通性を媒介にした自己完結的な和解も、正義の完全な履行もありえない。むしろ共通性は、差異を差別に導いたり、差異を抑圧する内部暴力を秘匿しているものであり、それゆえ、つねに暫定的なものとして取り扱わねばならないだろう。ジェンダー化された「女」の位置という共通性は、国境の内外の文化の差異を際立たせ、あるいは国境の内側で進行している階級格差を見過ごしてしまうがゆえに、それは措定されたとたんに、その力を失効しはじめている。差異もまた同様である。差異は、可視化され承認されたとたんに、内部を同質化し、共通性に変貌して、あらたな差異の抑圧を生み出しはじめている。したがってもしも聞くことをつうじて語る、語ることをつうじて聞くという翻訳のパフォーマティヴィティが、聞きえない声を語る、語りえない声を聞くという正義への「訴えかけ」になるならば、それは、あたらしい共約可能性の再構築としてなされるのではなく、「共通性」と「差異」のあいだの終わりのない往還をうながす「翻訳の(不)可能性」(Spivak, d 196)としてなされるのではないだろうか。

汚染されている普遍

いかなる普遍も、それが出現し、それが流通する個別的な文脈によって汚染されていないということはない。
――ジュディス・バトラー

これまでわたしは正義の問題を、声を発しうるかどうか、声が聞かれうるかどうかという差異の問題として扱ってきた。しかしここ一〇年ほど、とくにフェミニズムの文脈で、正義を文化的正義と経済的正義とに分けて／分けないで考えようとすることをめぐって、論争が続いている。

論争の発端になったのは、アイリス・マリオン・ヤングの『正義および差異の政治』(一九九〇年)である。彼女はそこで集団的差異を擁護し、「前提的思考の共有や情緒的絆やネットワーク」などによって結びつけられる集団(たとえば女、有色人、低所得者、障害者、ゲイ男性、レズビアン、老人などの集団)は、「個人や集団のニーズや利害を、正義に訴えるかたちで……表現しようとする」ときに力になると述べた(Young, a 172)。彼女がここで求めているのは、集団的差異が声を発することができ、またその声が集団内部の個人を代表《レプリゼント》しうるという正義が履行されるシステムである。

このヤングの主張を、ナンシー・フレイザーは「再配分か承認か？」(一九九五年)のなかで批判した。フレイザーによれば、ヤングの「二焦点構造《シェーマ》」は、差異の承認という文化的正義と、富の再配分という経済的正義を一緒くたにし、そのおかげで、両者がジレンマに陥ることを見過ごしている。なぜなら、文化的正義は差異の容認を要請するのに反し、経済的正義は差異(格差)の消滅を求めるからだ。彼女は、そのジレンマから抜け出す方策として、両者をまず分離して考察することを提案し、そして、差異には社会的に容認可能な差異と容認不可能な差異があるので、差異のあいだに差異をつくって、どれが正当な差異なのかを、正義に照らして「判断する」ことを主張する(Fraser, d 203-04)。

このフレイザーの批判に対して、さらにヤングは「手に負えないカテゴリー」(一九九七年)のなかで、それを「二元論システム」と呼んで反論した。ヤングによれば、フレイザーが分析の手続きとして分離した文化的正義と経済的正義は、そもそもはじめから分離するべきではなく、むしろ両者が混淆して不正義がおこなわれていることに着目しなければならない。さらにこのヤングの批判に対して、フレイザーが「アイリス・ヤングへの再返答」(一九九七年)で応答して、差異が「肯定《アファーム》」されるのではなく、それが根本的に「変容《トランスフォーム》」される「脱構築的」で「社会主義的」なプロジェクトこそが重要で、これをヤングは見落としているとふたたび反撃する。

この論争は、それぞれ次の点において、差異の定義が理念的あるいは楽観的だと思われる。ひとつは、社会的正義を考察するに当たって、フレイザーは文化(アイデンティティ)と経済(富の再配分)を分離しうると考えたが、そもそも問題は、言説的で象徴的な差異が個人の身体として物質化され、社会化されている仕組みのなかで、不正義が発生していることである。したがってこの両者を分けることは、両者が重なり合って社会的不正義を被っている個人そのものを分割するという、抽象的で独善的な理論化になる。同じことが、彼女の「変容」の概念にも言える。もしも差異が、「生産関係(や)承認関係の深層までも組み替える」(Fraser, c 27)ならば、差異を社会的に容認可能かどうかで分別する判断基準もまた、組み替えられるべきである。もしも「脱構築」をかかげながら脱構築に制限を設けるなら、それは議論の自家撞着を招くだけではなく、スピヴァックが批判したような、「他者に語らせながら、他者を占有する」という「透明な知識人」に逆戻りするものとなる。

他方ヤングは、マイノリティの声が聞かれない「同質な公衆」ではなく、差異が併存しうる「異質な公衆」を志向するためには、各集団の「自己組織化」や「代表制」が必要だと述べるが、抑圧されている集団の声がどのように「聞かれうるのか」という点では、きわめて楽観的だ。彼女はのちに『声を交差させる』(一九九七年)のなかで、「対話の参加者は、他者の考え方が表明されたときに耳を傾けてきたから、他者の考え方を考慮に入れることができる」と述べ、また対話の参加者たちは「自分たちが他者とのあいだに非対称的で不可逆的な関係にいることを十分承知している」(Young, c 59)とも言う。しかし、もしも両者が「非対称的で不可逆的な関係」にあるのなら、互いが互いの声を聞くことは不可能だ。サバルタンの例で明らかなように、「非対称的で不可逆的」と定義される関係構造そのものが、語る—聞くの交通を阻害しているからである。むしろわたしたちは、「非対称的で不可逆的」に見える発話関係であっても、語っている者のなかに聞く者が存在していること、聞く者のなかに語っている者が存在していることに着目し、そこに交通の希望を託さなければならない。しかしそう述べたからと言って、両者を超越する普遍性を設定しているのではない。むしろ集団の「自己組織化」や「代表制」をとおして主張される差異が、はたして集団の内部でさえ、恒常的で普遍的な差異であるのかどうかを疑ってみることが必要だろう。なぜならこの問いかけは、共通性が、すでに存在している抑圧を覆い隠すだけではなく、新しい抑圧を生む可能性があるのはなぜかを考える契機を与えてくれるからである。つまり正義への訴えかけが、なぜ「共通性」と「差異」の終わりのない往還になるのかを、さらに追求する必要があることをわたしたちに示唆してくれる。

ジュディス・バトラーはこの無限の往還について、普遍と個別という言葉を使って考察しはじめた。彼女は、近年の英米フェミニズムは「女の条件や権利について普遍的な主張をすることが重要だとふたたび述べようとする(オーキン、ヌスバウム)さいに、局所的な文化の規範を考慮しなかったり、また文化翻訳の労も取らなかったりしている」(Butler, i 35 強調引用者)と批判する。彼女が註を入れずに唐突に挿入したものは、スーザン・モラー・オーキンの『正義・ジェンダー・家族』(一九八九年)と、その書評のマーサ・ヌスバウムの「女たちに正義を」(一九九二年)だと思われるが、オーキンはともかく、ヌスバウムの方はこの書評においても、また彼女の他の著作においても、バングラディッシュやインドを視野に入れており、彼女を評して「局所的な文化の規範を考慮していない」と言うことはできない。また彼女の主張は、アリストテレス派とはいえ、少なくともオーキン批判においては核家族の規範に疑問を呈して、「福祉／善く生きること」の範囲をかなりラディカルに切り拓いている。しかしバトラーがこの部分で、「普遍的《ユニヴァーサル》」という言葉を「局所的《ローカル》」という言葉と対立的に使っていることは、この論文自体のタイトルが「普遍なものの再演」であり、そこで普遍の再定義がおこなわれていることを考え合わせると、意味深いことである。

通例、コミュニケーションを可能にさせると思われている普遍は、局所的な差異を横断する超越的なものと考えられている。しかしバトラーはヘーゲルの『精神現象学』を再読しつつ、ヘーゲルの普遍概念は、じつはこの超越性を否定していると言う。なぜなら、普遍は普遍でありつづけることによって、普遍を裏切るからだ。それをもう少し詳しく説明してみよう。

普遍《ユニヴァーサリティ》(9)は、それが包含するすべての人に当てはまるゆえに、普遍である。しかしすべての人のすべての個別的な行動や状況に当てはめられるとき、普遍は、「普遍の名のもとでは適さない普遍的特質を認めてしまう」(Butler, i 7)ことになる。つまり、普遍はかならず具体を介して顕現するが、具体を介するさいに、普遍は局所化、個人化されて、普遍ではなくなる。では普遍を体現しているはずの個人はどうか。個人は、社会のなかで生存するためには普遍的特質を持たねばならない。しかしそれを持とうとすればするほど、個人であること(個人性)は浸食され、否定される。だから個人の普遍化行為には、つねに不満、苦しみ、「怒りが吐き出される」(i 21)。個人の普遍化行為は、普遍という抽象的な形式を遵守すればするほど、「形が崩れた」もの、「形を崩す」(i 22)ものになる。他方、普遍は、その形式破壊に抵抗して、普遍であることにとどまるためには、普遍がかならず生み出す他者性(形が壊れた不気味なもの)の「すべての痕跡を、消去(抹殺)し」(i 22)なければならず、それによって普遍は、ますます「抽象的な自己意識」(i 22)となり、ますます個人の普遍化行為を困難にしていく。

この普遍の自己否定の暴力、あるいは悪循環を断ち切りつつ、普遍の形式性を維持するには、普遍が具体から離れた抽象ではなく、つねに個別的で具体的な事例のなかで再確定されることを認識しなければならない。しかし普遍が確定的なものでありつづけるために絶え間なくおこなわれる再確定の行為《パフォーマンス》は、その「反復のなかでリスクを背負う」(i 41)ことになる。リスクとは、既存の確定的な普遍を「遡及的に絶対化」せず、むしろ「これまで想定されてきた権威から、それを更新する機構へと、正当性をずらしていく」(i 41)リスクである。そしてこのリスクこそ、普遍を読み替え、そのあたらしい可能性を追求しようとするさいに、根拠となるものである。

その例を、本書のテーマにそって性差別の文脈で考えてみよう。たとえば、普遍は《男》を絶対化していて、普遍の範疇からは女は排除されていたとする。普遍は《男》の絶対性を確定するには、つねにその再確定を、個別的な例のなかでおこなわなければならない。たとえば男らしい身ぶりが、それである。しかし男が男らしい身ぶりをするためには、男らしい身ぶりに合致しないものを、すべて抑圧しなければならない。男らしい身ぶりの形式がどのように普遍的であっても、それを再演する個別的な文脈は、個別であるがゆえに、普遍的形式を裏切っていく。だから男は男らしい身ぶりをするたびに、意識／無意識にその行為に居心地の悪さを感じることになる。男は、自分の声が、自分の声であるはずなのに、どこかべつの場所からの声のように思える。逆に言えば、《男》という普遍は、個別的文脈によってつねに「汚染」され、それゆえ普遍が包含する男は、すべてどこか「《男》ではない男」である。《男》の普遍の範疇のなかで「正当に」おこなわれているはずの発話行為は、厳密に言えば《男》ではない男、つまり「《男》のような男」たちのあいだでおこなわれているものである。

他方普遍から排除され、声を聞いてもらえない女は、男と対話するためには、男らしさを真似ながら語らねばならない。つまり女は、男と交通するためには、《男》の言語を盗み、《男》のようになろうとしなければならない。しかしその結果、たとえ男と女のあいだで対話がなされているように見えたとしても、女が「《男》のように」なっているだけでは、男と女のあいだの対話は成立していないように見える。だが「《男》のような女」が相手にしているのは、《男》ではなく、個別的な男、つまり「《男》のような男」である。したがってここで展開しているのは、「《男》のような男」と「《男》のような女」のあいだでなされている対話でしかない。

個別性によってつねにすでに汚染されている男のなかの非整合性は、「《男》のような女」との対話によってさらに増幅され、また「《男》のような女」の《男》の起源性も、「《男》のような男」によってさらに曖昧にされる。むろん普遍化の過程でおこる普遍の指示対象のずれは、ずらされた意味がさらに占有されて、普遍の再強化につながる場合がある。むしろ再強化の方が先行するほど、普遍の形式力は強い。なぜなら個別はそれ自体では社会的に生存不可能で、形式(名前)を与えられないかぎり、意味を獲得することができないからだ。だが他方で、「《男》のような男」と「《男》のような女」のあいだでおこなわれる発話の入れ子構造のなかで、「非対称的で不可逆的」に見えた男と女の関係は流動化し、《男》という属性を確定化し絶対化していた普遍の指示対象は、ひそかに、しかし確実に、切り崩されている。

バトラーが着目しているのは、この普遍の行為遂行的《パフォーマティヴ》な性質であり、ここに民主主義の希望を置いている。彼女が主張するのは、人間存在のなかに適切で実体的な普遍的特性があるというのではなく、また人間の合理化能力に、手続きとしての普遍を求めるのでもなく、あるいは普遍はそもそも抑圧という害を及ぼすので、それを一掃すべしというのでもない。バトラーが焦点を当てているのは、普遍と個別のあいだの不安定で相互依存的な進行中の反復関係であり、そこに彼女は、普遍のダイナミックな変容の可能性を見る。そのことは、彼女の一連の論文(10)の題名――「普遍的なるものの再演」「競合する複数の普遍」「ダイナミックな複数の結論」――にも示されている。

したがってここで強調が置かれているのは、旧来の普遍に、その普遍から排除されていたものを入れ込んで、排除されていたものに社会的生を与えるというのではない。たとえば先に挙げた例で言えば、女を男のようにして、女に男と同じ権利と自由を与えるというのではない。そうではなくて、そのプロセスを通じて、旧来の普遍の意味(たとえば男の優越性)や、それを支えているシステム(男女の二分法や異性愛システム)が確定的ではなくて、いかにいかがわしいものであるかを示していくことである。だからゲイ・カップルの承認の要求も、国家のお墨付きをもらって国家権力を強化するかたちではなく、「国家の基盤をなす社会的生が、家族の語彙で語られているよりも、もっと複雑で、それほど普遍的ではない」(i 177)ことを明らかにするかたちでおこなわなければならないとバトラーは言う。彼女は以下のように述べる。

やらなければならないことは、〈語りえぬもの〉を〈語りうるもの〉のなかに住まわせるために、前者を後者に順応させることではなく……、支配の自信を打ち砕き、その普遍の主張がいかに曖昧であるかを示し、その曖昧さから、支配体制がほつれていく跡を辿り、そうして、翻訳作業そのものが生み出すオルタナティヴな普遍へ向けて開いていくことである。(i 178)

このバトラーの一連の論文はスピヴァックへの言及が多いが、右の引用は、先に引いたスピヴァックの言葉「応答する責任ある翻訳をつうじて共通性を辿ることによって、わたしたちはさまざまな差異の領域や、相異なる差異化作用に入っていくことができる」(Spivak, d 193)を想起させる。スピヴァックの「共通性」とバトラーの「普遍」は同じものではない。しかしどちらにも共通していることは、それがある種の形式であることだ。スピヴァックの例ならば、それは「ジェンダー化されている」という形式であり、バトラーの場合は、たとえばそれは「ジェンダー化する」という形式だ。前者の場合は、

「ジェンダー化されている」という共通の形式によって、異なる文化のもとにいる女の問題が浮かび上がり、差異の複層構造が暴かれて、(スピヴァックは明言していないが)その共通性は生産的に解体していく。後者の場合も、「ジェンダー化する」という普遍的な形式が、個別性の痕跡によって不純なものであることが暴かれていく。「共通性」も「普遍」も、超越的、完結的なものではなく、むしろ自己瓦解して、再構築されるものである。

だが「共通性」と「普遍」は、それが差異に導くか、差別の解消に導くかということでは、大きく異なっている。いわば、ヤング批判のなかでフレイザーが分析的手続きとして二分した、差異の承認と差別の解消という二つの方向がここにいみじくもあらわれていると見ることもできる。しかしもちろんスピヴァックの差異は、「自己組織化」や「代表制」への信頼を基礎にしたヤングの楽観的な「差異」ではない。むしろ翻訳の(不)可能性によって浮き彫りになる差異は、「レトリックの絶対的な偶発性」であり、「うつろいゆく気配《ウェザー》」[11](Spivak, d 196)としか呼べないものである。バトラーの場合も、普遍をあたらしく組み換えるのは明示的な共約性(フレイザーが言うような再配分の原理)ではなく、「奪われているもの」「語りえぬもの」――つまり、本来普遍のなかにいるにもかかわらず外部だと思われて、「痕跡」や「亡霊のような残滓」として生きているもの(Butler, i 178)――である。事実バトラーは他方で、「生の様式」としての「濫喩」を強調している。ではあってもやはりこの一連の論文では、「政治的合法性の境界に存在するこの痕跡から、べつのかたちの普遍が立ち上がる」(i 178 強調引用者)と語っているように、バトラーは、唯一の覇権的な普遍から複数の相競合する普遍へと、普遍そのものを生産的に「更新する機構」(i 27)に向かっているように思われる。

しかし「オルタナティヴな普遍」や「競合する普遍」を語る場合には、「べつのかたちの普遍が立ち上がる」ときに、そこで何が起こっているのかをさらに言挙げする必要があるのではないか。というのも、もしも「べつのかたちの普遍が、政治的合法性の境界に存在する〔語りえぬものの〕痕跡」から立ち上がると言うだけでは、旧来の普遍のなかで差別され、沈黙されていたものが言説化され、それによってあたらしいオルタナティヴな普遍が誕生するだけで、オルタナティヴな普遍のなかの差異、つまりオルタナティヴな普遍と〈語りえぬもの〉の関係が明らかにされないからだ。ラクラウの言葉を引用すれば、バトラーは「完全な表象可能性――思考の思考に対する透明性――を唱えていることになり、この場合、表象不可能性といっても、根源的には単に人がそれに気づいていないにすぎない」(Laclau, Butler, Žižek 66)ということになる。あるいは、普遍の無限の競合性を述べることは、価値の相対化という非政治的な言語決定論に舞い戻ってしまうことにもなりかねない。

むろんバトラーは普遍を再定義するにあたって、普遍という形式が生み出す他者性——「形が崩れた」もの、「形を崩す」もの——を見逃さなかった。そして「いかなる普遍も個別的文脈によって汚染されて」(Butler, i 40) いるならば、どのような普遍であれ、この形式破壊がもたらす怒りと無縁なものはない。であるならば、オルタナティヴな普遍にもつきまとう形式破壊は、オルタナティヴな普遍の再構築という正義の場面に、不気味なもの、馴化しえない感情がかならず組み込まれていることを暗示している。そしておそらくこれを明言することによってはじめて、「共通性」が「差異の領域」への道筋になることが示唆される。声が聞かれないという非対称的な発話行為の不正義を克服するには——しかも覇権言語の「無意識」にまで踏み込んで、正義への訴えかけをおこなうには——普遍の再構築だけではなく、その再構築がはらむ制御不能性に目を向けなければならないだろう。普遍の境界を押し広げて、〈語りえぬもの〉を聞こうとし、〈聞きえぬもの〉を語ろうとする文化翻訳は、正義——正しく語ること——自体の狂気を前提にしなければならないと思われる。

狂気の再演

それ〔正義にかなう決断の瞬間〕は、ある種の狂気である。

——ジャック・デリダ

エルネスト・ラクラウはバトラーへの応答のなかで、精神分析の象徴界と現実界の関係を、政治の領域で説明しなおした。彼が取り上げるのは、語りうるものの位置をめぐるバトラーの精神分析批判である。バトラーは『問題なのは肉体だ』のなかで、次のように述べた。

現実界が象徴化への抵抗だと主張することは、現実界を一種の抵抗として象徴化することである。前者の主張(現実界は象徴化への抵抗である)が真となるのは、後者の主張(「現実界は象徴化への抵抗である」ということ自体が象徴化である)が真であるときのみである。だがもしも後者が真であれば、前者は必然的に偽ということになる。(Butler, d 207, Laclau, Butler, Žižek 66)

バトラーがこのパラドックスを使って、現実界を表象不能として形式化する精神分析を批判したのは、エディプス・コンプレックスを基盤に現実界を「女」あるいは「非異性愛」の場所とみなす精神分析の政治的、歴史的前提に異を唱えるためだった。その意味では、バトラーの議論を「観念主義的な批判」(Laclau, Butler, Žižek 66)と解釈するラクラウの見方は、彼女の異議申し立ての根幹にある政治的動因を見逃している。だがかりに、象徴界から排除されて現実界に追放されている「女」や「非異性愛」が、言語領域に表象可能として参入し、それによって象徴界が様変わりしたならば、つまりオルタナティヴな普遍が立ち上がったならば、そののち、その象徴界は表象不能性とどのような関係をもつかについては、バトラーの議論だけではよく見えてこない。

ラクラウはこの点に焦点を当てて、次のように論を進める。まず⑴システムの全体性は、表象不能なもの、異質なものを、不可避的に内包している。だから⑵表象可能性を標榜する言語システムは、この異質なものを、なんとかして表象せねばならない。しかし⑶当然それは、表象不能なものの表象となり、もっと正確に言えば、表象不能なものを表象するときの不能性の表象となり、つまりはそれは、「比喩による置き換え」によってしか成立しえない表象となる(68)。ここで重要なことは、現実界――象徴界の表象作用の失敗――は、単に表象不能性や空虚な場所を指し示す「名前」であるだけではなく、語りえないものを語ろうとする――名づけえないものを名づけようとする――「試み」でもあり、現実界はこの二つを示しているということだ。ラクラウはその「試み」を、「裂け目を縫い合わせようとする比喩形象」(68)だと述べた。そして支配する側からの一方的な権力の行使ではなく、動的な権力構造であるヘゲモニーは、表象できないものを意味作用の外側に完全に放逐して、表象可能性の秩序のなかに安住してはいない。ヘゲモニーは、意味作用を攪乱させる現実界と、比喩的置き換えによる現実界の表象の試みの、二つによって構成されていると彼は言う。

そうなれば、安定した象徴界とか、社会の十全性はそもそも成り立ちようがなく、次々となされる比喩による置き換えが、濫喩的なずらしを使って、あたかも安定した象徴界や十全な社会があるかのように見せているだけである。しかし「自由」は、そのようになされる比喩的置き換えのなかにこそ存在しており、もしも十全な社会や真に安定した象徴界が達成されれば、自由の余地はないと彼は言う(79)。

それでは、人の自由が根源的に偶発的な領域にのみ存在するならば、どちらの道を選ぶかを決めるときの決断の根拠は何かという問いが発生する。これに対してラクラウは、その問い自体が、「妥当性を欠く」(85)ものだと返答する。なぜなら、決断は共同体主義の秩序の文脈のなかでなされる偶発的な置き換えなので、たとえその秩序の内部に生きる人々には真実らしく見えても、偶発性の外部に立てる人が誰もいないかぎり、その決断が真に妥当《ジャスト》なものだという評価はできないからだ。むしろ求めるべきものは、名づけえないものを名づけようとする「倫理的ふるまい」によって「ラディカルに脱文脈化する」ことであり、その偶発的な脱文脈化によって、絶対と詐称されていた「規範的／記述的な秩序」(85)を歴史の文脈のなかに位置づけ、解放を想像することができると述べる。

ラクラウの結論は、結局、彼が批判していたバトラーとそう遠いものではない。ラクラウ自身が語っているように、彼はバトラーの「パロディ的なパフォーマンス」を限定的に使わずに、それを「楽観的に読みかえて……一般化し……社会的な生の構造化」に適用した(78)。だがわたしは、偶発的な脱文脈化による解放というラクラウの落としどころではなく、語りえないものを語ろうとするときの比喩的形象化——埋められない距離を縫い合わせようとする不可能だが必然的な「試み」としての現実界——という、もうひとつの彼の論点に着目したい。なぜなら、現実界という沈黙化された場所が、単に放逐されたものが住まう「場所」というだけでなく、〈語りえぬもの〉を聞こうとし、〈聞きえぬもの〉を語ろうとする「試み」であるならば、現実界という遺棄された〈正しくない《アンジャスト》〉場所にこそ、〈公正さ《ジャスティス》〉を求める正義《ジャスティス》への訴えかけがあるのであり、またもっと重要なことは、現実界としてなされる正義への訴えかけは、それが社会的な公正さを志向しているにもかかわらず、表象可能性という自明で秩序だった体制の内部で、その法に照らしてのみおこなわれるのではなく、それ自体のなかに表象不能性を縫い込んでおこなわれる不安定で、「おぞましい」縫合となるからだ。

もしも正義が表象可能なシステムの内部で、そこで共有されている法に依拠して履行されるなら、必要なのは機械的な取り扱いだけとなり、その手続きは法の内部ですでに認可された適切《ジャスト》なプロセスにそって進められる。したがってそこには、正義をめぐる「公正さ」の攻防はない。しかし正義が要求されるのは、語る正当性を奪われ、声を聞いてもらえないもの――表象可能な領域からはじき出されたもの――が、その放逐の不正義を、放逐された場所から言挙げしようとするときである。だから正義への訴えかけは、表象可能なシステムの内側ではなく、その境域で――表象可能性と表象不能性の境目で――なされるものである。だからこそそれは、比喩的にも、あるいは現実的にも、ひとつの言語の内部でおこなわれるのではなく、〈聞きえぬもの〉を語り、〈語りえぬもの〉を聞こうとする「翻訳の(不)可能性」としておこなわれる。

言語システムが、その内部の合法性、合理性、つまり「正気」を保つために、表象しえないものをおぞましき「狂気」として外部に放逐するのならば、語りえぬものの怒りとして発せられる正義への訴えかけは、言説化を求めながらも、狂気をそのなかに含むものとなる。それは、客観的事実性ではない事実性の証言であり、合理的な応答ではない応答であり、言説からすり抜ける言説である。だからスピヴァックが言うように、あるいはチョウやバトラーやラクラウが言うように、それは「うつろいゆく気配」「寓話による構築」「亡霊のような残滓」「比喩的形象」として現れる。したがって、かりに正義への訴えかけが正義にかなうかたちで聞かれたとしても、それは、気配や寓話や亡霊や比喩として――いわば通常の言語活動からはみだす過剰な一瞬として――聞かれるものである。

デリダは、「正義にかなう《ジャスト》決断の瞬間」を「ある種の狂気」だと語った(Derrida, a 58)。

なぜならそれは、既存の法によって守られた時間の進行――順当なプロセスや因果関係――を混乱させ、時間そのものを中断させるからである。もしも決断が「理論的もしくは歴史的な知識」から導き出される至当な「結果や効果」(a 58)であれば、そこには正義への訴えかけの切迫さと不気味さはない。「正義にかなう決断」は、時間を中断させる。むしろ時間を散乱させるという意味で、「尋常」をはるかに超えた「異常に活動的《シュール・アクティヴ》な行為」(a 58)である。しかしまた同時にそれは、「受動的な行為」、つまり「受動的なもの、無意識的なものを保持する」(a 58)行為でもある。なぜならそのときわたしたちは、名づけえない制御不能な過剰さに身を委ねているからだ。だからその決断は、自分自身の行為であるにもかかわらず、つまり自分自身がそれを語っているにもかかわらず、まるで「その決断が他者から到来したかのように」、その声が自分のものではないかのように感じる。正義への訴えかけが表象可能性と不可能性の閾《しきい》でなされるかぎり、合理的で均衡のとれた正義の履行はありえない。正義はいつも一種の狂気の瞬間として――見慣れぬ不気味さをかたくなに手放さない瞬間として――経験される。たとえその訴えが、法廷や議会や公聴会といったきわめて公的な場所で発せられたとしても、その声は口ごもり、言い淀み、押し黙り、ときには譫言となり、ときには激語となり、ときには言葉を絞り出し捩じり出しながらも、なおも言表化そのものに抗っているかのような、またときには、語る者にも聞く者にも、何を語っているのか、何が語られているのかがわからず、苦悶のほとばしりが刃となって、そこにいる者を貫き、引き裂き、混乱させる。その結果、ときとして人びとは〈正義への訴えかけ〉の狂気の怯み、おびえ、身を竦ませて、それをともかくは合理の言語に変換しようとする。

表象可能性の境界に位置して〈語りえぬもの〉を聞く、〈聞きえぬもの〉を語る翻訳は、表象不能性を表象領域に引きずり出す狂気の上演である。だからそのとき、表象を求めて模索されるものは、表象可能なカテゴリーの片方に、(否定されながらも)釣り合いをとって並んでいる「カテゴリー」ではない。被植民者は植民者の、女は男の、非異性愛者は異性愛者の、裏側にはりついた陰画的カテゴリーではない。植民地主義、性差別、異性愛主義によって排除され棄却されているものは、それぞれの差別の軸に交差する複層化した抑圧構造の厚く幽い混沌を背負っている。だからこそ抑圧されたものは、その怒りを発露させる正当《ジャスト》で十全な方法すらもわからず、言葉を求めてもがき、苦しみ、苛立ち、あるいは語ることによってさらに傷ついていく。気配や寓話や亡霊や比喩は、その錯乱的な「試み」であり、段階をへて解きほぐされるものではない。

バトラーはラクラウとジジェクとの往還論文の最後を、言語の「非超越性」で結んだ。「言語は、それが伝える真実を打ち立てるだけでなく、それが意図していたのとは違う真実をも伝える」(Butler, i 279)がゆえに、普遍は再演されつづけると彼女は言う。だが言語が透明な「空の容器」でないのは、言語によって伝えられる／伝えられない「真実」が言語によってつねにすでに汚染されているからだけではない。彼女が別所で語っているように、言語を使用する人間が、まさに言語を身体化し、内面化している物質的で心的な行為体であるからだ。「確定的な言説に「頼る」こと」をつうじて、「「あたらしい主張をおこなう」」(Butler, i 41)という普遍の攪乱的な再演は、純粋に言語的な出来事ではなく、既存の言語を身体化し内面化している行為体が、言語の臨界点で苦闘する現在的《アクチュアル》で物質的な出来事であると考えなければならないのではないか。

他方ラクラウは、増殖し混乱する個別に逆らうのではなくて、そこから構築されるような普遍——つまり「暗示されているだけで未発達の普遍」——を押し広げていくことによって、人間の解放、「新しい社会の想像《イマジナリー》」に繋げていくことができると結論づける(Laclau, Butler, Žižek 306)。だが、「普遍化の手段」だと彼がみなす表象《レプリゼンテーション》／代表の関係は(212)、ここで彼が述べているほど容易に拡張できるものではない。むしろラクラウ自身が縫合を定義するさいに語っているように、現実界の試みである不可能性の縫合は、縫合の幻想(分節化)とともに、縫合のほつれ(脱分節化)——表象／代表関係の混乱——をもたらすからだ。

したがって普遍の再演を、「言語の非超越性」や「新しい社会の想像」の次元で捉えて、普遍の無限の再構築という、一種、俯瞰的な展望を提示することは、結局、「普遍」と「個別」、「共通性」と「差異」の往還のなかから、その個々の場面で「吐き出される怒り」と、怒りの現在的な非収束性を奪ってしまう。パフォーマティヴなずらしや比喩的形象による縫合をとおして、旧来の普遍の指示対象は融解し、オルタナティヴな普遍が登場するかもしれない。だがオルタナティヴな普遍も、普遍であるかぎりにおいては、正義への訴えかけの狂気を削ぎ落としてしまう。オルタナティヴな普遍の登場は、正義への訴えかけが当初から意図していたものではなく、事後的に構築された結果にすぎない。たしかに、表象不能なものに正当な表象を与えるあたらしい制度（オルタナティヴな普遍）の誕生は、〈聞きえぬもの〉を語り、〈語りえぬもの〉を聞こうとする翻訳が一義的に求めていた「正当さ」の成就ではある。だが沈黙化の暴力に挑戦する狂気は、事後的になされる偶発的な普遍の再編をつうじて、言語の縫合作用のさらに奥深くに縫い込められ、翻訳のさらなる残余として残される。

　だから普遍の舞台でくりかえし上演されているのは、普遍そのものではなく、狂気であり、もっと正確に言えば、普遍を演じる狂気の挫折であり、終わりのない翻訳に否応なくわたしたちを駆り立てるものは、その挫折した怒りが発する正義への訴えかけではないだろうか。

註

第一章

（1）　上野千鶴子はこののち積極的にセクシュアリティを取りあげ、とくにフェミニズムの連続性のなかに現在のセクシュアリティ研究がどう位置づけられるかを考察している。たとえば『発情装置』（一九九八年）参照。

（2）　異性愛主義とは、異性愛を唯一の合法的な愛の形態として、それを強制する異性愛中心的な考え方で、アドリエンヌ・リッチの「強制的異性愛」、ジュディス・バトラーの「異性愛のマトリクス」や「異性愛のヘゲモニー」、あるいは最近使われている「異性愛規範《ヘテロノーマティヴィティ》」と同義のものである。したがって本書では、異性愛主義（ヘテロセクシズム）と異性愛（ヘテロセクシュアリティ）を区別する。ただし本書で述べるように、異性愛主義は「男」と「女」という二つの性のみを性のカテゴリーとして打ち立てるものなので、異性愛主義の瓦解は異性愛という「概念」の消滅を意味すると思われる。

（3）　バイセクシュアリティが両性具有性と両性愛のあいだを都合よく行き来する概念であり、かつ男のホモソーシャリティとの関連で複雑な地勢をみせていることについては、竹村d参照。

（4）　ホモセクシュアルの語がつくられたのは一八六九年ハンガリーで、英語圏に入ってきたのは一九世紀末、レズビアンの語も一九世紀末に登場する。また最初にホモセクシュアルの語がつくられ、次に、「異端」ではないセクシュアリティというので、ヘテロセクシュアルの語がつくられた。またホモセクシュアルの擁護者である一九世紀のドイツ人カール・ウルリッヒスは、プラトンの『饗宴』からとった「ウラニアン」という語を同性愛者に当てていた。もしも同性愛者を表す言葉としてホモセクシュアルではなく、ウラニアンが流通していれば、のちの同性愛差別は今とはちがう形態となっていただろう。

(5) メイフラワー号でアメリカに到着した「巡礼の父祖」の指導者ジョン・ウィンスロップの日記(一六四五年七月三日)のなかに、家庭尊重の考え方を基盤とした女の抑圧の言説がみられる(Winthrop)。

(6) Louisa May Alcott, *An Old-Fashioned Girl*(1870)参照。ただしMarylynne Diggsは"Romantic Friends or A 'Different Race Creatures'?"のなかで、すでにこの頃、女の同性愛について病理学的言語が使用されていたと論じて、「〔ロマンティックな友情の〕可視性は、かならずしもそれが慣習とされ、社会的容認を得ていたということではない」と論じている(321)。だが同居している二人の女を「男っぽくて粗雑」ではないかと恐れる気持ちは、同性愛/異性愛という階層秩序を根拠にした同性愛嫌悪ではなく、中産階級の「本物の女」という規範からの逸脱だと思われる。したがって、後述するように、逆にその規範をまもるために女同士の絆を社会が受容し、〔消極的にではあるが〕推奨したのも事実である。

(7) 女の同性愛者やFTM(female to male)へ向けられる同性愛嫌悪が、傷害・殺害となるケースも無論ある。映画『ボーイズ・ドント・クライ』のモデル、ブランドン・ティーナはその例である。

（8）同性愛差別が強力に開始された時代に生きたキャザーは、同性愛を直接のテーマにすることは生涯なく、彼女のレズビアニズムを推測させる手紙類は、すべて死の直前に焼却された。

（9）アドリエンヌ・リッチの論文「強制的異性愛とレズビアンの存在」以降、使われるようになった用語。レズビアニズムを性愛を基準に定義せず、女の政治的、個人的連帯まで含意させようとした。のちにこの定義に対して、Catharine R. Stimpson らから、レズビアンの性愛を無化するものだという批判がなされた。

（10）Joel Myerson and Daniel Shealy, *The Journals of Louisa May Alcott*, pp. 184-85 および、Joy S. Kasson, "Introduction."(Alcott, *Work*)より引用。

（11）女同士の絆と人種や階級が交差することに関しては、さらに次の論文を参照。Kathryn R. Kent, "'Single White Female': The Sexual Politics of Spinsterhood in Harriet Beecher Stowe's *Oldtown Folks*" および Kate McCullough, "The Boston Marriage as the Future of the Nation: Queerly Regional Sexuality in *Diana Victrix*."

（12）「ホモソーシャル」は、クロード・レヴィ＝ストロースやゲイル・ルービンの女の交換＝交易の概念をイヴ・K・セジウィックが発展させたものである。女を交換価値とみなす男社会は、女性蔑視の異性愛主義であり、したがってそこでは男同士のホモエロティシズムは否定される(極度の同性愛嫌悪を内包している)が、逆にそれによって「安全に」なった男同士の強力なネットワークが形成されるという分析。

（13）むろんゲイ・コミュニティは大都市だけに存在したものではなく(V. Bullough & B. Bullough が報告しているように、モルモン教の総本山、ソルトレイク・シティにもゲイ・コミュニティはあった）、また大都市でも地方都市でもない田舎町にも同性への思慕をいだく者はおり、その思慕を性愛のかたちで現実化できた者もいた。だが「ロマンティックな友情」という認識格子を失い、セクソロジーによる同性愛抑圧の言語が横行する二〇世紀はじめに、西部のフロンティアではない普通の田舎町で、同性への思慕を現実化する知識も手段も非常に限られていた。

(14) ただしレズビアンという性自認はまだ危険で、多くはバイセクシュアルと公言していた(Faderman, a)。またクローゼットにとどまったままのレズビアンやバイセクシュアルも大勢いた。

(15) 一九二七年にイサドラ・ダンカンが出した私信で、一部のみ判別可能。フィラデルフィアのローゼンバッハ博物館所蔵(Hugo Vickers, *Loving Garbo*, p. 13より引用)。

(16) しかし、一九三〇年代に「映画自主規制」がしかれ、それ以降ハリウッドは同性愛の表象を禁じ、そればかりでなく、同性愛嫌悪を普及させるのに加担した(映画『セルロイド・クローゼット』参照)。

(17) レズビアン／ゲイ男性の性自認およびカミングアウトする主体は固定したものではなく、異性愛主義が存続するかぎり生じる内部領域の侵犯であり、つねに「(ビ)カミングアウト(be)coming out」するものではある。だが各々の局面において、性自認を固定化してカテゴリー化することを用心深く避ける必要があるだろう。Phelan; Butler, b; 竹村、a、b参照。

(18) 女の仮装については、Joan Riviere がかなり早い時期に論じているが("Womanliness as a Masquerade," 1929)、さらにそれをバトラーがフェミニズム／レズビアン批評の文脈で展開した（*Gender Trouble*, 1990）。

（19）　近代医学の男女弁別の精密さによる男女区分の曖昧化という逆説については、Judith Butler, a, pp. 106–11 参照。

（20）　上野千鶴子も『家父長制と資本制』でマルクス主義フェミニストの立場から、性差別を男女の階級闘争として捉える卓越した分析をおこなっている。「男のやっていることを女の言葉で相対化することができた時に、はじめてマルクス主義フェミニズムの限界は……オルターナティヴを見つけることができるであろう」というのは重要な指摘である。だが彼女はこの著作で、おもに社会的な性役割を中心に論じているため、女／男という概念を所与のカテゴリーとして措定する傾向にあり、その結果、「オルターナティヴ」の方向性がこの時点では曖昧になっている。

（21）　ガルボがズボンをはいて散歩することすら、当時はスキャンダルとして報道された。Barry Paris, *Garbo* 参照。

（22）　「ビリティスの娘たち」は一九五五年にサンフランシスコで結成された合衆国最初のレズビアン組織。すぐに全米に支部組織をもち、月刊雑誌『ラダー』（梯子）を発刊（一九五六—七二）。しかし七〇年代までに多くの支部は閉鎖し、現在まで残っているのはボストン支部のみ。命名はフランスの詩人・小説家のピエール・ルイスが一八九四年に出版した散文詩集『ビリティスの歌』（サッフォーと同時代の女詩人の詩の翻訳と称して発表された作品）から取られている。五〇年代、六〇年代に席巻したバー・シーンでの男役／女役の役割演技を嫌い、「適切な」服装や外見を奨励し、社会にレズビアンが受け入れられることを願って、種々の自助活動や、精神科医、法律家、聖職者、研究者など専門家との対話も進めた。この時期の中産階級のレズビアンと労働者階級のレズビアンの相違、およびのちに述べるように、レズビアン解放運動とフェミニズムとの葛藤については、竹村e参照。

(23) 『タイム』一九七〇年一二月八日号の「ウーマン・リヴ、もう一つの顔」の記事。Paul Russell も報告している。

(24) Sarah Schulman, "Now for a Word from Our Sponsor"(カリフォルニア大学サンディエゴ校で一九九五年一月に発表された論文)。Sue-Ellen Case, b より引用。

(25) もう一方で、とくに本論の初出時以降、ゲイ・シーンがハリウッド主流映画やTVドラマの一エピソードとして、また独立系映画の主題として表象、評価されてきた。たとえば女同士のセクシュアリティを肯定的に描く『バウンド』(一九九六年)、キャシー・ベイツがレズビアンを演じた『パーフェクト・カップル』(一九九八年)、FTMが受けた憎悪殺害のドキュメンタリー映画『ブランドン・ティーナ物語』(一九九八年)、そのドラマ化の『ボーイズ・ドント・クライ』(一九九九年)、MTFの別れた夫やレズビアン女優が登場する『オール・アバウト・マイ・マザー』(二〇〇〇年アカデミー賞最優秀外国映画賞受賞)、TVのシットコム『エレン』の番組内でなされたエレン・デジェネリスのカミングアウト(一九九九年)、三世代にわたるレズビアン・シーンをオムニバス形式に仕上げたTVドラマで、のちに映画版が出た『ウーマン・ラヴィング・ウーマン』(二〇〇〇年)、レズビアン・セクシュアリティをスタイリッシュに描いたディヴィッド・リンチ監督の『マルホランド・ドライブ』(二〇〇一年)等。

(26) 異性愛そのものの歴史的な偏向性と、現在の形態からの脱却および瓦解の困難さと可能性については、竹村h参照。

第二章

(1)　フロイトの引用は竹村訳。英訳と邦訳の両方を参照した。頁数は英訳。英訳ではときとして「欲動」(Trieb)と「本能」(Instinkt)を区別せずに両方を“Instinct”と訳しているが、ここでは「欲動」「本能」と訳しわけた。その理由は、フロイトの場合、動物の交尾における「本能」と人間の「性本能」を区別し、後者のなかに心的傾向を読み取るからである。またこのことは、本論でも述べるように、一方で生殖イデオロギーに依拠しつつも、他方で生殖イデオロギーから身を引き離そうとするフロイトの性理論の不安定な位置を生み出すものでもあるからだ。

(2)　「性欲論三篇」においてフロイトは、“perversion”を性目標倒錯(サディズム、マゾヒズム、窃視症、露出症)、“inversion”を性対象倒錯(同性愛)として語っている。フロイトを読みなおそうとするテレサ・デ・ラウレティスは両者に質的相違を認めず、“perversion”を「倒錯」一般として、「その特殊な配置が性対象倒錯(inversion)である」と考える。さらに彼女は“perversion”を病理として捉えず、それによって性的正常と性的倒錯の二分法を崩そうとする(de Lauretis, b; c)。この点では本論も同じ立場をとるが、本節の目的はフロイト自身の性理論の検証にあるので、“perversion”を性目標倒錯として記述する。

(3)　「正常」あるいは「倒錯」を括弧で括って、ある特定のイデオロギーの価値基準であることを示す。この表記を始めたのはフロイト(de Lauretis, b 8参照)。

(4)　「女を受動的な状況へと追いやる」もうひとつの要因が「性的機能における女の役割」で

あること、またその内容は「けっして動かず、受動的に待つだけの卵子という女の性細胞」の機能であることは、いくつかの文を跨ぐことによって韜晦され、故意に曖昧化されている。ちなみに男の性細胞は「能動的に動いて女の性細胞を探し出し」、男の性的機能は「性的結合を目指して雌を追いかけ、つかまえ、その体内を貫く」というものである。フロイトは、これらの「性的な個体行動の類型」は自然界においてもかならずしも真実ではなく、男＝能動的、女＝受動的のアナロジーは、「解剖学」においても「慣習」においても、固定したものではないことを繰り返し強調するが、にもかかわらず、「女は攻撃欲動を抑制するように体質的に条件づけられている」(Freud, n 114-16 強調引用者)と述べて、そのアナロジーを暗に示唆し、リビドーの男性性を主張する。

(5) すでに一八九七年に友人ヴィルヘルム・フリースに宛てた手紙のなかで思考されていた(*Wright, Feminism and Psychoanalysis* 参照)。

(6) フロイトが頻繁に生物学のモデルやメタファーを使うことについては、Elizabeth Grosz, *Volatile Bodies* 参照。グロスツはさらに論を進めて、生物学と心理学を交差させることによって、フロイトはデカルト的な身体と精神の二元論を解体する——生物学を実体論でなくする——方向に道を開いたと論じる。だがそのような生物学決定論に対するフロイトの自家撞着的な立場は、前節で述べたように、いつの間にか解剖学的な性差の非対称性を前提とする議論にすりかわる。

(7) フロイトは最初、エロスを生(生殖の官能)に、タナトスを個体の死に分離して解釈していたが、のちに生殖の官能のなかに個の否定が存在することを述べるようになった(Freud, i)。

本論では欲望を《他者》の欲望と捉えるので、当然エロスは主体の分割を前提とした官能——死の衝動を含む官能——を意味する。

(8) "Other" "Law" "the Name of Father" など、大文字表記されているものは《　》で示す。

(9) Juliet Mitchell は *Psychoanalysis and Feminism* のなかで、フロイト自身が女を「作った」わけではなく、女が父権制社会で作られる様子を「記述した」だけだと述べて、フロイトをフェミニズム批評に積極的に利用しようとする。しかし Jane Gallop (*The Daughter's Seduction*) らによって、ミッチェルは言語の次元での分析が弱く、父権性の追認になると批判されている。

(10) 明白だとされている生物学的な性差も、科学によって作られ、また科学によって空洞化されつつあるフィクションだという点については、Butler, a, pp. 106-11 参照。

(11) ジジェクが女や同性愛者を認識不可能な精神病の領域に追放してしまうこと、それによって生殖イデオロギーを追認する傾向があることについては、竹村 c 「〈現実界〉は非歴史的に性化されているか?」を参照。

(12) 「[ヘテロ]セクシズム」の概念については、前章「[ヘテロ]セクシズムの系譜」参照。

(13) ドゥルーズ=ガタリも、エディプス構造が「欲望する様々な機械を理念のなかで大がかりに抑圧するもの」と述べて、精神分析を批判している。

(14) 「フロイトの自家撞着的な位置」については、第一節および註1、註4、註6参照。

(15) むろん、愛が間主観的なものであるかぎり、女がつねに大文字の《女》である必要はない。男が大文字の《男》であってもよい。だが非対称的な性配置のもとでは、《他者》の欲望である位置は「女性的な性位置」とされているので、「不可能なエロス」の文学/社会表象では(宮廷恋愛やハリウッドの恋愛映画など)、女に大文字の《女》であることを要求する。

(16) 過去一〇〇年程のハリウッド映画における同性愛表象の歪みについては、映画『セルロイド・クローゼット』参照。

(17) 同性愛の他者化については、地理的な他者性が――同性愛差別の言説のなかにも、同性愛美化の言説のなかにも――登場する。ポストコロニアリズムと同性愛差別については、Diana Fuss, "Interior Colonies" 参照。

(18) 家族形態については、法的な面と神話的な面の双方から考察する必要がある。神話的な面、すなわち愛する二者を固定化するための物語装置としての「家族」については、異性愛と同性愛に根本的な相違はない。ただし、それを現実の社会制度のなかで実現するとき、両者に大きな相違が生じる。その最大の原因が、家族形態が合法化されているか否かということである。異性愛の家族が合法化されている現状が変わらないかぎり、異性愛以外の家族の合法化(ドメスティック・パートナーシップやゲイ・カップルの養子縁組の法的整備)が求められるだろう。ただし異性愛であれ、同性愛であれ、家族形態の合法化の最終的な是非については、慎重な論議が必要である。加えて、親族関係の攪乱が、〔ヘテロ〕セクシズムの認識論のなかでどのように行為遂行的におこないうるかを、言語と法の両面から考察する必要がある。この議論に先鞭をつけたのは、Butler, *Antigone's Claim* (2000)。

第三章

(19) Louis Althusser, "Ideology and Ideological State Apparatuses" 参照。

（1）　この論文の邦訳題名は「同性愛が認められていた一九世紀アメリカの女たち」だが、この時期には「同性愛」(homosexuality)の語が作られておらず、また一九世紀末においても米国ではさほど流通していなかったので、現在の意味での「同性愛」の概念は存在していなかった。またこの論文の原題は、"The Female World of Love and Ritual: Relations between Women in Nineteenth-Century America" なので、そのメインタイトルを「愛と慣習に裏づけられた女の世界」と訳した。

（2）　母-娘関係が伝統的なメインプロットを支えつつも、メインプロットのかげに隠れたサブプロットを構成しているという理解はマリアン・ハーシュと共有しているが、ハーシュは母-娘関係の過程性（イン・プロセス）を強調しつつも、むしろ母および母の怒りに主眼を当てて論じている(Hirsch)。しかし本論では、母-娘関係が現在の性の制度を支える根幹のイデオロギーを成していると捉えて、母-娘関係と〔ヘテロ〕セクシズムとの連関に焦点を当てて論考する。

（3）　対象関係的な思考はフロイトの「悲哀とメランコリー」(Freud, f)でも示唆されているが、これを主軸に据えて、自己同一化のメカニズムを前エディプス期の母という「対象」との関係で捉えようとしたのはメラニー・クラインである。本文中で触れるように、クラインは生後一年以内の乳幼児の観察にもとづき、それによって「対象」を母親とその乳房に限定した。しかし現在、複数形で「対象関係理論」(object-relation theories)と言われているものは、ペニスの特権の相対化という点ではクラインと共通しているものの、観察時期を広げることによって社会的・環境的な因子を強調する傾向がある。にもかかわらず生物学的決定論から離脱できていない点については次節参照。

(4) 例外として、Chodolow, a; Kristeva, f; Moi, "Jealousy and Sexual Difference," Mitchell, ed., *The Selected Melaine Klein* などがある。

(5) リビドーに関する生物学的決定論についてのフロイトの逡巡については、前章「愛について」九七—一〇四頁参照。

(6) クラインのなかに見られる生物学的本質主義は、正確に言えば、性衝動の本質主義ではなく、攻撃衝動——「死の本能」——の本質主義である。だがその死の本能の表出において、性差別的な生物学的本質主義が無批判に流用されている。

(7) 愛の喪失が自己同一化によって「とりあえず」解決したように見えていたとしても、その個人史的な解決は、根源的な憎しみを解消させるものではなく、それがさまざまな社会的破壊行為の源泉になっていることは、フロイトの「文化への不満」(Freud, m)参照。

(8) 超自我が〈ペニスをもつ母〉の心象となって現れるという点では、父は介入している。だがこの場合の父はむしろ「男根的な母」(ファリック・マザー)として捉えられている。ただしクラインの説では、超自我は最終的には父親へと収斂していく。

(9) 一次的、二次的という用語について若干の説明をすると、一次的な対象とは、自他がいまだに分化していない状態から個体がおぼろげな輪郭をとりはじめるもっとも初期の段階(一次的な同一化)における対象のことであり、前‐対象とも言うべきものである。他方、二次的な対象は、現実原則にしたがって選択されるものであり、したがって《法》の拘束と制御がはたらく。しかし一次的な対象関係にも《法》がどのように介入しているのか、また《法》の介入をどのように攪乱する可能性があるのかについては、次節「母の抵抗と断念」の〈想像的な母〉についての拙考を参照。

(10) チョドロウも同様の指摘をしているが、フェアベーンのリビドー決定論の弱点の詳細については述べていない。

(11) アリス・バリントはこの文章の主語を「男(や女)」と記載することで、また他所では、「この愛〔想像世界での愛〕は、(幼児が)男女のいずれであっても同様な形態であらわれる」(Balint 98)と述べることによって、性中立的、あるいは性差別的な分析をしている。

(12) 本節後半に述べるように、クリステヴァは「想像的な父」の役割を担うものが母でありうることを指摘してはいるが、他方で母性を理念的には表象不可能なコーラに閉じ込めてしまっている。したがって彼女は、「想像的な父」の役割を母が担うことを強調せず、その結果、母の動的心性(子をはさんで第一項と第三項に分裂していること)を主題とはしなかった。

(13) 「前‐対象の母」を「母の身体」に、「想像的な父」を「母の愛」に解釈して、クリステヴァの「想像的な父」を母性に振り向けて読みかえた人に Kelly Oliver がいる。だが身体性と精神性(愛)を分離させて論じるオリヴァーの手つづきは、クリステヴァの法のまえとあとの二分法に牽引されたものである。

(14) クリステヴァは愛における第三項(第三の審級)の必要性を主張し、それを「あなた」でも「わたし」でもない三人称として表現する。ただしこの場合の「あなた」と「わたし」に込められた意味は、第二章「愛について」に登場する「あなた」と「わたし」とは異なる。拙論ではこの二者のあいだに、分離が存在していると考えている。

(15)《象徴界》の秩序の裂け目を表象化しえたものとしてクリステヴァが称賛するのは、前衛芸術家に限られ、また彼女が言及する前衛芸術家はマラルメ、アルトー、ジョイスなど、ほとんどが「男の」作家である。この引用中の「彼」という記述とともに、性差別に対するクリステヴァの無批判さが現われている。

(16) フロイトからラカンへと継承される性化の公式によれば、性別を決定するのは去勢(十全な快楽からの遮断)に対する反応の相違であるが、この去勢のシニフィアン(ファルス)は、象徴界の《法》として機能すると同時に、《法》によって遮断される〈起源としての〉十全たる快楽(混沌)をも、逆説的に指し示しているものである。男の性位置は「ファルスをもつ」位置とされ、混沌から自己を切り離して可能になる普遍(《法》)を体現しているとみなされている。したがって男の性位置は、象徴界の《法》のなかにその位置をしめるものである。他方、女の性位置は「ファルスである」位置、すなわち普遍を普遍たらしめるために除外される混沌たる特殊であって、その現実的な実現は、普遍性の《法》である象徴界の内部ではありえない。母の機能は女が担うものとみなされているために、基本的には象徴界に母の位置はありえないのだが、男の性位置を決定する去勢(《父の法》)の一撃のさいに、禁止されるべき項として母の存在が、想像的に必須のものとされている。したがって想像的な母の位置以外に、象徴界に女の性位置はありえない。

(17) ただし引用論文中で上野千鶴子が焦点化しているのは「近親姦的な」(強調上野)父-娘関係であり、その場合の母の位置は「裏切られた母」か、「父の面目を失わせた」ことによって娘と「和解した」母である。後者の立場は、本節で語る「父を誘惑せよ」という搦手からのフェミニスト的な母の心性に連動するものと思われる。

(18)　異性愛主義（ヘテロセクシズム）と異性愛（ヘテロセクシュアリティ）を区別する。前者は異性愛を唯一の合法的な愛の形態として、それを強制する制度である。この異性愛主義が性差別と連動することは第一章「［ヘテロ］セクシズムの系譜」とくにその註2を参照。

(19)　性目標倒錯の意味については、第二章「愛について」の註2参照。

(20)　これと同じ構図が、女同士の絆を脱性化して容認する「ロマンティックな友情」の言説のなかに見られる。とくに教師を「マザー」と呼ぶレトリックがその一つである（本書一五二頁参照）。

(21)　フロイトはメランコリーと悲哀（喪の作業）を区別して、愛する人を喪失した場合に、その痛みに傷つきつつ、自分自身を愛する対象から引き離して自己を保ちながら喪失を解決する場合（悲哀）と、愛する対象を決定的に喪失したがゆえに、右記の喪の作業がおこなえず、喪失を内面化し、喪失の原因をすべて自分にふりむけて、自我をつねに責め苛み、主体そのものが崩壊するメランコリーの場合があると述べた。このメランコリーは、喪失した愛の対象を自分のなかに超自我として取り入れて、自我の分裂、主体の崩壊へと導いていく。ジュディス・バトラーは本論で説明するように、このメランコリーのメカニズムを性別化のメカニズムに適用し、母を根本的に喪失しなければいけない女児の場合は、喪失した対象（女）を自己のなかに自我理想として「体内化」し、「女」の身体を自分のなかにメランコリーによって形成していくと述べる。本論はさらにこれを分析して、女児のなかに「体内化」されるのは、女の身体ではなく、母の身体（母というカテゴリー）であると論じるものである。

(22) 本章註16参照。

(23) チョドロウは最近の著作(Chodolow, *Femininities, Masculinities, Sexualities*)で変節を試みて、異性愛主義を相対化する方向に向かっているが、前作の母親業との関連は細緻には展開されていない。

(24) 生物学(とくに分子生物学)の発展が、二分法的な性の制度を空洞化するものであるにもかかわらず、生物学の学問的前提に差別的な性の力学が残存していて、そのため研究に偏向をきたしていることについては、Butler, a pp. 106–11。

(25) トニ・モリスンの小説『ビラブド』では、逃亡奴隷のセスが追手に追いつかれたのち、過酷な奴隷の境遇に子供を引き渡すのをおそれ、我が子を殺す。追手から逃れたセスは生き残った子供の一人(娘デンヴァー)と暮らしているが、ここに殺した子の亡霊が「ビラブド」となって登場し、セスとビラブド、デンヴァー、セスの恋人ポール・Dの物語が展開される。なお、ハーシュの言う「根本的な結びつき」にいかに既存の権力布置が関与しているかについては、親族関係の再考が不可欠である。

(26) ハーシュは「自律性ではなく、根本的な結びつきに基づいた主体性の地勢図」(Hirsch 196)と言うが、根本的な結びつきがいかなるものかは明言していない。

(27) 生殖を含意する家庭内の性交を射程に置いて目的論で語られる愛の経験においては、発達論的に分析される男性性と女性性が、発達(「正しい」性対象の選択)が完了した段階ですぐさまエディプス構造のなかの父と母に読み換えられることについては、第二章「愛について」参照。

第四章

(1) Gayatri C. Spivak, "Subaltern Talk" 参照。

(2) ジュディス・バトラーは "constructionism" と "constructivism" を区別して、前者を擁護し、後者を退けている(Butler, d, "Introduction" 参照)。

(3) 第三章「あなたを忘れない」の終節「記憶が忘却から立ち現れるとき」を参照。

(4) *Sources of the Self* で述べているように、テイラーは対話をつうじて自己を構築するという点では「強力にハーバマスに同調している」(Taylor, a 509)が、ルソー的な公共性の追求についてはハーバマスと一線を画そうとしている。だがテイラーの「強い価値判断をもたらす関与」の主張には、ベンハビブが批判するように本質主義的で非歴史的な地平があると思われる。対話と公共性、アイデンティティの問題については Calhoun, ed., *Habermas and the Publis Sphere* 参照。

(5) なおアーレントは『革命について』で、他者を苦しみの位置にとどめ置きながら、それを「徳の源泉」とするという「憐れみ」の逆説について論じている(Arendt, b)。

(6) テイラーの「日常的なニーズ」の保守性については、前節で述べた「普通の生活」の反動性を参照。なお「日常的」も「普通の」も英語では同じ単語(ordinary)である。

(7) 一定の行動パターンを内面化して差異を放棄した平等主義の政治形態を、アーレントは「無支配《ノー・ルール》」ではなく、「もっとも無慈悲でもっとも暴君的な支配のひとつ」の「無人支配《ノーマン・ルール》」だと述べている。これはフーコーの語る産出的な権力機構(主体化＝隷属化)と共通する見方である。

だが両者を隔てているものは、アーレントが自由な人間同士の関係(公的領域)と支配関係(社会的領域)を分けて考え、前者に「自由」を行使する「政治的なもの」の可能性を積極的に見いだそうとした点である(Foucault, f 参照)。

(8) アーレントが男女の労働機能を生物学的に分離し、労働を克服した自由の領域を、男中心の古代ギリシアのポリスを範とする公的領域に設定したことに対しては、アドリエンヌ・リッチなど、一九七〇年代、八〇年代のフェミニストによって批判された。最近では、この点を批判しつつも、積極的なアーレントのフェミニズム読解がなされはじめている。Honig, b 参照。

(9) これについては竹村「〈現実界〉は非歴史的に性化されているか?」および本書第二章「愛について」参照。

(10)「取り入れ」と「投影」の作用を幼児期に特定せず、人生における継続的な自己同一化のプロセスとみる点については、対象関係理論の批判的修正が必要と思われる。前章「あなたを忘れない」のM・クラインおよびW・R・D・フェアベーンに関する議論を参照。

(11) Toni Morrison, *Playing in the Dark* 参照。

(12) Butler, a 226 参照。

(13) フーコーは晩年に「現在性《アクチュアリティ》の存在論」という点で、カントに接近した。しかし本論で取り上げる現在性は、「超越論的な感性論」を前提とするものではない。その点では本論の議論は、リオタールの「係争」論に与するものである。「現在性の存在論」は、フーコー自身が他所で述べているように、「問い」の現在的な存在性と理解する。

(14) 発話行為における慣習の堆積性については、Butler, g 参照。なお、バトラーは言語の慣習性を強調しすぎているというセイラ・ベンハビブの批判は、言語の行為遂行性《パフォーマティヴィティ》に関するバトラーの細密な議論を単純化しているものである。これに関しては、ベンハビブの論文(「性差と集団的アイデンティティ」)についての竹村の「解題」(『思想』九一三号五九―六二頁)参照。

(15)　行為体についてはButler, gと、その序文邦訳に付けた「解題」(『思想』八九二号四―七頁)参照。

(16)　「応答」は広義の意味で言語によってなされると解釈し、本論ではaccountability(説明性／責任)とresponsibility(応答性／責任)の本質的な区別はつけない。

(17)　名前は空虚なものであり、指示対象の質的同一化はおこなわず、意味の欠如か過剰しか指示しないが、それがシステムの因果性を導き入れる点については、Saul Kripke, *Naming and Necessity* 参照。

(18)　母型とか鋳型という意味の「マトリクス」の語は、言語の統治性のニュアンスを与えてしまうために、*Bodies That Matter* 以降では、置換や再意味づけの可能性を強調する「ヘゲモニー」に変えたと、バトラーは断っている(Butler, e)。

(19)　たとえば少年愛を描くマンガを、自分のなかにある女性蔑視の転化として受容するような読み。ただし「やおい」ジャンルをレズビアン・セクシュアリティの構築的視点から批判的かつ生産的に捉えなおす試みとして、溝口彰子「ホモフォビックなホモ、愛ゆえのレイプ、そしてクイアなレズビアン」がある。

(20)　ここで言う「物語」は、ベンハビブと異なって、行為遂行性《パフォーマティヴィティ》のモデルと厳密に区別したものではない。なぜなら物語は、語る行為《パフォーマンス》においても、聞く行為においても、行為遂行的(攪乱性と固定性を両方を有するもの）だと理解するからである。本章二二七―三一頁を参照。

第五章

（1）　啓蒙主義や人間主義の勃興とともに、正義は人間の相互契約（ホッブズ）、所有権の保証（ロック）、公的意志（ルソー）、本源的立志（カント）、公的慣習（ヒューム）として論じられ、また経済的な再配分の視点からは、アダム・スミス、J・S・ミル、ジェレミィ・ベンサムらが考察した。

（2）　一九七一年発行のジョン・ロールズの『正義論』が正義の問題を再浮上させたが、八〇年代以降、それを批判あるいは継承しながら、正義は多文化主義の社会の重要課題のひとつとして思考されている。また、人々の〈あいだ〉としての正義を考察した最近の著作に大川正彦『正義』がある。

（3）　一九八五年に *Wedge* に掲載したのち、改訂版を *Marxism and the Interpretation of Culture*(1988)に収録。本論の引用は改訂版より。さらなる改訂については註5参照。

（4）　スピヴァックはのちにフーコーの位置づけを、彼のマルクス批判をもとに若干修正した(Spivak, c)。

（5）　スピヴァックはインタヴュー"Subaltern Talk"で、"Can the Subaltern Speak?"を、近刊予定の *An Fashionable Grammatology* のなかに「結論は変えないで」組み入れるつもりだと述べたが、その後この題名の著作は出版されておらず、一九九九年に *A Critique of Postcolonial Reason* が出たときに、その「歴史」の章に、さらなる改訂が加えられて収録された。最新版では、一九八八年版の最後の数段落は削除されており、また本文にも述べたように、それ以外でも「サバルタンは語ることができない」という言葉は慎重に削られている。ここで結論が修正されたと見るべきだろう。

（6）"justice/justification" の意味として本橋哲也訳を使用した。

（7）スピヴァックは *A Critique of Postcolonial Reason* および "From Haverstock Hill Flat to U.S. Classroom" のなかで、サバルタンが金融資本によって遠隔操作されていることを指摘している。

（8）段階的な差異が置換された場所として女の身体に書き刻まれることについては、Spivak, "Women in Difference" のなかで指摘されている。

（9）「普遍」という日本語の語の意味は「すべてのものに共通に存在すること」であり、単一なるものへの志向性を含意していない。しかし英語の "universality" には「一《ユニ》方向《ヴァース》の」という意味が基底にあり、単一な焦点に向かっての統合性が語源的に示唆されている。したがって、現在の米欧の理論風土における "universality" の脱構築を積極的に検討する必要があることは当然のことながら、同時に、バトラーにおいてすらこの語を手放していないことからも伺えるような、思想界におけるこの語の再登場を、ポスト冷戦構造、ポスト湾岸戦争の歴史的文脈において今後、批判的に問題化する必要があると思われることを、ここで強調したい。

（10）スラヴォイ・ジジェク、エルネスト・ラクラウとの対話集（*Contingency, Hegemony, Universality*）では、各人が三つの論文を交互に載せている。バトラーの論文の原題はそれぞれ、"Restaging the Universal: Hegemony and the Limits of Formalism," "Competing Universalities," "Dynamic Conclusions" である。

(11) "weather" の意味として、鵜飼哲・本橋哲也・崎山政毅訳を使用した。

文献

本文中の引用は、原文(または英語訳)から筆者が日本語に訳した。
またそのさいに、邦訳のあるものは適宜参考にした。

Alcott, Louisa May. a. *An Old-Fashioned Girl.* 1870. Boston: Little Brown, 1911.

——b. *Work: A Story of Experience.* 1873. Penguin Books, 1994.

Althusser, Louis. "Ideology and Ideological State Apparatuses." *Lenin and Philosophy.* New York: Monthly Review Press, 1971. 121-73.(ルイ・アルチュセール『アルチュセールの「イデオロギー」論』柳内隆・山本哲士訳、三交社、一九九三年)

Anderson, Joel. "The Personal Lives of Strong Evaluations." *Constellations* 3-1(1996): 17-38.

Arendt, Hannah. a. *The Human Condition.* Chicago: The U of Chicago P, 1958.(ハンナ・アレント『人間の条件』志水速雄訳、ちくま学芸文庫、一九九四年)

——b. *On Revolution.* New York: The Viking Press, 1963.(『革命について』志水速雄訳、筑摩書房、一九九五年)

——c. *Men in Dark Times.* San Diego: Harcourt Brace & Company, 1968.(『暗い時代の人々』阿部斉訳、河出書房新社、一九八六年)

Bhabha, Homi. *The Location of Culture.* London & New York: Routledge, 1994.

Balint, Alice. "Love for the Mother and Mother-Love." 1939. Ed. Michael Balint. *Primary Love and Psycho-Analytic Technique*. New York: Liveright Publishing Corporation, 1965. 91–108.

Barale, Michele Aina. "When Jack Blinks." 1992. Eds. Henry Abelove, et al. *The Lesbian and Gay Studies Reader*. New York & London: Routledge, 1993. 604–15.

Barnes, Djuna. *Ladies Almanack*. 1928. New York & London: New York UP, 1992.

Benhabib, Seyla. "Sexual Difference and Collective Identities." *Signs* 24-2(Winter 1999): 335–61.(セイラ・ベンハビブ「性的差異と集団的アイデンティティ」長妻由里子訳『思想』九一三号、岩波書店、二〇〇〇年)

Benjamin, Jessica. a. *The Bonds of Love: Psychoandlysis, Feminism, and the Problem of Domination*. New York: Pantheon Books, 1988.

—— b. *Shadow of the Other*. New York: Routledge, 1998.

Berg, Barbara J. *The Remembered Gate: Origins of American Feminism, the Woman and the City, 1800–1860*. Oxford: Oxford UP, 1978.

Bullough, Vern & Bonnie Bullough. "Lesbianism in the 1920s and 1930s: A Newfound Study." *Signs* 2-4(Summer 1977): 895–904.

Butler, Judith. a. *Gender Trouble: Feminism and the Subversion of Identity*. New York & London: Routledge, 1990.(ジュディス・バトラー『ジェンダー・トラブル』竹村和子訳、青土社、一九九九年)

—— b. "Imitation and Gender Insubordination." *Inside/Out: Lesbian Theories*. Ed. Diana Fuss.

New York & London: Routledge, 1991. 13-31.(「模倣とジェンダーへの抵抗」杉浦悦子訳、『イマーゴ』七巻六号、青土社、一九九六年)

——c. "The Lesbian Phallus and the Morphological Imaginary." *Differences* 4-1 (Spring 1992): 133-71. (*Bodies That Matter* に収録)

——d. *Bodies That Matter: On the Discursive Limits of "Sex."* New York & London: Routledge, 1993.

——e. "Gender as Performance: An Interview with Judith Butler." *Radical Philosophy* 67 (Summer 1994): 32-39.(「パフォーマンスとしてのジェンダー」竹村和子訳、『批評空間』Ⅱ-八号、太田出版、一九九六年)

——f. *The Psychic Life of Power: Theories in Subjection.* Stanford: Stanford UP, 1997.

——g. *Excitable Speech: A Politics of the Performative.* New York & London: Routledge, 1997.(序文邦訳「触発する言葉」竹村和子訳『思想』八九二号、岩波書店、一九九八年。本書全体の訳は、『触発する言葉——言語・権力・行為体』岩波書店、二〇〇四年)

——h. "Merely Cultural." *New Left Review* 227 (Jan/Feb 1998): 33-34.(「単に文化的な」大脇美智子訳『批評空間』Ⅱ-二三号、太田出版、一九九九年)

——i. *Antigone's Claim: Kinship between Life and Death.* New York: Columbia UP, 2000.(竹村和子訳『アンティゴネーの主張——問い直される親族関係』青土社、二〇〇二年)

Butler, Judith, Slavoy Žižek, and Ernest Laclau. *Contingency, Hegemony, Universality: Contemporary Dialogues on the Left.* London: Verso, 2000.(バトラー/ラクラウ/ジジェク『偶発

性・普遍性・ヘゲモニー』竹村和子・村山敏勝訳、青土社、二〇〇二年)

Calhoun, Craig. Ed. *Habermas and the Public Sphere*. Cambridge, Mass.: MIT Press, 1992.(クレイグ・キャルホーン『ハーバマスと公共圏』山本啓・新田滋訳、未來社、一九九九年)

Case, Sue-Ellen. a. "Toward a Butch-Femme Aesthetics." *Discourse* 11(1988–89): 55–73.

—— b. "Toward a Butch-Feminist Retro-Future." Ed. Dana Heller. *Cross-Purposes*. 205–20.

Chodorow, Nancy. a. *The Reproduction of Mothering: Psychoanalysis and the Sociology of Gender*. Berkeley: U of California P, 1978.(ナンシー・チョドロウ『母親業の再生産』大塚光子・大内菅子訳、新曜社、一九八一年)

—— b. *Femininities, Masculinities, Sexualities: Freud and Beyond*. Lexington: UP of Kentucky, 1994.

Chow, Rey. a. *Writing Diaspora: Tactics of Intervention in Contemporary Cultural Studies*. Bloomington & Indianapolis: Indiana UP, 1993.(レイ・チョウ『ディアスポラの知識人』本橋哲也訳、青土社、一九九八年)

—— b. *Primitive Passions: Visuality, Sexuality, Ethnography, and Contemporary Chinese Cinema*. New York: Columbia UP. 1995.(『プリミティヴへの情熱』本橋哲也・吉原ゆかり訳、青土社、一九九九年)

Cixous, Hélène. "The Laugh of the Medusa." 1975. Trans. Keith Cohen and Paula Cohen *Signs* 1-4(Summer 1976): 875–93.(エレーヌ・シクスー『メデューサの笑い』松本伊瑳子編訳、紀伊國屋書店、一九九三年)

Cook, Blanche Wiesen. "'Women Alone Stir My Imagination': Lesbianism and the Cultural Tradition." *Signs* 4-4(Summer 1979): 718-39.

Connolly, William E. a. "Taylor, Foucault, and Otherness." *Political Theory* 13-3(August 1985): 365-76.

—— b. *Identity\Difference*. Ithaca, NY: Cornell UP, 1991.(ウィリアム・コノリー『アイデンティティ／差異』杉田敦・齋藤純一・権左武志訳、岩波書店、一九九八年)

Cott, Nancy F. a. *The Bonds of Womanhood: "Women's Sphere" in New England, 1780-1835*. New Haven: Yale UP, 1977.

—— b. "Passionlessness: An Interpretation of Victorian Sexual Ideology. 1780-1850." *Signs* 4-2(Winter 1978): 219-36.

—— c. *Root of Bitterness: Documents of the Social History of American Women*. New York: E. P. Dutton & Co., Lnc., 1972.

Craik, Dinah Mulock. *A Woman's Thoughts about Women*. 1857. Rev. London: William Pickering, 1993.

Culler, Jonathan D. *On Deconstruction: Theory and Criticism after Structuralism*. New York: Cornell UP, 1982.(ジョナサン・カラー『ディコンストラクション1、2』富山太佳夫、折島正司訳、岩波書店、一九八五年)

Degler, Carl N. "What Ought To Be and What Was: Women's Sexuality in the Nineteenth Century." *American Historical Review* 79(December 1974): 1467-90.

de Lauretis, Teresa. a. "Queer Theory: Lesbian and Gay Studies, An Introduction." *differences* 3-2(Summer 1991): iii-xviii.(テレサ・デ・ラウレティス「クィア・セオリー」大脇美智子訳『ユリイカ』二八巻一三号、青土社、一九九六年)
—— b. *The Practice of Love: Lesbian Sexuality and Perverse Desire*. Bloomington & Indianapolis: Indiana UP, 1994.
—— c. "Habit Changes." *differences* 6-2+3(Summer-Fall 1994): 296-313.
Deleuze, Gilles. a. "La conception de la difference chez Bergson." *Les études Bergsoniennes* 4.(1956): 77-112.(ジル・ドゥルーズ『差異について』平井啓之訳、青土社、一九九二年)
—— b. *Foucault*. 1986. Trans. Sean Hand. Minneapolis: U of Minnesota P, 1988.(『フーコー』宇野邦一訳、河出書房新社、一九八七年)
Deleuze, Gilles & Félix Guattari. *Anti-Oedipus: Capitalism and Schizophrenia*. 1972. Trans. Robert Hurley et al. New York: Viking, 1977.(ジル・ドゥルーズ/フェリックス・ガタリ『アンチ・オイディプス』市倉宏祐訳、河出書房新社、一九八六年)
D'Emilio, John. "Capitalism and Gay Identity." Eds. Ann Snitow et al. *Powers of Desire: The Politics of Sexuality*. New York: Harper & Row, 1988. 100-13.(ジョン・デミーロ「資本主義とゲイ・アイデンティティ」風間孝訳、『現代思想』二五巻六号、青土社、一九九七年)
D'Emilio, John & Estelle B. Freedman. Eds. *Intimate Matters: A History of Sexuality in America*. New York: Harper Row, 1988.
Derrida, Jacques. a. *Force de Loi*. Paris: Galilée, 1994.(ジャック・デリダ『法の力』堅田研一訳、

法政大学出版局、一九九九年）

——b. "Hospitality, Justice and Responsibility." *Questioning Ethics.* Eds. Richard Kearney & Mark Dooley. London: Routledge, 1999.（「歓待、正義、責任」安川慶治訳『批評空間』Ⅱ-二三号、太田出版、一九九九年）

Diggs, Marylynne. "Romantic Friends or A 'Different Race Creatures'?: The Representations of Lesbian Pathology in Nineteenth-Century America." *Feminist Studies* 21-2(Summer 1995): 319-40.

Dollimore, Jonathan. *Sexual Dissidence: Augustine to Wilde, Freud to Foncault.* Oxford: Oxford UP, 1991.

Faderman, Lillian. a. *Surpassing the Love of Men: Romantic Friendship and Love Between Women from the Renaissance to the Present.* New York: William Morrow, 1981.

——b. *Odd Girls and Twilight Lovers: A History of Lesbian Life in Twentieth-Century America.* New York: Columbia UP, 1991.（リリアン・フェダマン『レスビアンの歴史』富岡明美・原美奈子訳、筑摩書房、一九九六年）

——c. "Afterword." Ed. Dana Heller. *Cross-Purposes.* 221-30.

Fairbairn, W. Ronald D. a. "A Revised Psychopathology of the Psychoses and Psychoneuroses" 1941. W. Ronald D Fairbairn. *An Object Relations Theory of the Personality.* New York: Basic Books, 1954. 28-58.

——b. "A Synopsis of the Development in the Author's Views Regarding the Structure of the

Personality." 1951. *An Object Relations Theory of the Personality*. 162–79.

Foucault, Michel. a. *The History of Sexuality: An Introduction*. 1976. Trans. Robert Hurley. New York: Penguin Books, 1978.(ミシェル・フーコー『性の歴史Ⅰ 知への意志』渡辺守章訳、新潮社、一九八六年)

—— b. "The Subject and Power." 1982. *Michel Foucault*. Eds. Hubert L. Dreyfus & Paul Rabinow. Chicago: U of Chicago P, 1982. 208–26.(ヒューバート・L・ドレイファス/ポール・ラビノウ『ミシェル・フーコー——構造主義と解釈学を超えて』山形頼洋・鷲田清一訳、筑摩書房、一九九六年)

—— c. *The Use of Pleasures*. 1984. Trans. Robert Hurley. New York: Random House, 1985.(ミシェル・フーコー『性の歴史Ⅱ 快楽の活用』田村俶訳、新潮社、一九八六年)

—— d. "the ethic of care for the self as a practice of freedom." 1984. *The Final Foucault*. Eds. James Bernauer & David Rasmussen. Cambridge, Mass.: The MIT Press, 1988. 1–20.(J・バーナウアー/D・ラズミュッセン『最後のフーコー』山本学ほか訳、三交社、一九九〇年)

—— e. "Politics and Ethics: An Interview." *The Foucault Reader*. Ed. Paul Rabinow. New York: Pantheon Books, 1984. 373–80.

—— f. *Technologies of the Self*. Eds. Luther H. Martin, Huck Gutman, & Patrick H. Hutton. Amherst: U of Massachusetts P, 1988.(ミシェル・フーコー『自己のテクノロジー』田村俶・雲和子訳、岩波書店、一九九〇年)

—— g. "Un cours inédit." *Magazine littéraire* 207(1984): 35–39.(ミシェル・フーコー「カント

についての講義」小林康夫訳『第二次エピステーメー』創刊〇号、一九八四年)

Fraser, Nancy. a. "False Antitheses." 1991. *Justice Interruptus.* 207–74.

——b. "Recognition or Redistribution?: A Critical Reading of Iris Young's *Justice and the Politics of Difference.*" *Journal of Political Philosophy* 3–2(June 1995): 166–80.

——c. "From Redistribution to Recognition?" 1995. *Justice Interruptus.* 11–40.

——d. "Culture, Political Economy, and Difference." 1995. *Justice Interruptus.* 189–206.

——e. "Multiculturalism, Antiessentialism & Radical Democracy." *Justice Interruptus.* 173–88.

——f. *Justice Interruptus: Critical Reflections on the "Postsocialist" Condition.* Routledge, 1997.

——g. "A Rejoinder to Iris Young." *New Left Review* 223(May 1997): 126–29.

——h. "Heterosexism, Misrecognition and Capitalism." 1997. *New Left Review.* 228(March/April 1998): 140–49.(「ヘテロセクシズム、誤認、そして資本主義」大脇美智子訳『批評空間』II-二三号、一九九九年)

Freeman, Mary Eleanor Wilkins. "Two Friends." 1887. Ed. Susan Kopoelman. *Two Friends.* New York: Meridian, 1994. 124–39.

Freud, Sigmund. a. "Three Essays on the Theory of Sexuality." 1905. *The Standard Edition of the Complete Psychological Works of Sigmund Freud*(以下 *SE* と略)*7.* The Hogarth Press, 1953. 125–248.(ジクムント・フロイト「性欲論三篇」『フロイト著作集』第五巻、縣田克躬・高橋義孝ほか訳、人文書院、一九六九年)

——b. "On the Sexual Theories of Children." 1908. *SE 9*. The Hogarth Press, 1959. 205–26.（「幼児期の性理論」『フロイト著作集』第五巻、縣田克躬・高橋義孝ほか訳、一九六九年）

——c. "Psycho-Analytic Notes on an Autobiographical Account of a Case of Paranoia." 1911. *SE 12*. The Hogarth Press, 1958. 1–7.（「自伝的に記述されたパラノイアの症例に関する精神分析学的考察」『フロイト著作集』第六巻、井村恒郎・小此啓吾ほか訳、一九七〇年）

——d. "On Narcissism: An Introduction." 1914. *SE 14*. The Hogarth Press, 1957. 67–102.（「ナルシシズム入門」『フロイト著作集』第六巻、井村恒郎・小此啓吾ほか訳、一九七〇年）

——e. "Instincts and Their Vicissitudes." 1915. *SE 14*. The Hogarth Press, 1957. 109–140.（「本能とその運命」『フロイト著作集』第六巻、井村恒郎・小此啓吾ほか訳、一九七〇年）

——f. "Mourning and Melancholia." 1917. *SE 14*. The Hogarth Press, 1957. 237–58.（「悲哀とメランコリー」『フロイト著作集』第六巻、井村恒郎・小此啓吾ほか訳、一九七〇年）

——g. "The Development of the Libido and the Structural Organizations: Introductory Lectures on Psycho-Analysis, Part III." 1917. *SE 16*. The Hogarth Press, 1961. 320–338.（「リビドーの発達と性愛の組織」精神分析入門(正)第二二講『フロイト著作集』第一巻、井村恒郎ほか訳、一九七一年）

——h. "The Uncanny." 1919. *SE 17*. The Hogarth Press, 1955. 217–56.（「無気味なもの」『フロイト著作集』第三巻、高橋義孝ほか訳、一九六九年）

——i. "Beyond the Pleasure Principle." 1920. *SE 18*. The Hogarth Press, 1955. 1–64.（「快楽原則の彼岸」『フロイト著作集』第六巻、井村恒郎・小此啓吾ほか訳、一九七〇年）

——J. "The Infantile Genital Organization (An Interpolation into the Theory of Sexuality)." 1923. *SE 19*. The Hogarth Press, 1961. 139–45.(「幼児期の性器体制(性欲論への補遺)」『フロイト著作集』第一一巻、高橋義孝・生松敬三ほか訳、一九八四年)

——k. "Some Psychical Consequences of the Anatomical Distinction between the Sexes." 1925. *SE 19*. The Hogarth Press, 1961. 241–58.(「解剖学的な性の差別の心的帰結の二、三について」『フロイト著作集』第五巻、懸田克躬・高橋義孝ほか訳、一九六九年)

——l. "Negation." 1925. *SE 19*. The Hogarth Press, 1961. 232–39.(「否定」『フロイト著作集』第三巻、高橋義孝ほか訳、一九六九年)

——m. "Civilization and Its Discontents." 1930. *SE 21*. The Hogarth Press, 1961. 57–145.(「文化への不満」『フロイト著作集』第三巻、高橋義孝ほか訳、一九六九年)

——n. "Femininity." 1933. *SE 22*. The Hogarth Press. 1964. 111–40.(「女性的ということ」『フロイト著作集』第一巻、懸田克躬・高橋義孝訳、一九七一年)

——o. "An Outline of Psycho-Analysis." 1940. *SE 23*. The Hogarth P, 1964. 139–207.(「精神分析概説」『フロイト著作集』第九巻、小此木啓吾訳、一九八三年)

Fuller, Margaret. *Woman in the Nineteenth Century and Kindred Papers Relating to the Sphere, Condition and Duties of Women*. 1855. New York: Norton, 1971.

Fuss, Diana. "Interior Colonies: Franz Fanon and the Politics of Identification." *diacritics* 24. 2–3 (Summer-Fall 1994): 20–42. (Diana Fuss. *Identification Papers*. New York & London: Routledge, 1995 に所収)

Gallop, Jane. *The Daughter's Seduction: Feminism and Psychoanalysis*. Ithaca, NY: Cornell UP, 1982.(ジェーン・ギャロップ『娘の誘惑——フェミニズムと精神分析』渡部桃子訳、勁草書房、二〇〇〇年)

Grosz, Elizabeth. a. *Volatile Bodies: Toward a Corporeal Feminism*. Bloomington & Indianapolis: Indiana UP, 1994.

——b. "The Labors of Love, Analyzing Perverse Desire: An Interrogation of Teresa de Lauretis's *The Practice of Love*." *differences* 6-2+3.(Summer-Fall 1994): 274-95(Elizabeth Grosz. *Space, Time, and Perversion* に所収)

——c. *Space, Time, and Perversion: Essays on the Politics of Bodies*. New York & London: Routledge, 1995.

Hall, Radcriff. *The Well of Loneliness*. 1928. New York: Anchor Books, 1990.

Hamer, Diane. "Significant Others: Lesbianism and Psychoanalytic Theory." *Feminist Review* 34(Spring 1990): 134-51.

Hawthorne, Nathauiel. *The Blithedale Romance*. 1853. *The Centenary Edition of the Works of Nathaniel Hawthorne*. Vol 3. Columbus: Ohio State UP, 1971.

Heller, Dana. *Cross-Purposes: Lesbians, Feminists, and the Limits of Alliance*. Bloomington & Indianapolis: Indiana UP, 1997.

Hellman, Lillian. "The Children's Hour." 1934. *Six Plays by Lillian Hellman*. New York: Vintage Books, 1979. 1-78.

Hirsch Marianne. *The Mother/Daughter Plot: Narrative, Psychoanalysis, Feminism*. Bloomington: Indiana UP, 1989.(マリアンヌ・ハーシュ『母と娘の物語』寺沢みづほ訳、紀伊國屋書店、一九九二年)

Holmes, Oliver Wendell. a. *Elsie Venner: A Romance of Destiny*. 1861. Boston: Houghton Mifflin, 1892.

——b. *A Moral Antipathy: First Opening of the New Portfolio*. 1885. Boston: Houghton Mifflin, 1892.

Honig, Bonnie. a. "Toward an Agonistic Feminism." *Feminist Interpretations of Hannah Arendt*. 135–66.

——b. Ed. *Feminist Interpretations of Hannah Arendt*. University Park: Pennsylvania State UP, 1995.(ボニー・ホーニッグ編『ハンナ・アーレントとフェミニズム』岡野八代・志水紀代子訳、未來社、二〇〇一年)

Irigaray, Luce. a. *Speculum of the Other Woman*. 1974. Trans. Gillian C. Gill. Ithaca, NY: Cornell UP, 1985.

——b. *This Sex Which Is Not One*. 1977. Trans. Catherine Porter. Ithaca, NY: Cornell UP, 1985.(リュース・イリガライ『ひとつではない女の性』棚沢直子ほか訳、勁草書房、一九八七年)

——c. "And the One Doesn't Stir Without the Other." 1979. Trans. Helene Vivienne Wenzel. *Signs* 7-1(Winter 1981): 60–67.

—— d. *Éthique de la différence sexuelle*. Paris: Éditions de Minuit, 1994.（リュス・イリガライ『性的差異のエチカ』浜名優美訳、産業図書、一九八六年）

—— e. *Sexes and Genealogies*. 1987. Trans. Gillian C. Gill. New York: Columbia UP, 1993.

Jackson, Stevi & Sue Scott. "Sexual Skirmishes and Feminist Factions." *Feminism and Sexuality, A Reader*. New York: Columbia UP, 1996. 1-34.

Jameson, Fredric. *The Political Unconscious: Narrative as a Socially Symbolic Act*. Ithaca, NY: Cornell UP, 1981.（フレドリック・ジェイムソン『政治的無意識——社会的象徴行為としての物語』大橋洋一ほか訳、平凡社、一九八九年）

Jewett, Sarah Orne. "Martha's Lady." 1897. *Two Friends*. Ed. Susan Kopoelman. New York: Meridian, 1994. 198-219.

Jonson, Barbara. a. "Taking Fidelity Philosophically." *Difference in Translation*. Ed. Joseph F. Graham. Ithaca, NY: Cornell UP, 1985. 142-48.

—— b. *A World of Difference*. Baltimore & London: The Johns Hopkins UP, 1987.

Kasson, Joy S. "Introduction." Louisa May Alcott. *Work: A Story of Experience*. Penguin Books, 1994. ix-xxxi.

Kent, Kathryn R. "'Single White Female': The Sexual Politics of Spinsterhood in Harriet Beecher Stowe's Oldtown Folks." *American Literature* 69-1 (March 1997): 39-65.

Klein, Melanie, a. "Early Stages of the Oedipus Conflict." 1928. *The Selected Melanie Klein*（以下 *SMK* と略）. Ed. Juliet Mitchell. New York: The Free Press, 1986. 69-83.

—— b. "A Contribution to the Psychogenesis of Manic-Depressive States." 1935. *SMK*. 115–45.

—— c. "Notes on Some Schizoid Mechanisms." 1946. *SMK*. 175–200.

Kripke, Saul A. *Naming and Necessity*. Cambridge: Harvard UP, 1980.（ソール・クリプキ『名指しと必然性』八木沢敬・野家啓一訳、産業図書、一九八五年）

Kristeva, Julia. a. *Revolution in Poetic Language*. 1974. Trans. Margaret Waller. New York: Columbia UP, 1984.（ジュリア・クリステヴァ『詩的言語の革命』原田邦夫訳、勁草書房、一九九一年）

—— b. *Polilogue*. Paris: Éditions du Seuil, 1977.（『ポリローグ』西川直子ほか訳、白水社、一九八九年）

—— c. *Power of Horror: An Essay on Abjection*. 1978. Trans. Leon S. Roudiez. New York: Columbia UP, 1982.（『恐怖の権力』枝川昌雄訳、法政大学出版局、一九八四年）

—— d. *Desire in Language: A Semiotic Approach to Literature and Art*. Ed. Leon S. Roudiez. Trans. Thomas Gora, et al. New York: Columbia UP, 1980.

—— e. *Tales of Love*. 1983. Trans. Leon S. Roudiez. Now York: Columbia UP, 1987.

—— f. *The Black Sun: Depression and Melancholia*. 1987. Trans. Leon S. Roudiez. New York: Columbia UP, 1989.（『黒い太陽』西川直子訳、せりか書房、一九九四年）

Kushner, Tony. *Angels in America: Millennium Approaches*. New York: Theatre Communications Group, 1992.（トニー・クシュナー『エンジェルス・イン・アメリカ——至福千年紀が近づく』吉田美枝訳、文藝春秋、一九九四年）

—— b. *Angels in America: Perestroika*. New York: Theatre Communications Group, 1996.

Lacan, Jacques. a. *Écrits*. Paris: Éditions du Seuil, 1966.（ジャック・ラカン『エクリ』全三巻、宮本忠雄ほか訳、弘文堂、一九七二年）

—— b. *The Seminar of Jacques Lacan: Book XX, Encore 1972–1973*. 1975. Trans. Bruce Fink. Norton: New York, 1998.

Laclau, Ernesto & Chantal Mouffe. *Hegemony and Socialist Strategy*. Trans. W. Moore & P. Cammack. London: Verso, 1985.（エルネスト・ラクラウ／シャンタル・ムフ『ポスト・マルクス主義と政治』山崎カヲル・石澤武訳、大村書店、一九九二年）

Laclau, Ernesto & Judith Butler. “The Uses of Equality.” *diacritics* 27–1 (Spring 1997): 3–12.

Laclau, Ernesto, Judith Butler, & Slavoy Zizek. *Contingency, Hegemony, Universality: Contemporary Dialogues on the Left*. New York & London: Verso, 2000.（バトラー／ジジェク／ラクラウ『偶然性・普遍性・ヘゲモニー』）

Landry, Donna & Gerald MacLean. “Introduction.” *The Spivak Reader*. New York & London: Routledge, 1996. 1–13.

Lyotard, Jean-François. “Judiciousness in Dispute, or Kant after Marx.” *The Aims of Representation*. Ed. Murray Krieger. New York: Columbia UP, 1987. 1–67.

McCullough, Kate. “The Boston Marriage as the Future of the Nation: Queerly Regional Sexuality in Diana Victrix.” *American Literature* 69–1 (March 1997): 67–103.

Mitchell, Juliet. a. *Psychoanalysis and Feminism*. New York: Pantheon Books, 1974.（ジュリエッ

ト・ミッチェル『精神分析と女の解放』上田昊訳、合同出版、一九七七年）

——b. Ed. *The Selected Melanie Klein*. New York: Free Press, 1986.

Moi, Toril. "Jealousy and Sexual Difference." *Feminist Review* 11 (Summer 1982): 53-68.

Morrison, Toni. a. *Beloved: A Novel*. New York: Alfred A Knopf, 1987.（トニ・モリスン『ビラヴド——愛されし者』吉田廸子訳、集英社、一九九〇年）

——b. *Playing in the Dark*. Cambridge, Mass. & London: Harvard UP, 1992.（『白さと想像力』大社淑子訳、朝日新聞社、一九九四年）

Myerson, Joel and Daniel Shealy. *The Journals of Louisa May Alcott*. Boston: Little, Brown and Company. 1989.

Newton, Esther. "The Mythic Mannish Lesbian: Radcliffe Hall and the New Woman." *Signs* 9-4 (Summer 1984): 557-75.（エスター・ニュートン「男っぽいレズビアンの神話」『ウーマンラヴィング』原美奈子・渡辺みえこ訳、現代書館、一九九〇年）

Nichols, Mary Gove. "The Murders of Marriage." 1854. Nancy Cott. *Root of Bitterness*. 285-91.

Nussbaum, Martha. a. "Justice for Women!" *The New York Review of Books*. October 3, 1992: 43-48.（マーサ・ヌスバウム「女たちに正義を！」川本隆史訳『みすず』三八九号、一九九三年）

——b. *Women & Human Development: The Capabilities Approach*. Cambridge: Cambridge UP, 2000.

Okin, Susan Moller. *Justice, Gender, and the Family*. New York: Basic Books, 1989.

Oliver, Kelly. "Kristeva's Imaginary Father and the Crisis in the Paternal Function." *diacritics* 21-2+3(Summer-Fall 1991): 43-63.

Paris, Barry. *Garbo*. New York: Alfred A. Knopf, 1995.

Parry, Benita. "Problems in Current Theories of Colonial Discourse." *Oxford Literary Review* 9-1+2: 27-58.

Phelan, Shane. "(Be)coming Out." *Signs* 18-4(Summer 1993): 765-90.(「(ビ)カミング・アウト」上野直子訳『フェミニズム』富山太佳夫編、研究社出版、一九九五年)

Rawls, John. *A Theory of Justice*. Cambridge, Mass: Belknap P of Harvard UP, 1971.(ジョン・ロールズ『正義論』矢島鈞次監訳、紀伊國屋書店、一九七九年)

Rich, Adrienne. a. "Conditions for Work." *On Lies, Secrets, and Silence*. New York: Norton, 1979: 203-14.(アドリエンヌ・リッチ『嘘、秘密、沈黙。』大島かおり訳、晶文社、一九八九年)

—— b. "Compulsory Heterosexuality and Lesbian Existence." *Signs*. 4-4(1980): 631-660.(『血、パン、詩。』大島かおり訳、晶文社、一九八九年)

—— c. *Of Woman Born: Motherhood as Experience and Institution*. New York: Norton, 1976.(『女から生まれる』高橋茅香子訳、晶文社、一九九〇年)

Riviere, Joan. "Womanliness as a Masquerade." *Formations of Fantasy*. Eds. Victor Burgin, James Donald, Cora Kaplan. London New York: Methuen, 1986. 35-44.

Russell, Paul. *The Gay 100*. Secaucus, N.J.: Carol Publishing Group, 1996.

Sedgwick, Eve Kosofsky. a. *Between Men: English Literature and Male Homosocial Desire*. New York: Columbia UP, 1985.(イヴ・K・セジウィック『男同士の絆――イギリス文学とホモソーシャルな欲望』上原早苗・亀澤美由紀訳、名古屋大学出版会、二〇〇一年)

――b. *Espistemology of the Closet*. U of California P, 1990.(『クローゼットの認識論――セクシュアリティの二〇世紀』外岡尚美訳、青土社、一九九九年)

Smith-Rosenberg, Carroll. "The Female World of Love and Ritual: Relations between Women in Nineteenth Century America." *Signs* 1-1(1975): 1-30.(キャロル＝スミス・ローゼンバーグ「同性愛が認められていた一九世紀アメリカの女たち」『アメリカのおんなたち』カール・N・デグラーほか、立原安要・鈴木洋子訳、教育社、一九八六年)

Spivak, Gayatri Chakravorty. a. "Can the Subaltern Speak?" *Marxism and the Interpretation of Culture*. Eds. Cary Nelson & Lawrence Gossberg. Urbana: U of Illinois P, 1988. 271-313.(G・C・スピヴァク『サバルタンは語ることができるか』上村忠男訳、みすず書房、一九九八年)

――b. "Women in Difference." 1989-90. *Outside in the Teaching Machine*. 1993. 77-96.

――c. "More on Power/Knowledge." 1992. *Outside in the Teaching Machine*. 1993. 25-52.

――d. "The Politics of Translation." *Outside in the Teaching Machine*. 1993. 179-200.(「翻訳の政治」鵜飼哲、本橋哲也、崎山政毅訳『現代思想』二四巻八号)

――e. *Outside in the Teaching Machine*. New York and London: Routledge, 1993.

――f. "Subaltern Talk: Interview with the Editors." *The Spivak Reader*. 287-308.(「サバルタ

ン・トーク」吉原ゆかり訳、『現代思想』二七巻七号）

——g. *The Spivak Reader*. Eds. Donna Landry & Gerald MacLean. New York & London: Routledge, 1996.

——h. *A Critique of Postcolonial Reason: Toward a History of the Vanishing Present*. Cambridge. Mass.: Harvard UP, 1999.

——i, "From Haverstock Hill Flat to U. S. Classroom, What's Left of Theory." *What's Left of Theory?: New Work on the Politics of Literary Theory*. Eds. Judith Butler, John Guillory, & Kendall Thomas. New York & London: Routledge, 2000. 1-39.

Stimpson, Catharine R. "Zero Degree Deviancy: A Study of the Lesbian Novel in English." *Critical Inquiry* 8(Winter 1981): 363-80.

Taylor, Charles. a. *Sources of the Self*. Cambridge, Mass.: Harvard UP, 1989.

——b. "Foucault on Freedom & Truth." *Political Theory* 12-2(May 1984): 152-83.

——c. "Connolly, Foucault, & Truth." *Political Theory* 13-3(August 1985): 377-85.

——d. "The Politics of Recognition." *Multiculturalism*. Ed. Amy Gutmann. Princeton: Princeton UP, 1994. 25-73.（チャールズ・テイラーほか『マルチカルチュラリズム』佐々木毅・辻康夫・向山恭一訳、岩波書店、一九九六年）

テイラー、チャールズ「多文化主義・承認・ヘーゲル」岩崎稔・辻内鏡人訳、『思想』八六五号、岩波書店、一九九六年、五—二七頁。

Trinh, T. Minh-ha. *Woman, Native, Other: Writing Postcoloniality and Feminism*. Bloomington

& Indianapolis: Indiana UP, 1989.（トリン・T・ミンハ『女性・ネイティヴ・他者』竹村和子訳、岩波書店、一九九五年）

Vickers, Hugo. *Loving Garbo: The Story of Greta Garbo, Cecil Beaton, and Mercedes de Acosta.* New York: Random House, 1994.

Weiss, Andrea. a. *Vampires and Violets: Lesbians in Film*. Penguin Books, 1992.

—— b. *Paris Was a Woman: Portraits from the Left Bank*. San Francisco: Harper San Francisco, 1995.

Welter, Barbara. "The Cult of True Womanhood: 1820–1860." *American Quarterly* 18-2+1 (1966): 151–74.

White, James Boyd. *Justice as Translation*. Chicago: U of Chicago P, 1990.

Wittig, Monique. a. "The Straight Mind." 1980. *The Straight Mind and Other Essays*. Boston: Neacon P, 1992. 21–33.

—— b. "One Is Not Born a Woman." 1981. *The Straight Mind and Other Essays*. 9–20.

Winthrop, John. *The Journal of John Winthrop, 1630–1649*. Eds. Richard S. Dunn and Laetitia Yeandle. Cambridge, Mass.: Belknap Press of Harvard UP, 1996.

Wood, Mary E. "'With Ready Eye': Margaret Fuller and Lesbianism in Nineteenth-Century American Literature." *American Literature* 65(March 1993): 1–18.

Woolf, Virginia. a. *Orlando: A Biography*. 1928. London: The Hogarth Press, 1990.（ヴァージニア・ウルフ『オーランドー』杉山洋子訳、みすず書房、一九七六年）

—— b. *The Letters of Virginia Woolf.* Ed. Nigel Nicolson. 6 Vols. London: The Hogarth Press, 1975.

Wright, Elizabeth. Ed. *Feminism and Psychoanalysis.* Oxford: Blackwell, 1992.

Young, Iris Marion. a. *Justice and the Politics of Difference.* Princeton, NJ: Princeton UP, 1990.

—— b. "Unruly Categories: A Critique of Nancy Fraser's Dual Systems Theory." *New Left Review* 222(March/May 1997): 147–60.

—— c. *Intersecting Voices: Dilemmas of Gender, Political Philosophy, and Policy.* Princeton, NJ: Princeton UP, 1997.

Žižek, Slavoj. a. *For they know not what they do: Enjoyment as a Political Factor.* London & New York: Verso, 1991.(スラヴォイ・ジジェク『為すところを知らざればなり』鈴木一策訳、みすず書房、一九九六年)

—— b. *The Metastases of Enjoyment: Six Essays on Woman and Causality.* London & New York: Verso, 1994.(『快楽の転移』松浦俊輔・小野木明恵訳、青土社、一九九六年)

上野千鶴子a『家父長制と資本制——マルクス主義フェミニズムの地平』岩波書店、一九九〇年。

—— b「セクシュアリティの社会学・序説」『講座　現代社会学——セクシュアリティの社会学』一〇巻、岩波書店、一九九六年、一—二四頁。

—— c「セックス/ジェンダー/セクシュアリティの三位一体神学の解体のあとで」『現代思想』二五巻六号、青土社、一九九七年、八八—九三頁。

—— d『発情装置——エロスのシナリオ』筑摩書房、一九九八年。

上野千鶴子編『構築主義とは何か』勁草書房、二〇〇一年。

大川正彦『正義』岩波書店、一九九九年。

斉藤光「セクシュアリティ研究の現状と課題」『講座　現代社会学——セクシュアリティの社会学』第一〇巻、岩波書店、一九九六年。

竹村和子a「カミングアウトして、どこへ——ジュディス・バトラーとレズビアン映画表象」『イマーゴ』七巻六号、青土社、一九九六年、一八二—九三頁。

——b「レズビアン研究の可能性」全六回『英語青年』一四二巻四—九号、研究社出版、一九九六年七月—一二月。

——c「〈現実界〉は非歴史的に性化されているか?——フェミニズムとジジェク」『現代思想』二四巻一五号、青土社、一九九六年、一九六—二一〇頁。

——d「忘却/取り込みの戦略——バイセクシュアリティ序説」『現代思想』二五巻六号、青土社、一九九七年、二四八—五六頁。

——e「レズビアン運動/表象/研究の半世紀」『アメリカ研究とジェンダー』渡辺和子編、世界思想社、一九九七年、二六四—七八頁。

——f 解題「ジュディス・バトラー「触発する言葉」」『思想』八九二号、岩波書店、一九九八年、四—七頁。

——g 解題「セイラ・ベンハビブ「性差と集団的アイデンティティ」」『思想』九一三号、岩波書店、二〇〇〇年、五九—六二頁。

——h「『資本主義社会はもはや異性愛主義を必要としていない』のか——「同一性の原理」

をめぐってバトラーとフレイザーが言わなかったこと」『構築主義とは何か』二一三―五三頁。

――i 斉藤純一と対談「親密圏と公共圏の〈あいだ〉――孤独と正義をめぐって」『思想』九二五号、岩波書店、二〇〇一年、七―二六頁。

ハイト、シェア『なぜ女は女が嫌いなのか』石渡利康訳、祥伝社、一九九九年。

バーロウ、タニ・E「中国女性についての地域研究における恩義の領域とフェミニズムの亡霊」小林英里訳『トレイシーズ』一号、二〇〇〇年、二一二―四九頁。

溝口彰子「ホモフォビックなホモ、愛ゆえのレイプ、そしてクイアなレズビアン――最近のやおいテキストを分析する」『YAOIの法則』三人淑女、二〇〇一年(短縮版が『クィア・ジャパン』2(二〇〇〇年四月)に所収されている)。

[フィルモグラフィ]　字幕付きで観ることができるものには、邦題をつけた。

All About My Mother. Dir. Pedro Almodovar. Perf. Cecilia Roth, Marisa Paredes, & Antonia San Juan. Spain, 1999.(『オール・アバウト・マイ・マザー』)
Bar Girls. Dir. Marita Giovanni. Perf. Nancy Allison Wolfe, Liza D'Agnostino, & Camilla Riggs. USA, 1994.
Basic Instinct. Dir. Paul Verhoeven. Perf. Sharon Stone & Michael Douglad. USA, 1992.(『氷の微笑』)
Bound. Dir. Larry and Andy Wachowski. Perf. Jennifer Tilly and Gina Gershon. USA, 1996.(『バ

ウンド』)

Boys Don't Cry. Dir. Kimberly Peirce Perf. Hilary Swank & Chloe Sevigny. USA, 1999.(『ボーイズ・ドント・クライ』)

The Brandon Teena Story. Dir. Susan Muska & Greta Olafsdottir. USA, 1998.

The Bridges of Madison County. Dir. Clint Eastwood. Perf. Clint Eastwood & Meryl Streep. USA, 1994.(『マディソン郡の橋』)

The Celluloid Closet. Dir. Robert Epstein & Jeffrey Friedman. Perf. Lily Tomlin, et al. USA, 1995.(『セルロイド・クローゼット』)

The Children's Hour. Dir. William Wyler. Perf. Shirley MacLaine & Audrey Hepburn. USA, 1961.(『噂の二人』)

Dracula's Daughter. Dir. Lambert Hillyer. Perf. Gloria Holden. USA, 1936.

Ellen. "Coming Out!"(April 30, 1997). Perf. Ellen DeGeneres. ABC, USA, 1997.

Go Fish. Dir. Rose Troche. Perf. Guinevere Turner & V. S. Brodie. USA, 1994.(『ゴー・フィッシュ』)

High Art. Dir. Lisa Cholodenco. Perf. Ally Sheedy & Radha Mitchell. USA, 1998.(『ハイ・アート』)

The Hunger. Dir. Tony Scott. Perf. Catherine Deneuve, Susan Sarandon, & David Bowie. USA, 1983.(『ハンガー』)

If These Walls Could Talk 2. Originally an HBO drama. Dir. Anne Heche & Martha Coolidge.

Perf. Vanessa Redgrave, Ellen DeGeneres, Sharon Stone & Chloe Sevign. USA, 2000.(『ウーマン・ラブ・ウーマン』)

Interview with the Vampire. Dir. Jordan Neil. Perf. Tom Cruise & Brad Pitt. USA, 1994.(『インタヴュー・ウイズ・ヴァンパイアー』)

Mulholland Drive. Dir. David Lynch. Perf. Naomi Watts & Laura Elena Harring. USA, 2001.(『マルホランド・ドライブ』)

Nitrate Kisses. Dir. Barnara Hammer. USA, 1992.(『ナイトレイト・キス』)

Pandra's Box. Dir. G. W. Pabst. Perf. Louise Brooks & Alice Roberts. Germany, 1928.(『パンドラの箱』)

Primary Colors. Dir. Mike Nichols. Perf. John Travolta, Emma Thompson & Kathy Bates. USA, 1998.(『パーフェクト・カップル』)

竹村和子主要著作

単行の書として刊行されたもの。雑誌掲載のものは除く。

著　書

『フェミニズム』(「思考のフロンティア」)、岩波書店、二〇〇〇年
『愛について――アイデンティティと欲望の政治学』岩波書店、二〇〇二年→岩波現代文庫、二〇二一年(本書)
『文学力の挑戦――ファミリー・欲望・テロリズム』研究社、二〇一二年
『彼女は何を視ているのか――映像表象と欲望の深層』作品社、二〇一二年
『境界を攪乱する――性・生・暴力』岩波書店、二〇一三年

編　著

『女というイデオロギー――アメリカ文学を検証する』(海老根静江と共編)、南雲堂、一九九九年
『〝ポスト〟フェミニズム』(「知の攻略　思想読本」一〇)、作品社、二〇〇三年
『かくも多彩な女たちの軌跡――英語圏文学の再読』(海老根静江と共編)、南雲堂、二〇〇四年
『欲望・暴力のレジーム――揺らぐ表象／格闘する理論』(「ジェンダー研究のフロンティア」五)、作品社、二〇〇八年

『思想と文化』(「ジェンダー史叢書」三、義江明子と共編)、明石書店、二〇一〇年

共　著

岩元巌・森田孟編『アメリカ文学のヒロイン』リーベル出版、一九八四年
岩元巌・森田孟編『アメリカの小説――理論と実践』リーベル出版、一九八七年
越川芳明編『アメリカ文学のヒーロー』成美堂、一九九一年
川口喬一編『文学の文化研究』研究社、一九九五年
山形和美編『差異と同一化――ポストコロニアル文学論』研究社、一九九七年
渡辺和子編『アメリカ研究とジェンダー』世界思想社、一九九七年
たばこ総合研究センター『談』編集部編『〈構造〉としての身体――進化・生理・セックス』(「シリーズ　身体の発見」)、河出書房新社、一九九七年
上野千鶴子編『構築主義とは何か』勁草書房、二〇〇一年
上野千鶴子編『ラディカルに語れば……――上野千鶴子対談集』平凡社、二〇〇一年
姜尚中編『ポストコロニアリズム』(「知の攻略　思想読本」四)、作品社、二〇〇一年
國重純二編『アメリカ文学ミレニアム』(二)、南雲堂、二〇〇一年
『ジェンダーがわかる。』(「アエラムック」七八)、朝日新聞社、二〇〇二年
江原由美子・金井淑子編『フェミニズムの名著50』平凡社、二〇〇二年
樺山紘一・坂部恵・古井由吉・山田慶兒・養老孟司・米沢富美子編『20世紀の定義』(八〈マイナー〉の声)、岩波書店、二〇〇二年

タニ・バーロウ『国際フェミニズムと中国』(「シリーズ 国際ジェンダー研究」一、伊藤るり・小林英里訳、秋山洋子・竹村和子他コメンテーター)、御茶の水書房、二〇〇三年
小森陽一監修『研究する意味』東京図書、二〇〇三年
鷲津浩子・森田孟編『イン・コンテクスト――Epistemological Frameworks and Literary Texts』「Epistemological Framework と英米文学」研究会、二〇〇三年
小森陽一・富山太佳夫・沼野充義・兵藤博己・松浦寿輝編『岩波講座 文学』(別巻 文学理論)、岩波書店、二〇〇四年
越智貢・金井淑子・川本隆史・高橋久一郎・中岡成文・丸山徳次・水谷雅彦編『岩波 応用倫理学講義』(五 性/愛)、岩波書店、二〇〇四年
藤森かよこ編『クィア批評』世織書房、二〇〇四年
エリザベス・ライト『ラカンとポストフェミニズム』(「ポストモダン・ブックス」、椎名美智訳、竹村和子解説)、岩波書店、二〇〇五年
パトリック・カリフィア、サンディ・ストーン、竹村和子、野宮亜紀『セックス・チェンジズ――トランスジェンダーの政治学』(石倉由・吉池祥子・レズビアン小説翻訳ワークショップ訳)、作品社、二〇〇五年
河野貴代美編『女性のメンタルヘルスの地平――新たな支援システムとジェンダー心理学』コモンズ、二〇〇五年
出雲まろう編『虹の彼方に――レズビアン・ゲイ・クィア映画を読む』パンドラ出版、二〇〇五年

辻村みよ子監修・編『ジェンダーの基礎理論と法』(「ジェンダー法・政策研究叢書」第一〇巻)、東北大学出版会、二〇〇七年
辻村みよ子・戸澤英典・西谷祐子編『世界のジェンダー平等――理論と政策の架橋をめざして』(「ジェンダー法・政策研究叢書」第一一巻)、東北大学出版会、二〇〇八年
日本学術協力財団編『性差とは何か――ジェンダー研究と生物学の対話』(「学術会議叢書」一四)、日本学術協力財団、二〇〇八年
巽孝之編『反知性の帝国――アメリカ・文学・精神史』南雲堂、二〇〇八年
市野川容孝・小森陽一編『壊れゆく世界と時代の課題』(「思考のフロンティア」)、岩波書店、二〇〇九年
天野正子・伊藤公雄・伊藤るり・井上輝子・上野千鶴子・江原由美子・大沢真理・加納実紀代編『フェミニズム理論』(「新編 日本のフェミニズム」二)、岩波書店、二〇〇九年
井上俊・伊藤公雄編『身体・セクシュアリティ・スポーツ』(「社会学ベーシックス」第八巻)、世界思想社、二〇一〇年
赤尾光春・早尾貴紀編『ディアスポラの力を結集する――ギルロイ・ボヤーリン兄弟・スピヴァク』松籟社、二〇一二年

翻訳

ナサニエル・ホーソーン『人面の大岩』(「バベルの図書館」三、酒本雅之と共訳)、国書刊行会、一九八八年

紀田順一郎編『謎の物語』(N・ホーソーン「ヒギンボタム氏の災難」竹村和子訳)、ちくまプリマーブックス、筑摩書房、一九九一年 ↓ ちくま文庫、二〇一二年
ピーター・B・ハイ『ロングマン 概説アメリカの文学』(岩元巌と共訳)、桐原書店、一九九五年
トリン・T・ミンハ『女性・ネイティヴ・他者――ポストコロニアリズムとフェミニズム』岩波書店、一九九五年 ↓ 岩波人文書セレクション、二〇一一年
今福龍太・沼野充義・四方田犬彦編『旅のはざま』(「世界文学のフロンティア」一、トリン・T・ミンハ「私の外の他者/私の内の他者」竹村和子訳)、岩波書店、一九九六年
ジュディス・バトラー『ジェンダー・トラブル――フェミニズムとアイデンティティの攪乱』青土社、一九九九年 ↓ 新装版、二〇一八年
ジョン・バース『レターズ』(一・二、岩元巌・小林史子・幡山秀明と共訳)、国書刊行会、二〇〇〇年
ジュディス・バトラー、エルネスト・ラクラウ、スラヴォイ・ジジェク『偶発性・ヘゲモニー・普遍性――新しい対抗政治への対話』(村山敏勝と共訳)、青土社、二〇〇二年 ↓ 新装版、二〇一九年
ジュディス・バトラー『アンティゴネーの主張――問い直される親族関係』青土社、二〇〇二年
ソフィア・フォカ、レベッカ・ライト『イラスト図解〝ポスト〟フェミニズム入門』(河野貴代美と共訳)、作品社、二〇〇三年
ジュディス・バトラー『触発する言葉――言語・権力・行為体』岩波書店、二〇〇四年 ↓ 岩波人文書セレクション、二〇一五年

サラ・サリー『ジュディス・バトラー』(「シリーズ 現代思想ガイドブック」、越智博美・山口菜穂子・吉川純子と共訳)、青土社、二〇〇五年
ジュディス・バトラー、ガヤトリ・C・スピヴァク『国家を歌うのは誰か?――グローバル・ステイトにおける言語・政治・帰属』岩波書店、二〇〇八年
ガヤトリ・C・スピヴァク『スピヴァク、日本で語る』(鵜飼哲監修、本橋哲也・新田啓子・中井亜佐子と共訳)、みすず書房、二〇〇九年
ジュディス・バトラー『問題＝物質《マター》となる身体』(佐藤嘉幸監訳、越智博美ほかと共訳)、以文社、二〇二一年

解説　すべてが途切れなく

新田啓子

竹村和子のフェミニズム

『愛について――アイデンティティと欲望の政治学』の初版が上梓されたのは二〇〇二年のことであり、あれからちょうど二〇年の歳月が流れようとしています。かつて著者の友、上野千鶴子は、この書をもって、竹村和子は「日本の思想界に鮮烈にデビューした」と回顧しました(上野、四〇九頁)。思えば「デビュー」のようでいて、その語が帯びる一回性には合致しない、さりとてその存在感が、徐々に異彩をはなつ経緯があったというものでもない。その議論の徹底ぶりが、はじめから感嘆をもって聴き取られてきた竹村和子のフェミニズム思想は、いつのまにか我々とともにあったという印象があります。本書をなす五つの章が、一九九七年から四年にわたって『思想』に掲載されるたび、彼女の思念を、その眼に映っていただろう社会の像を、あますところなく摑みたいと追いかけた読者たちの、私もまたひとりでした。

竹村さんは、フェミニズムの取り組み(address)が多層であるのを意識しながら、みずからが分け入るべき問題の層、ひいてはその思想を送り届ける先(address)としての我々の生き様を、明確にイメージしつつ思索を深めた人であったと思えます。「女」という名を与えられた者たちには、(「男」には確約された)無徴の人のステイタス未満の境涯しかあてがおうとしない社会において、ジェンダーやセクシュアリティは、いかなる姿態をとって表出しているのか。またそれを実体化させる機構のほうは、いかなる仕掛けで動いているのか。それらを解明するために、彼女が探索に向かったのは、人間の内面構造あるいは精神の働きに、意味とマテリアルな形式を与える「言語」というものでした。

個々人の人生をはるかに超えた記号の連鎖が絶えずうごめいているとされる謎めいた言語空間で、いわば切り刻まれることにより、逆に、社会に生きる「人間」としての体裁を得る、あるいは「性」の刻印された存在として作られていく人の姿は、むしろ、「人ならざるもの」の像を結んでいるように感じられます。読者によっては、この本のいったいどこに人間が、つまり、生身のわたしが実感している自分の性が、そしてあの人と育んでいる愛が書かれているのかと、いぶかる人もいるでしょう。それはある意味でまっとうな反応です。そのように腑に落ちない時、我々は、すでに社会が信じよと命じた性の規範――竹村さんの解き明かす〔ヘテロ〕セクシズムに則った「女」や「男」――の慣れ親しんだ図像でおのれを目隠しし、みずからの非人間的な実像を見ることに、おそらく抵抗しているのです。親しみや確信は、自己の無化への抵抗でこそあるのですから。

私は先ほど、竹村さんのフェミニズム思想は、いつのまにか我々とともにあった気がすると述べました。それはすなわち、性別や性自認が中核にある「アイデンティティ」なるものへの適応がほどける場、あるいはそうした自我の枠が作られる以前の場所こそが、我々の身体が位置する「現実」であるという認識を、すんなり会得できていたとも言い換えられる状況です。ちなみにそうした「現実」とは、言語以前の場だからといって、沈黙や無音に支配される寂寥の空間とは違ったはずで、むしろあらゆる声や音がにぎやかに入り乱れ、意味の有無も、禁止も、好悪のわけへだてもなく反響しながら、我々に多方向から呼びかけている(address)空間であると想像します(想像するしかありません)。一〇年前に他界なさった竹村さんと、少しでも言葉を交わす時間を享受できた者は、いうなれば、彼女が拓いたそのような認識の領土に住まうことができたということであるかも知れません。

このように振り返ると、竹村和子のデビューを目撃したという記憶のしかたと同程度、彼女が示した我々自身の存在のもう一つの物語に、気がつけばすでに導かれていたという実感をたぐり寄せうる人々が、相当数いるのではないかと思われます。竹村さんが時間をかけて育んできたフェミニズムを言語化した際、その起爆力となったに違いないジユディス・バトラーの受容についても、同じことがいえるのではないでしょうか。彼女がおそらく、世界中の誰より優れたバトラー思想の理解者であった可能性に、異議を唱える人はいないと推測します。「セックスはつねにすでにジェンダーである」という『ジェンダー・トラブル』(*Gender Trouble*, 1990)のテーゼに関し、合衆国やヨーロッパでは、「身体」の位置づけをめぐる大きな議論が巻き起こりました。つまり、「私の生身が言説による構築であるとは、一体どういうことなのか」という、みずからの主体感覚と地続きの身体把捉をよりどころとした、真摯な疑義が寄せられたのです。

が、それがバトラー本人をして、あの浩瀚な『問題《マ》=物質《ター》となる身体』(*Bodies That Matter*, 1993)の執筆に駆り立てたわけですから、そうした疑問をもつことは、たとえ「誤読」があったにしても、いわば批評史の流れのうえではレレヴァントなことでした。反面、日本の斯界では、その水準の論争はあまり顕在化しなかったのではないでしょうか。我々が、いまさらながらに驚かなくてはならないのは、むしろそちらのほうでしょう。つまり、こうした流れ一つを取ってみても、稀有な紹介者がいたという僥倖が、見え隠れしているのです。日本における旺盛なバトラー受容が、ほぼ一様に(正しく)好意的であるという現象も、はじまりにおける竹村効果の賜物であるといえるのでしょうし、彼女の論調をたどることで、我々の多くは極めて——ともすれば過度に——優等生的に、バトラーの理論を飲み込んだという印象があります。

バトラーとのヴァーチュアルな対話の痕跡は、本書の各論考にも流れていますが、竹村さんは、フェミニズムの規範理論を求めつつ、レズビアン研究やクィア批評の可能性を、独自に見極め定着させた開拓者でした。その業績は、それまでは圧倒的に社会学のイメージが先行していた日本のジェンダー研究の配置と、その方法に対する認知を様変わりさせました。本書冒頭にもことわりがあるように、竹村さんは、ほんらいアメリカ文学の専門家でした(五頁)。そのことが、彼女の知的営為になにか個性的な枠を与えていたとすれば、それは間違いなく、「テクスト研究」なるアプローチでありました。

彼女の思弁は読みに始まり、読みに終わる、言い換えればとてつもない粘りをもったテクストの読解から、徹頭徹尾、構成されているといって過言ではありません。(バトラーと同様に)精神分析の知見に依拠することの多い竹村さんの論考は、抽象的な次元で展開するのが常でありながら、いわゆる「空中戦」とはならず、哲学の本流とも似ていない。要は、彼女はいつも、なんらかのテクストを読み進める過程で出会った争点を、自身が世界に生きながら抱いた感覚とすりあわせることを経て、我々読者に届けようとしていたのではないかと思えます。ちなみにこれは、本質的に「翻訳」に似たプロセスであるともいえそうですが、抽象概念の掘り下げというには、彼女自身が日常的に得ていたとみえる認識の経験——読んだ本や見た映画の感触ふくめ——がかなり色濃く刻印された、いうなればノイズに満ちた、エドワード・サイードならばきっと「世俗世界的」(worldly)と呼ぶに違いない批評を体現しているのではないかと感じられます。

ともかくなにも読まずしてアイディアを生むということは、竹村和子のフェミニズム思想には起き得ないことでした(ちなみにこれは、いわゆる文学研究と呼ばれる分野の職業倫理でもあります)。文学作品や思想書、論文をはじめとした多様な文献、映画や映像、写真等の視覚メディア、理論家同士の、またそれ以外のあらゆる言葉のやり取りに加え、我々が知覚する歴史的、または同時代的現象などは、すべて彼女が考究の対象に据えていたテクストです。おのれの言語的資源をもってこれらの世界に介入し、それ単独では、また先行する読者の介入の時点では、必ずしも顕在化していなかった可能性(potentiality)、いうなれば対象とするテクストの「潜勢力」を梃子として、一つの問いに関連する領域を、より徹底的に解体するという読みの作業が、竹村さんが、文学研究者を名乗ったうえで行った仕事であったということができるでしょう。

セックスという擬制《フィクション》

本書が読み解く数多のテクストの中核にある、いわばマスター・テクストは、「セクシュアリティ」と「アイデンティティ」なる、それぞれに多面性を内包した二つの観念／言説です。おおむね一章から三章までの主題をみちびく前者については、性役割分業という、家父長制度を支える機構の政治性を多くの人が理解している今日ですら、なぜ

「性欲望というカテゴリー」に関してだけは、いまだ男女の生物学的差異の「虚構」に根ざし続けているのだろうか、あるいは人の想像力が、なぜ欲望についてはことさらに、この両性なるものを主語に置いた「生殖」の物語に縛られてしまうのか。この問題とその理由、ならびにそれが、個々人の「愛」がそもそも備えていただろう百花繚乱とも称しうるに違いない可能性――竹村さんは、これに「愛のすべての階調」という美しい言葉を与えました――を味わう知覚を奪うという事態、さらにはそれが招じる結果が批判的に考察されます。

「欲望」とは、本書で繰り返し確認されているように、それが意識された――つまり言語化された――瞬間には、すでに社会的に容認された価値に横滑りする宿命にあるもので、だから、その無媒介の対象に到達するのは、不可能であるとされています。欲望を、「つねにすでに他者の欲望」という言葉で定位したジャック・ラカンが見据えていたのも、言語による客観化をすり抜ける欲望の原理でした。このように、言語は人から、それがすでになんであったか知りようのない、おそらくたくさんの可能性を奪いますが、その反面で、代わりにそれ自体の使役をもって、人が自身の生に目覚め、意識的・主体的にそれを生きるチャンスを付与する諸刃の剣であるともいえます。バトラーはちなみに、この剝奪の代償として与えられた人の生を「言語的生」と呼びました。

しかしこの言語的生は、社会が据えた「人たるもの」をめぐる規範を、個々人の発話を含めた生きることの反復的な諸実践から、「自然化」させるというエフェクトを生み出します。バトラーがこれを、二つの外性器――ペアとなって生殖しうる陰茎と膣という形態に立脚する生物学的蓋然性の読み込まれた差異――に呼応した「男」と「女」なる二つの性別、つまりセックスを自然化させた「パフォーマティヴィティ」と呼んだことは、すでに知られているでしょう。これこそは、「セックスはつねにすでにジェンダー」だという、二〇世紀思想が生んだ白眉の一つと呼ぶにふさわしい卓見ですが、第一章が提示する「〔ヘテロ〕セクシズム」という概念は、この現象を、人の欲望を拘束するからくりとして読み直すための装置といえます。

セクシズムとは性差別主義のことであり、家父長制下では、女を家庭＝無賃労働＝再生産に縛り付ける様態として現れますが、この根拠こそが、女を性器の性質から「生む性」に固定した、異性愛主義と呼ばれるものです。「生む」ことを軸にした人間管理を命題とする体制が、性的指向を再生産に供しない同性愛者の弾圧にも向かうのは、原理のうえで明らかです。よって竹村さんは、性差別主義には最初から、同性愛差別主義が埋め込まれていたということわりを視覚的に際立たせる、「〔ヘテロ〕セクシズム」なる表記法を作ったのだと想像します。人がみずからの欲望を、いともたやすく生殖モデルに合致させ、それ以外の可能性には目を閉ざされている状況は、我々が、女性差別と同性愛者差別との交差が生み出した政治、〔ヘテロ〕セクシズムに共犯し、かつ、その抑圧の袋小路に、みずからを追い込むこともやめられないという心性として出来します。

このことに生じた不平等を争点に、先陣を切って闘ったフェミニストは、ジェンダーという概念装置でセクシズムの是正までは求めることができました。が、同性愛者の経済的、政治的な権利を問うには、やはり、隠蔽されたヘテロの部分を可視化する、セクシュアリティという射程が不可欠なのです。ゆえに竹村さんは、「なぜセクシュアリティを問題にするのかを語りたい」という言葉によって本論の幕を開けています(三七頁)。セックスが、男／女という恣意的な差異を必然化するためのカテゴリーとして案出されたということは、セックスを作った、またそれを必要としたのは異性愛体制であったという意味ですから、「性欲望」が、このセックスと無自覚に接合されている限り、セクシュアリティは自由にはならない。また、いかに非規範的な性的指向の当事者たちを市民社会のメンバーとしてまつりあげても、彼らの生を、突出したセックスが標識となった「性愛」や「性欲」に係留して語る限り、資本主義的近代社会に規範として温存された再生産モデルを脱することはできないと、竹村さんは論じます(七三頁)。すでに言挙げされた「欲望」が、もはや欲望とは別のものでしかあり得ぬように、すでにジェンダーであるセックスに紐づけされたセクシュアリティは、女と男の性器性に硬直化し、個々人がそれを帯びるという状態の多数的可能性は、その時点において後退してしまいます。しかし、だからこそ、それは「語りえぬもの」として(四頁)、言語的記号の連鎖のあいだをたゆたうように生き延びているに違いないといえるのです。子供の性(性化／主体化)をあれほど語る精神分析学でさえ、大人の性に関しては、巧みに「言い忘れ」ていることを、竹村さんは指摘します(一二六頁)。それはすなわち、大人の性とは、生殖という性徴のゴールそのものの形象であると、だからして自明であるので、そもそも語る必要がないのだと措定した異性愛主義の真ん中に、精神分析学すらが軸足を置いてきたことを示しているのです。このような見取り図を念頭におきつつ本書を読むと、「秘匿されてきた事柄」の主たる要素としてセクシュアリティを捉えなおし、それが反射する〔ヘテロ〕セクシズムの「政治性」を、あらゆる方法で読み解こうという竹村さんのシナリオが、追いかけやすくなるのではないかと考えます。

他方、そう書きながらも、本書初版の出版から二〇年、いまや使い古された感のある「語りえぬものを読み解く」という構想には、そそられないという読者の影もちらつきます。特に文学研究では、その使い勝手のよさからか、「語りえぬもの」というフレーズ自体がすでにクリシエとなっています。竹村さんが取り上げた、サバルタンを理論化するガヤトリ・スピヴァク、そしてこのフレーズそのもの(unspeakable things)の生みの親であるトニ・モリスンなど、非西洋あるいは有色女性作家／知識人が使った際の言い回しのアクチュアリティが蒸発し、逆に、被傷性ないしは暴力誘発性(vulnerability)の思考を停止しかねない定型句として使われるケースが目につくからです。しかし、

「語りえぬもの」とは、本書も強調するように、等閑視されるがゆえの空虚あるいは抹消ではなく、むしろ意味の過剰性の謂《いい》でこそあるでしょう。「他者」という手軽な呼称に、あるいは覇権的主体の「構成的外部」なるものに呼び換えられたその瞬間、逃げ去るものがその過剰性だとするならば、それは、主体の物語には統合し得ない性が生む雑多な心的経験や、さまざまな立場性に拘束された身体などの形をとって現れるものかも知れません。

「しかし純粋な他者は存在しているのだろうか」という著者の問いは(二三頁)、まさにこの状況を指したもので、「語りえぬもの」を再検討する彼女の読みの読みどころは、家父長制や帝国主義、資本主義が、覇権的主体の維持に必要としてきた他者性の問題を超えた地平におよんでいきます。他者なるものを、むしろ復権させようとした思想／実践であるフェミニズムやポストコロニアリズムが、その方法論ゆえ遮蔽せざるを得なかったノイズを、彼女がどう聴き取っているかということに、我々は関心を向けることとなるでしょう。果たして、竹村さんが、息詰まるような密度で読み解く——あるいは描き出す——「語りえぬもの」の最大の例は、〔ヘテロ〕セクシズムの機構としてのセックスと対峙するレズビアニズム、すなわちその体制にあって二重に副次的な存在であるがゆえ、重複的な棄却をこうむり、交差する傷痕のもとに沈潜する、女性である同性愛者のエロスです。

物語を逃れ去る愛

女にとっての性行為と性的充足、さらに愛という現象を、うまく定義づけることのできた生物学や解剖学は、いまだないと思われます。もちろんセックス、つまり膣という生殖器に結び付ければ、それは決定的な表徴として機能しはするのでしょうが、対して、この再生産のフィクションを掘り崩す女の性の過剰性は、レズビアン・フェミニストの、大きな武器となってきました。けれどもこれは、たとえばリュス・イリガライをはじめとしたフランス系フェミニストたちが戦略的に強調した、多形的にして散在的な祝福すべき快楽(jouissance)であるには留まりません。捉えどころがないだけに、〔ヘテロ〕セクシズムによる生殖の物語に、いつのまにか領有されてしまいかねないものでもあるのです。この位相を重視する竹村さんは、そうした移ろいやすさの凝縮である母娘の関係性が、女という存在の再生産にどう関わっているのかという問いを立てました。この関係が、親密でありながら、ほとんど決してエロティックだとは懸念されない、近親姦タブーという物語からも外されているということを問題化したのです。

これをテーマとした第三章は、初出時から大きな反響と感動を生み出した論考であり、本書においても最も優れ、独創的な章として読まれてきました。母娘の関係は、フランス系フェミニズムや対象関係論においても探究されてきましたが、結局は、フロイトとラカンが描き出したファミリー・ロマンスの番外の、想像界に限定されたナルシシズム的情景とされるにとどまっていました。つまり、母と娘が交わし合う愛は、所詮は娘の異性愛への移行にそって、淘汰されていくものとして扱われたということです。竹村さんは、実に、この両者の関係性は、「近代家族の物語のなかで語りがいつのまにか掻き消えてしまう消失点」であったといいます(一五二頁)。「次代再生産」という物語の波及力は、そもそも「娘」という主体の存在を根本から挫折させます。〔ヘテロ〕セクシズムの体制では、彼女の性徴／成長が、「生む性」の完成にいたるプロセスとして描かれる以上、実は「娘」は最初から「母」として生まれるのです。

しかし、ここで竹村さんは、クィア批評の論客が、「恋愛」と「友情」を境界的経験として再吟味することから探ってきた、レズビアンのセクシュアリティの可能性や、欲望の多次元的なポジションを、性愛の枠組みから外されてきた母娘関係に透視して、まずはそれに性の次元を取り戻します。異性愛規範が浸潤する象徴界では、たとえ彼女たちが互いをエロスの対象としたところで、喪失は免れ得ません。が、そもそも言語的生の抱く欲望というものは、もれなく不可能だったのではないでしょうか。その不可能性、もしくは暗黙の喪失、いや喪失に傷ついた記憶にもなり得ぬ気配から、前エディプス期に想定されたユートピア的合一においてはあり得ない、たとえそれがトラウマであったとしても、なんらかの、挫折の、少なくとも母というひとを憧憬した痕跡として残りうる、かつては同じ「娘」でもあったはずの母と娘なる女同士の「官能的な親和性」を、呼び戻すことができるのではないか(二一五頁)――このように瞠目すべき展望が、精神分析の言い残しや、奪いつつ与える言語という、我々の外にして内、生の閾への洞察をもって読み解かれていくのです。

往還する「心配り」、全身で甘えても足りない渇望と、そこから生まれるあらゆる情動。母と娘をつなぐ無限の「愛の階調」に口をつぐんだ精神分析の再訪から、〔ヘテロ〕セクシズムのただなかでさえ、生殖の物語には回収され尽くさない抵抗の跡を探す可能性があることを、竹村さんはテクスト解釈から証しだします。もちろんこれも、一つの物語に過ぎません。ですが、我々のセクシュアリティや欲望を、規範にそって物象化されたセックスの領域から少しでも異化することのできる知的、情緒的、観想的可能性を、まずは想像してもよいという、いうなれば「消失点」に取って代わる「はじまり」として提示する著者の精読は、文学という世界認識の方法の真骨頂だと感じます。

「語りえぬもの」というフレーズが、いまもつ語感についてはすでに触れました。が、たとえば我々が、わざわざ小説という虚構から世界を知ることを目指すのは、そのプロットではなく、そこに回収されない細部をこそ、物語だけが平面的に記し得るものであるからであり、またその個別具体的な細部が帯びる潜在的な記号作用が、いつ概念に吸収され、変形させられ、分断され、そしてレトリックの効果によって、強調されたり軽んじられたりしていくのか、そのプロセスの全容を目撃できるからだったのではないでしょうか。竹村さんは、自身が分け入る全ジャンルのテクストを、やはりその――仮にたとえるなら「小説」の――ように読むことで、「語りえぬもの」というフレーズを、生殖の物語が包摂しきれない関係で充塡します。

本書について改めて気づいたのは、五章にわたる本論が、序章が呈するロジックに貫かれた見取り図からさらに進んで、それ以外の重要な討議や事実の指摘で織り成されているという印象があることです。無論、それは推敲不足などではなく、竹村さんのテクスト自体が、細部のさざめきを聴き取るチャンスを残した体系であることを示す徴《しるし》でこそあるでしょう。『愛について』は、異性愛男性以外を見過ごすことで完成された人間発達のプロットとしての「エディプスの物語」への、異議申し立ての書でもあります。だからこそ、これはおのずと、いわば女の対抗プロットの類で応戦するものとはなりません。言語の秩序が阻むものへの近づき方、そこに分け入り、それでも言語能力を駆使して読み込まなければわからない、ある種「自家撞着的な」(竹村さんのキーワードです)、プロットに消されまいとする残響の聴き方を、身をもって教えるような本になっているのです。〔ヘテロ〕セクシズムの性/生政治を脱臼させる可能性が、ここからいかに見出だせるかは、いま生きてこの本に取り組んでいる、我々のリーディングの意志にかかっているでしょう。

アイデンティティの構造

さて、セクシュアリティという概念／言説が、本書のマスターテクストとして、どのように読み込まれ、論じられているかを概観してきましたが、いま一つのマスターテクスト、アイデンティティの扱われ方に関しても、その要諦を見ておかねばなりません。これは、主題としては、四章と五章により直截に関わっていますが、性的主体化の問題や、母娘においての「女」の再生産についても、個人の意識のレヴェルにおいては、アイデンティティの問題として表出すべきものであります。簡単に確認しておきましょう。〔ヘテロ〕セクシズムの体制における性的主体形成は、たとえば、同性を愛の対象に選ぶことを禁じますが、その禁止に応じることで生まれる主体は、その瞬間、同性への欲望を、メランコリックに体内化します。すなわち、異性愛的アイデンティティ形成の成功とは、抹殺された同性愛的欲望を内包し、さらにその抹殺ないしは喪失があったことすら忘れるという力学の刻まれた出来事でした。「正しい」ジェンダー表徴を付与されるということは、つまり、社会的に「好ましい」アイデンティティを獲得するのと同義になります。

果たして、本書の後半、集中的に討議されるアイデンティティ、ならびにそれに付随する承認および、公私二領域の峻別と人間管理の問題に関する竹村さんの立場は非常に明確です。彼女の議論は徹頭徹尾、アイデンティティという現象の解体に費やされています。それはいうまでもなく、「自己同一性」との別名で呼ばれるものですが、ここまで縷縷《るる》見てきたように、制度への従属を主体化の契機とする人間の言語的生なるものが、すでに他者の媒介を受けた存在である限り、それは、一つの名で標榜できる、統一のとれた自我などそもそも手に入れようがないのです。

先の像を敷衍《ふえん》していうと、こうなります。強制的異性愛の法を鏡に構築された正統な、いわゆるヘテロノーマティヴな主体とは、その体内にわれ知らず、みずから殺した同性愛的欲望を抱え込んでいるわけです。同一性を得んがため、自己の内部のなにがしかにふるった暴力から、我々は生涯逃れることができません。それはつまり、日々繰り返しヘテロ的規範を実体化する運動――バトラーのいうパフォーマティヴィティ――に身を投じているとされる主体さえもが、実のところ、ヘテロ的反復だけでは統御できない部分を抱えていることを意味し、すると、我々の言語的生が生成する主体とは、未完を宿命づけられたものだということをも露わにします。法に則り生成できた主体という自我の異相は、実は、合法的でないものとの永遠の葛藤(duel)を続けることを代償とした現象であるとも言い換えられます。

このことは、合法な(legitimate)自己なるものが、すでに非合法性にも構成されている状況を意味します。言い換えれば、言葉を話す人間とは、「同一性」で糊塗できない亀裂を無意識のまま抱え込む、すでに不純な存在ですが、それは、おのれの一部をなす他者が、自己規範化の回路にすら回帰して、絶えざる自己表出にもいつなんどき介入するかわからない、スキャンダラスな偶発性に晒されているということなのです。みずから表現したおのれ、つまり、言葉のうえでの自己(表象)が、自分で発したにも拘らず、どこか自分を裏切っている気がするというのはよくあることです。「立ち止まって自分の感情や行為を眺めてみれば、具体的な感情や行為は、規範的で「本質的な」事実性とはいつもどこかでずれている」と竹村さんが書いているとおりです(二頁)。

が、このことがすでにして、アイデンティティがまやかしであることを証しています。いつ捏造されたか知れぬ自己の似姿を永劫の自分だと錯覚したり、その像で自分を騙し続けたりする衝動の自覚がなにかを変えるに違いない。これが、竹村さんのアイデンティティ論の基底に響くメッセージです。アイデンティティに固執するということが、人間の主体化のメカニズムに照らし、原理的に間違っているからそういうのではありません。それ以上に、自分を含めた人間の主体化を根源で支えているのが、暴力、つまり規範によって非合法とされた者の抹殺であったということを、図式ではなく、みずからの生を根本的に可能にした仄暗い出来事として認めたうえで、その帰結を、あたかも寝ずの番のように、ひとりひとりが見据えることの重視がその展望を導いているのです。

　暴力論としてのアイデンティティ論――竹村さんは、あえて極めて難しい角度から、その中核に斬り込んでいきます。「差異の政治学」(politics of difference)を主題とした第四章では、九〇年代北米の文化的動向に応答した政治思想家・哲学者たちの論争がテクストとして読み込まれていきますが、その前提には、多文化主義(multiculturalism)論争というものがありました。現在、合衆国には、黒人市民を選択的に標的としてきた構造的暴力を支える制度的不正があるとの指摘に基づいて、これを解体せねばならないという批判があります(たとえば刑事司法・刑務制度など)。それを主導しているのは、すでに一〇年近く市民運動を結集してきた「ブラック・ライヴズ・マター／ＢＬＭ」(＝黒人の生を尊重せよ)という主張です。その関連で、盛んに俎上にのぼってきたのは、西洋文明を基盤とする国家として白人が始めたアメリカも、もはやそれ以外の多様な文化・出自をもつ人々に支えられ、白人市民が数的マイノリティとなる近未来もすでに判明している以上、白人優遇の体制や少数者蔑視、また集団間の差別や暴力の問題は、必要ならば歴史の再検討も踏まえて、一刻も早く政治的に解決されねばならないという議論でした。合衆国でこのような問いを、国の政治文化を左右する課題として、大掛かりにアジェンダ化したのが多文化主義論争です。

奴隷国家とも移民国家とも称される合衆国には、どんな者でも、その差異をむしろ公に問わないことで、市民(the civic)として平等に国に参入させる体制を保持し、民主主義を守ってきたとの自己像が長く主流としてありました。しかし、女性とセクシュアル・マイノリティの構造的否認から実証される〔ヘテロ〕セクシズム、また黒人ほか、特定民族の排斥を是としてきたレイシズムなど、この見解を掘り崩す事実は無数に枚挙され得ますし、第五章冒頭に言及される一九九二年のロサンジェルス暴動は、同国の人種・民族関係が、新たな様相を呈していることを明るみにしたのです。つまり、それまでは白人によるマイノリティの一方向的差別・抑圧問題として考えていればよかった人種問題に、肌の色、ジェンダー、階層間の差異が入り混じって争点化した、多方位的な「不和」という問題が加わったということです。黒人文学研究の泰斗ヘンリー・ルイス・ゲイツ・ジュニアは、その傾向を、アイデンティティ・ポリティックスやエスノナショナリズムに代表される「政治化された多文化主義」が世に投じた難問だというまとめ方をしていました(Gates 7)。

内主体的差異へのまなざし

竹村さんが問題化するアイデンティティは、九〇年代初頭における北米で、このような背景から社会的なスクリプトとしてリアルに立ち上がっていたものですが、彼女がナンシー・フレイザーやエルネスト・ラクラウ、アイリス・マリオン・ヤング等を補助線に、精読の対象とするチャールズ・テイラーとウィリアム・コノリーも、その代表的な論客でした。テイラーは、英連邦のより長い多文化主義の政治化の過程を知悉した哲学者、コノリーは、フーコーをはじめとしたポスト構造主義理論を土台とした怜悧な議論で鳴らした政治思想家といえばよいでしょうか。それぞれに、共同体における差異のぶつかり合いを承認という方法によって、いわばシヴィックにソフトランディングさせることを構想したり、従来冷遇されてきた者のアイデンティティ──制度にとっては攪乱要素としての差異──をそのものとして諾《うべな》いながら、国民化の場や共同体にはたらく権力を置換する方法を考察したり、多岐にわたる議論を主導した二人です。

しかし、前段で見てきたように、ある社会体制下で進行する特定者の排除や抑圧のもつ意味を、人間の内面構造で展開される出来事をもって考究してきた彼女ですから、アイデンティティと差異なるものを、社会、もしくは公共的なアリーナに生起する政治問題とは区切らずに議論する枠組みを、構築しようと奮闘していた形跡が見受けられます。第四章冒頭の、にわかに意味を汲み難い、聞き手と語り手の関係性を、「名づけ」と主体をめぐる観想へつなげていく、やや迂遠な数パッセージが、それを説明するでしょう。が、決して忘れてならないのは、彼女が見つめていた差異や他者は、まず我々自身がその限りであるに相違ない、主体化した言語的存在が、例外なく個々のうちに、主体として生き延びるために殺害した残骸として囲うものだということです。そのことを、著者が置いた「定理」として受け取る時、我々はもはやアイデンティティなるものに依存して、自我の確かさを夢想することはできないのです。

先にやや詳細に確認した合衆国多文化主義論争の背景やＢＬＭが彷彿させているように、社会における人種主義やセクシュアル・マイノリティの差別をケースとして、差異とアイデンティティの問題を考える時の困難は、争点が、「マジョリティ」対「マイノリティ」、「加害」対「被害」、「同一性」対「差異」という、厳密にいえば、すでに主体の前史として我々皆が有責である事柄が、二元的に純化された対立的な要素として、分轄されてしまうことです。果たして、互いが互いに、しばしば実力行使をもって、おのれの利害と正義を申し立てようとする純化された相対立する者たちを、政治が倫理的に調停するには、どんな方法があるのでしょうか。

竹村さんが検討を加える概念例に、コノリーの議論に登場する「アゴーン」というものがあります。これは古代ギリシャで行われた祝祭的な競技に基づく比喩的な概念であり、オリンピックにその性質が現れているともいわれます。要は、相争われる差異は、民主主義の原風景をなすものだから、公的な場が闘争のアリーナとなって、全競技者が勝敗に拘らず、そこから排除されないような敬意に満ちた秩序ができれば、差異と同一性の問題は、シヴィックに処理することができるというシナリオをもつヴィジョンです。この美しくもマッチョな図柄は、しかし、前出のロサンジェルス暴動や、彼女が序章で触れずにはいられなかった九・一一同時多発テロ事件で起きたことに鑑みれば、美しすぎる印象が拭えません。いわく、「アイデンティティ・カテゴリー」の「圧倒的な過剰さ」を抱えた者たちを(二八八—八九頁)、当該のアリーナは受容または統制することができるのでしょうか。あるいは、アリーナが統制・演出されてしまえば、それはむしろ、差異の調和をいつわる弥縫《びほう》の色彩を帯びるに違いありません。「平和の祭典」を標榜しつつ、それ自体が特定者の利権を生み出し、搾取や不正の噂が絶えない現代のオリンピックを図らずも映して不気味です。

さまざまな主体による生き残りをかけた闘争は、闘争心をどの程度エスカレートさせるものかわかりませんし、どの方向に暴力を噴出させるかもわかりません。白人による有色人種への暴力が、人種的アイデンティティがむしろ承認されるようになった時代に、マイノリティ同士の不和に変形して出現しだしたという事実は、統一を知らぬ自我をめぐる緊張が、他傷行為とも自傷行為とも、もはやにわかに判別できない複雑な敵意となって決壊したということを、直観の域は出ないにせよ、ある程度の確信をもって感じさせるのではないでしょうか。

竹村さんが見据えているのはこの次元にほかならず、社会においては集団間の抗争の様相を呈する差異と同一性の問題も、実際は、個々の主体に構造化された内面の領域(いわゆる「心の問題」というセンチメンタルな領域ではありません)と連動していると説いています。人は内主体的と間主体的、二つの場で他者とともにある、つまり、同一性の分断を受けていると彼女はいいます(二三二頁)。前者は倫理、後者は政治として体験されるといいますが、主体のドラマである限り、この二相は「連鎖」し、暴力はこの結節点に往還します。「良対象」は自我に取り込み、「悪対象」は自己外に放擲するというフロイトの説が、彼女の議論を支えます。レイシストは「黒さ」がなにか、セクシストは「女」がなにかを熟知したうえで虐待し、放擲のあとも「恐怖」や「悪」という記号で包んでそれを内面で憎み続ける(二六七頁)――彼女はこの構図をもって、相争う差異の問いが、ただ政治に丸投げされればよい問題ではないことを示しました。これが承認や、間主体的なアゴーンでは解決できない問題であることを、凄まじい密度の精読で論証していくテクストは、ひるがえって我々に、ニューヨークで、ミネアポリスで、ワシントンDCで、カブールで起きた近年の出来事が、決して遠隔地の政治のまずさに起因していただけでなく、我々もその一である人間主体が宿命的に分有した、暴力誘発性がどこかに構造化された事態だったということを、思い起こせと要請しているかのように感じます。

これは無論、暴力の問題を、個人的責任や内省的解決のもとに投げ出すこととは異なります。翻訳を主題とした比較的短くはあるが、凝縮して骨のある最後の章は、このように自己言及的な行為についての考え方をも示しています。くだんの暴動の中継で耳にした、「この国に正義はあるのか」という黒人市民の発話から、竹村さんは、みずからの声が聴き取られることこそが、「正義」の意味だと思い至ったという逸話から思索を始めているのですが(二九三頁)、議論はそこから、聴かれることなくしては無に等しい「語る」ことの困難へと、スピヴァク思想の参照を介して進んでいきます。語ることの遂行は、聴かれることとの協働性に立脚するという発想が、さらにそこから、語りとはそれそのものが翻訳なのだという読みを引き出していきますが、付随して、これは内主体的な出来事でもあるという重要な指摘がなされています。語る主体は、同時におのれの声の聴き手となるからであり、聴く者と語る者は調和してはいないからです。発話は法による検閲を受けています。よって、我々がみずからの発話を、自己の分裂を経験する行為であると会得するなら、我々は語るたびごと、アイデンティティとは「「自己に対して差異を生ずるもの」である」との卓見を嚙みしめることになるのではないでしょうか(二三〇頁)。

過剰であること、愛しうること

この、自己に対して生ずる差異とは、竹村和子の読者にとって、どのくらい驚くべき要素となっているのでしょうか。このテクストの幾度にもわたる精読で、主にして客、一にして他、被傷はすれども権力の呼びかけには応えない、秘密の他者を囲った過剰な人の像に、あなたが見たかも知れない希望を幻視しました。みずからに対して異端であるような雑多な存在、パフォーマティヴに自己を実体化させるというより、居ながらに何者かを抱擁しつつ、不断の変状を遂げているかに見えるこの像。他／多なるものに伸びて途切れなく結ぶ、こみ上げる全階調の感覚を愛と見る洞察は、この像になにかを託すことと似ているようにも思えます。

トランス女性とシス女性、また資本の論理に過剰適応することで「女」を超克した一％と、それを除いて連帯の呼びかけられる九九％のあいだにいま入ったように見える亀裂は、この、すでにおのれに入った亀裂から置換できるものなのでしょうか。この亀裂をまず認めることは、おのれの言葉の武装解除とも呼び換えられた翻訳の精神とつながっていると、あなたは示しました。それがなにを生み出すかを我々は、自分で探すことになります。最後の近況に、あなたは書いて下さいました。「こうして今までと違う時間のなかに生きていると、今までにもまして、文学や思想に惹きつけられ、そしてそれらと、目に入る身近な風物(若葉や風のそよぎ、雨の音、陽光など)が切れ目なく続いている感を強くしています。凡庸な言い方ですが、思考と感性、感性と身体、身体と物思い、物思いと思索・・・が途切れなく続いている感じです」。

途切れなく続くもの、その先で、あなたがそれを聴くことが正義だといった狂気と出会うとはいかなることか。最も聴き取られ難い狂気を判別するということは、普遍とは逆向きの、翻訳に向かうことだとあなたは告げた。すべてが途切れなく続く世界、全階調の愛は突然、全階調の暴力に変わりうる。狂気とはそれを容認することにあらず、言葉でそれを翻すことなのだろう。

'Tis better to have loved and lost
Than never to have loved at all.
——In Memoriam K. T.

参照文献

上野千鶴子「あなたを忘れない」竹村和子『境界を攪乱する——性・生・暴力』岩波書店、二〇一三年。四〇七—三一一頁。

ジュディス・バトラー『ジェンダー・トラブル——フェミニズムとアイデンティティの攪乱』新装版、竹村和子訳、青土社、二〇一八年。

ジュディス・バトラー『問題＝物質《マター》となる身体——セックスの言説的境界について』佐藤嘉幸監訳、竹村和子、越智博美訳、以文社、二〇二一年。

Gates, Jr., Henry Louis. *Loose Canons: Notes on the Culture Wars*. Oxford UP, 1992.

Morrison, Toni. "Unspeakable Things, Unspoken: The Afro-American Presence in American Literature." *Michigan Quarterly Review*, vol. 28, no. 1.(1989), pp. 1–34.

（にった　けいこ・アメリカ文学）

初出一覧

第一章　〔ヘテロ〕セクシズムの系譜――近代社会とセクシュアリティ
（原題　資本主義社会とセクシュアリティ――〔ヘテロ〕セクシズムの解体に向けて）
『思想』八七九号（一九九七年九月、岩波書店）

第二章　愛について――エロスの不可能性
（原題　愛について）
『思想』八八六号（一九九八年四月、岩波書店）

第三章　あなたを忘れない――性の制度の脱‐再生産
（原題　あなたを忘れない――性の制度の脱‐（再）生産）
『思想』九〇四―九〇五号（一九九九年一〇―一一月、岩波書店）

第四章　アイデンティティの倫理――差異と平等の政治的パラドックスのなかで
『思想』九一三号（二〇〇〇年七月、岩波書店）

第五章　〈普遍〉ではなく〈正義〉を――翻訳の残余が求めるもの
『思想』九二五号（二〇〇一年六月、岩波書店）

本書は二〇〇二年一〇月、岩波書店より刊行された。

人名索引

ア 行

カ 行

サ 行

タ 行

ナ 行

ハ 行

マ 行

ヤ 行

ラ 行

ワ 行

愛について―アイデンティティと欲望の政治学

2021年12月15日　第1刷発行
2024年5月24日　第4刷発行

著　者　竹村和子《たけむらかずこ》

発行者　坂本政謙

発行所　株式会社 岩波書店
〒101-8002 東京都千代田区一ツ橋 2-5-5
案内 03-5210-4000　営業部 03-5210-4111
https://www.iwanami.co.jp/

印刷・精興社　製本・中永製本

ISBN 978-4-00-600441-5　Printed in Japan

岩波現代文庫創刊二〇年に際して

二一世紀が始まってからすでに二〇年が経とうとしています。この間のグローバル化の急激な進行は世界のあり方を大きく変えました。世界規模で経済や情報の結びつきが強まるとともに、国境を越えた人の移動は日常の光景となり、今やどこに住んでいても、私たちの暮らしは世界中の様々な出来事と無関係ではいられません。しかし、グローバル化の中で否応なくもたらされる「他者」との出会いや交流は、新たな文化や価値観だけではなく、摩擦や衝突、そしてしばしば憎悪までをも生み出しています。グローバル化にともなう副作用は、その恩恵を遥かにこえていると言わざるを得ません。

今私たちに求められているのは、国内、国外にかかわらず、異なる歴史や経験、文化を持つ「他者」と向き合い、よりよい関係を結び直してゆくための想像力、構想力ではないでしょうか。

新世紀の到来を目前にした二〇〇〇年一月に創刊された岩波現代文庫は、この二〇年を通して、哲学や歴史、経済、自然科学から、小説やエッセイ、ルポルタージュにいたるまで幅広いジャンルの書目を刊行してきました。一〇〇〇点を超える書目には、人類が直面してきた様々な課題と、試行錯誤の営みが刻まれています。読書を通した過去の「他者」との出会いから得られる知識や経験は、私たちがよりよい社会を作り上げてゆくために大きな示唆を与えてくれるはずです。

一冊の本が世界を変える大きな力を持つことを信じ、岩波現代文庫はこれからもさらなるラインナップの充実をめざしてゆきます。

（二〇二〇年一月）